憲法理論叢書㉜

憲法問題の新展開

憲法理論研究会編

敬文堂

憲法理論叢書32号　憲法問題の新展開

【目　次】

第1部　生存権論の新展開

憲法25条とその具体化の規範論的意味
　―生活扶助基準引き下げにともなう保護費減額処分取消訴訟をめぐって
　　……………………………………………………………笹沼　弘志　3

生活保護基準改定にかかる裁量統制のあり方と憲法25条の役割
　―日独の比較から………………………………………松本　奈津希　13

生存権の実現過程の「不合理」と「違法」と「違憲」の連関
　―生活保護基準改定をめぐる裁判例を手掛かりに……柴田　憲司　22

憲法具体化法としての生活保護法と裁量統制
　　……………………………………………杉山　有沙・小山　剛　32

「外国人の生存権保障」をめぐる論点整理の試み
　―ドイツを参照しつつ……………………………………山本　響子　38

生活保護基準引下げと「いのちのとりで裁判」の経過…小久保　哲郎　47

原告と「いのちのとりで裁判」を支える愛媛の活動………菅　陽一　56

第2部　人権論の新展開

パブリックフォーラム上での営利的表現活動と表現の自由
　―*Sorrell* 判決の余波の中で………………………………檜垣　宏太　65

「立憲主義の要請」
　―裁判を受ける権利の拡張に関して……………………佐藤　寛稔　75

i

憲法上の権利としての動物の権利の構想
　　——Martha C. Nussbaum の議論を手掛かりとして……………青木　洋英　84

萎縮効果論は『感情』の保護をもたらすか？
　　——集会のビデオ監視からの一考察…………………………門田　美貴　93

プーチン憲法（2020年）下における"世俗国家"と"神への信仰"
　　………………………………………………………………………柴田　正義　102

第3部　統治機構論の新展開

最高裁判事入江俊郎の憲法論
　　——在任後期の判例を中心に……………………………………嘉多山　宗　115

1930年のライヒ議会選挙制度改革案………………………………小林　宇宙　125

フランス第五共和制憲法の法律事項と対抗権力……………………高橋　勇人　135

公選上院とウェストミンスター・モデルとの接合可能性
　　——二院制の日英比較……………………………………………田中　嘉彦　144

対抗権力としての発案（initiative）
　　——フランスにおける合同発案レファレンダムの経験……古木　凌　154

「行政府内における権力分立」論の誕生
　　——政治（政党）・対・行政（職業公務員制）の分化・均衡…佐藤　太樹　164

第4部　安全保障の新展開と憲法
　　——経済安全保障と地経学の登場に関して——

経済安全保障
　　——日本国憲法のもとのそもそも論……………………………永山　茂樹　177

経済安全保障と人権
　——憲法・国際人権法・人権法の観点からの検討…………江島　晶子 186

経済秩序におけるセキュリティ・クリアランスと憲法学
　………………………………………………………大野　悠介 196

自由貿易平和主義は維持できるか？
　——リバタリアン憲法学とマーケット・デザイン…………吉良　貴之 206

書　評

藤井康博『環境憲法学の基礎』（日本評論社、2023年）
　………………………………………………〔評者〕上代　庸平 217

高橋正明『平等原則解釈論の再構成と展開——社会構造差別の是正に向けて』
　（法律文化社、2023年）……………………………〔評者〕山本　健人 220

憲法理論研究会活動記録（223）
憲法理論研究会規約（228）
憲法理論叢書査読規程（231）
編集後記（234）

第1部
生存権論の新展開

憲法25条とその具体化の規範論的意味
――生活扶助基準引き下げにともなう保護費減額処分取消訴訟をめぐって

笹沼　弘志

(静岡大学)

1　保護基準違憲論と貧困

　厚生労働大臣が、生活保護法8条1項の委任により定めた生活保護基準を2013年から2015年にかけ段階的に引き下げる改定（本件改定）を行い、全国で保護実施機関が、保護利用者の保護費を減額する処分（本件処分）を行った。基準改定の理由は、生活扶助基準と一般低所得世帯の消費実態との年齢階級別、世帯人員別、級地別のゆがみを調整すること（ゆがみ調整）、2008年以降、一般国民の消費水準が下落する一方、物価下落により生活保護受給世帯の可処分所得が実質的に増加した不均衡の是正（デフレ調整）とされた。これに対して、全国各地で生活保護基準引下げに伴う生活扶助減額処分取消請求訴訟（本件訴訟）が行われ、違憲訴訟などと呼ばれている[1]。だが、大臣の基準設定改定権限は生活保護法8条1項により授権され、8条2項によって統制されているものであり、基準改定が違法だというなら、生活保護法8条2項や3条、56条等違反を主張すればよく、敢えて違憲問題にして訴訟のハードルを上げる必要はない[2]。しかし、憲法学者らは大臣による生活保護基準設定権限を専ら憲法25条により統制されるものだと解してきた。その結果は朝日茂さんに象徴される生活困窮者の敗北と窮状である（笹沼⑤20頁）。本稿はこの責任を深く自覚し、憲法学が生活保護基準問題にどのように取り組むべきかを論じるものである[3]。

2　憲法25条の犠牲としての生活保護法

　憲法25条1項は「すべて国民は、健康で文化的な最低限度の生活を営む権利を有する」と憲法上の権利であることを明示しているが、権威ある学者がプログラムに過ぎないなど断定し、食管法事件最大判（1948年9月29日刑集2巻10号1235頁）も憲法25条1項は「積極主義の政治として、すべての国民が健康で文化的な最低限度の生活を営み得るよう国政を運営すべきことを国家の責務として宣言したもの」に過ぎないと判示したため、憲法25

条を擁護せんとする憲法学者等は、プログラム規定説と格闘し、同条の法的権利性・裁判規範性を論証しようとした。そうした憲法学者等が依拠したのが朝日訴訟最大判（1967年5月24日民集21巻5号1043頁）傍論である。最高裁は上告人朝日茂さん死亡により訴訟を終了したと宣言する一方で、念のためとして、憲法25条の「健康で文化的な最低限度の生活なるものは、抽象的な相対的概念」であり、「多数の不確定的要素を綜合考量」せねばならず、大臣の合目的的な裁量に委ねられており直ちに違法の問題は生じないが、「現実の生活条件を無視して著しく低い基準を設定する等憲法および生活保護法の趣旨・目的に反し、法律によって与えられた裁量権の限界をこえた場合または裁量権を濫用した場合には、違法な行為として司法審査の対象となることをまぬかれない」と述べた。これについて憲法学者は、憲法25条とその具体化法たる法律・生活保護法が一体となることにより憲法25条が裁判規範性を持ちうることを認めたものだと解し、抽象的権利説を通説に押し上げてきた。

　しかし、これは大臣の保護基準を統制する生活保護法8条2項の規範性を掘り崩すこととなった。朝日訴訟最大判が「厚生大臣の定める保護基準は、法8条2項所定の事項を遵守したものであることを要」すると生活保護法8条2項による制約を認めつつ、「結局には憲法の定める健康で文化的な最低限度の生活を維持するにたりるものでなければならない。」と憲法25条の問題にすり替えたのに引きずられ、法8条2項の内容が、憲法25条の「健康で文化的な最低限度の生活」と同一で、抽象的相対的であり、生活保護法は保護基準を大臣に丸投げしているという理解が自明のものとされた。そして、保護基準を統制するものは憲法25条1項しかなく、それが不明確であるから「制度後退禁止原則」を使うか、具体的権利説を取る以外にないとか[4]、判断過程審査を練り上げるしかないといった、生活保護法無力論が支配的なものとなった。生活保護法という憲法具体化法は無きが如きものとされ、行政権が憲法を直接執行することは法治主義の原則に反するといった批判さえ行われた[5]。憲法学者等がプログラム規定に対抗して、憲法25条と生活保護法の一体化論により憲法25条の法的権利性を擁護しようとしてきた結果が、生活保護法8条2項の無力化であった。

3　憲法25条の具体化法たる生活保護法の失地回復
（1）憲法25条とその具体化法としての生活保護法の規範

　憲法25条に従って、立法府がその憲法解釈と立法事実に基づき立法した

のが生活保護法である。まずは、両者のテクストがいかなる意味内容、規範を有するのか、命題の形に書き換えてみよう。
◆ 憲法25条1項　国は、すべての国民に対して健康で文化的な最低限度の生活を営む権利を保障すべし。
・2項　国は、すべての生活部面について、社会福祉、社会保障及び公衆衛生の向上及び増進に努めるべし。
◆ 生活保護法8条1項　8－①－1規範　保護実施機関が、個々の要保護者に対して保護を実施する際には、厚生労働大臣が定めた保護の基準を用いて、個々の要保護者の需要を測定すべし(6)。
8－①－2規範　大臣は保護の基準を定めるべし。
・2項　8－②－1規範　大臣は要保護者の最低限度の生活の需要を満たすに十分、且つ、それをこえない保護の基準を設定すべし。
8－②－2規範　大臣は要保護者（生活困窮者）の年齢別、性別、世帯構成別、所在地域別その他保護の種類に応じて必要な事情を考慮して要保護者の最低限度の生活の需要を定めるべし。

　最低生活保障以外にも医療や年金制度など多様な制度構想を含意しうる憲法25条1項の「健康で文化的な最低限度の生活」と、8－②－2規範の「要保護者、生活困窮者の性別、世帯構成別、所在地域別その他保護の種類に応じて必要な事情を考慮」して定められた生活困窮者の「最低限度の生活の需要」とが同じ意味のはずがないのは自明である。
　憲法25条と生活保護法8条2項とを混同し、同様な規範と解してきた誤りは、8－②－2規範の消去によるものである。重大な法令解釈の誤りというよりは、法律、立法府による立法の軽視、厳しく言えば憲法41条に反するものといわざるを得ない。

（2）憲法25条と生活保護法8条2項との直観的比較
　生活保護法は、「日本国憲法第25条に規定する理念に基き、国が生活に困窮するすべての国民に対し、その困窮の程度に応じ、必要な保護を行い、その最低限度の生活を保障するとともに、その自立を助長することを目的」として立法府が、その憲法解釈と立法事実を参照して制定したものである。
　憲法25条と生活保護法8条2項各条文から、健康で文化的な最低限度の生活を営むためにはいくらの生活費が「必要」か見当つくだろうか。憲法25条の「健康で文化的な最低限度の生活」を何度唱えてもなかなか答えがでない。それに対し、生活保護法8条2項はどうか。保護の種類、各種扶

助について、具体的に当てはめてみよう。要保護者は、あなたの近くに住む、一人暮らしの、身の回りのことをできる健康な70歳の女性である。公営住宅に入るのは困難だろうから民間アパートに入らざるを得ない。家賃はいくらか。家賃を除く生活費、電気・ガス・上下水道代はいくらか。飲食費はいくらか。被服代、交通費、そして携帯の支払いはいくらか。冷蔵庫や洗濯機、テレビ等は10年くらいで買い換えるとして、一月あたりいくら貯めておくべきか。およそ見当がつくだろう。実は立法者はそのように見当がつくように要保護者の「必要」という事実に基づいて法の条文を作り上げたのである。

　両規範の違いは一目瞭然である。憲法25条の意味内容、規範は、最低生活保障のみならず、人々の医療を支えるための医療保険、年金制度、文化的施設の整備などを立法府に命じている。生活保護法は憲法25条の一部の規範内容に従って立法されたものに過ぎない。しかも、立法府が憲法25条に従って最低生活保障のための立法を行う際には、憲法25条のみに依拠すれば良いのではない。生活に困窮する人々は多様であり多様な必要を有している。一律平等な給付をおこなった場合、ある人にとっては過少となる一方、他の人にとっては過剰となることがある。前者は「健康で文化的な最低限度の生活」を保障されず、両者は権利保障において不平等な扱いとなり、憲法14条平等原則となる。憲法13条により多様な人々の必要の相違を尊重し異なる給付をおこなえば、やはり憲法14条平等原則違反の恐れがある。最低生活保障のための立法を行う場合、立法府は憲法25条のみならず、14条をも遵守せねばならないのである。これは容易ではない。実際に、生活保護法を起草した立法者達は、国民に必要な保護を行うことと、平等原則の両立に非常に苦労した。そして、生活保護法は1条で憲法25条に基づき必要な保護を行い最低限度の生活を保障することと並べて、2条に無差別平等な保護請求権を定めたのである（笹沼③）。

　憲法とその命令に従って立法府が制定した憲法具体化法律との次元の違いを踏まえずに、生活保護法はもちろん、憲法25条の適切な解釈は不可能である。法律＝「立法府が解釈した憲法の命令」＋立法事実であり、法律＝憲法ではない。別次元の規範として解釈すべきである（笹沼⑥）。

（3）憲法25条規範とその具体化

　憲法25条とその具体化法の関係を理解するためには、堀木訴訟最大判1982・7・7民集36巻7号1235頁を参照すべきである。本判決は、食管法事件最大判を引用して、「憲法25条1項は、国が個々の国民に対して具

体的・現実的に右のような義務を有することを規定したものではなく、同条二項によって国の責務であるとされている社会的立法及び社会的施設の創造拡充により個々の国民の具体的・現実的な生活権が設定充実されてゆく」とした。国の責務とは、第1に立法府が国民の具体的生活権を保障する法律を制定すること、第2にその法律に基づき行政が個々の国民に対して具体的生活権を保障する給付をなすべきことである。実際に行政が給付をおこなわねばならない局面を考えれば、立法府がなすべき事はかなり多い。個々の国民に個別的に現実的な給付をなすためには、誰に、何を、どのような手段・方法で給付するかが問題となる。だから、具体的給付実施のため必要な規範を制定することを憲法25条は命じているはずだ。憲法25条は第1に、国家が立法行政を通じて個々の国民に給付をなすべき義務を課した給付義務規範である。一切給付を行わないのは憲法25条違反である。そして、個々の国民に実際に、具体的な給付をなすための基準、方法・手続等を立法・行政が定めるべきことを命じた給付基準・手続設定義務規範である。他にも、平等原則違反等の不適法な給付に対する不服申立手続や不利益処分に対する弁明手続等の手続的保障も必要となろう。憲法25条は、非常に多様かつ複雑な命令を立法府に対して行っているのである。それらを整備せずに立法を行った場合には憲法25条違反に問われるだけでなく、憲法14条平等原則違反や31条違反も問われることになる。

（4）保護基準違憲論の敗北と生活保護法8条2項の復活

①判　例

　本件訴訟では、現在まで、17地裁と1高裁で本件改定が生活保護法3条及び8条2項違反だとして処分取消判決を下した。基準改定が違憲だというのではない。なかでも象徴的なのが、保護基準を憲法25条の具体化だとして、「朝日訴訟最判と堀木訴訟最判とを併せ読めば、少なくとも保護基準の設定についての厚生（労働）大臣の裁量は極めて広範なものと解すべきことは、既に確立した判例法理である」[7]と主張し、本件訴訟1審被告らに本件改定が大臣の裁量権の範囲内で適法だとする根拠を与えてきた、元調査官である岡田幸人裁判官が東京地裁で本件の大臣による保護基準引下げの一環たるデフレ調整につき「統計等との客観的な数値等との合理的関連性又は専門的知見との整合性を欠」き、「生活保護法が定める最低限度の生活の具体化に係る判断の過程に過誤、欠落」があり生活保護法3条、8条2項違反であるとして、保護費減額処分の取消判決を下したことである（東京地判2024年5月30日）。保護基準統制規範が生活保護法8条2

項であることは、もはや疑いようがない。

②学　説

　本件訴訟各判決に応じて、学説でも従来の憲法による保護基準統制論から離脱する傾向があるが、規範理解の混乱がみられる。憲法25条ではなく、生活保護法8条1項が厚生労働大臣に保護基準の設定を委任し、2項がその範囲を制限していることを理解しながらも、「生活保護基準の改定を規範的に制御するものとして、『健康で文化的な最低限度の生活を営む権利』…が機能することに、今日では異論はなかろう」と矛盾する言明を行う者もいる[8]。また、8条2項の「…その他保護の種類に応じて必要な事情…」の「その他」について「要保護者の年齢別…必要な事情」以外の「事情」考慮を許容したものと解する者もいる[9]。しかし、「その他」はあくまでも「要保護者の…必要な事情」の一構成要素に限定されることに留意すべきである。こうした混乱は、大臣の基準設定改定権限統制する8条2項の規範の理解が不十分なことによるものだろう。

　生活保護法8条2項の正しい解釈のためには、同法が立法された経緯、立法事実を参照すべきだろう。1950年制定の生活保護法以前、敗戦直後、日本国憲法制定前に制定された旧生活保護法は、10条が「保護は、生活に必要な限度を超えることができない」とのみ規定し、実際の保護は、民生委員の主観的判断に委ねられ、「個々の世帯の実情を全く無視して機械的に画一的」だとか、不公平だとか相反する非難を受けていた（笹沼③34-41頁）。そのため、当時の厚生省官僚らは客観的科学的で、公平な保護の基準の確立に腐心した。そこで開発したのが、個々の要保護者の必要熱量を充足するマーケットバスケット（MB）を組んで最低生活基準額を算出する理論生計費方式である（第8次改訂基準）。これが要保護者の「必要」（カロリーなど必要なものの量・質）な事情を考慮した最低限度の生活の需要（金額）算定方式である。さらに、個々の要保護者毎の必要と世帯人員全体の必要を組み合わせる方式を開発した（第9次改訂）（笹沼⑥10頁）。

　要保護者の必要の多様性に対応すべき憲法13条の個人の尊重原理と憲法14条平等原則を両立させる困難な課題に直面し、苦闘の末にあみだされた規範が、生活保護法8条1項、実施機関は客観的な大臣の基準により個々の要保護者の需要を測定して保護を実施すること、さらに大臣は「要保護者の年齢別、性別、世帯構成別、所在地域別その他保護の種類に応じて必要な事情を考慮」して「最低限度の生活の需要」を算定し、それを満たすに十分なもので、且つ、これをこえない基準を定めねばならないという方

式である。生活保護法8条1項及び2項は、こうした実践の上に編み出された規範を正確に言語的に表現したものであり、その表現から容易に規範が認識されうるものになっている。

　要保護者の必要な事情を理論生計方式により把握し最低生活需要を算出する基準設定改定方式は、その後格差縮小方式（引上げする限り妥当）、水準均衡方式（引上げ時は妥当だが引下げには正当化根拠なし[10]）と変更されたが、8 －②― 2 規範に合致した当初の方式の正当性はなお失われていない。現在の専門的知見からも、保護基準の適切な設定のためには一般世帯の消費構造ではなく、要保護者の世帯類型別の消費構造を把握して設定すべきであるとの指摘がある[11]。また、最低生活費の設定の際には、限定された収入で節約を強いられた消費支出によるのではなく、市民らの熟議により合意されたものを用いるべきだとの新MIS方式（MB式の改良型）も提唱されている（社会保障審議会基準部会2011年9月27日、岩田正美等資料）。いずれも生活保護法8条2項制定時の基準設定方式や8 －②― 2 規範に合致したものである。

4　生活保護基準判例と生活保護法の憲法適合的解釈

（1）老齢加算廃止事件最高裁判決

　生活保護基準に関する最高裁の最初の判決は老齢加算廃止事件東京訴訟最三小判2012・2・28、次いで福岡訴訟最二小判2012・4・2民集66巻6号2367頁である。これらの大臣の裁量統制論については、判断過程審査の根拠を憲法に見出そうとする憲法論[12]によっては理解不能である。生活保護法8条2項の憲法適合的解釈による必要がある。

　福岡事件最二小判は、生活保護法8条2項を引用した後、「そうすると，仮に，老齢加算の一部又は全部についてその支給の根拠となっていた高齢者の特別な需要が認められないというのであれば，老齢加算の減額又は廃止をすべきことは，同項の規定に基づく要請である」と同項規範認識の帰結を示した。その上で、堀木訴訟最大判を参照しつつ「もっとも，同項にいう最低限度の生活は，抽象的かつ相対的な概念であって，その時々における経済的・社会的条件，一般的な国民生活の状況等との相関関係において判断決定されるべきものであり，これを保護基準において具体化するに当たっては，国の財政事情を含めた多方面にわたる複雑多様な，しかも高度の専門技術的な考察とそれに基づいた政策的判断を必要とする」とした。

「高齢者の特別需要」が認められなければ、老齢加算は減額・廃止すべきだというのは、生活保護法8条2項規範の本件への当てはめである。老齢加算は、高齢という要保護者の年齢別の必要な事情を考慮した上で算定される最低限度の生活の需要＝「高齢者の特別需要」を満たすために設定されたのであり、高齢者の特別需要がなければ廃止すべきだが、それが有るなら廃止できない。他方、大臣の専門技術的かつ政策的な見地からの裁量権を認めた理由は、同項の「最低限度の生活」を憲法25条2項の「向上及び増進に努めるべき責務」に適合的に解釈したからである（笹沼⑤38頁）。8－②－2規範により専門技術的に把握される事実を踏まえた上で、憲法25条2項適合的解釈を行い「最低限度の生活」を向上させる政策的判断を行う「判断の分節化」である[13]。これら最高裁判決が自明のものとして敢えて明示しなかった8条2項の規範認識を、初めて明示したのが本件訴訟で最初の東京地裁判決である。

（2）東京地判2022・6・24判時2543・2544号合併号5頁

本判決は、憲法25条と生活保護法とを峻別し、生活保護法8条1項により大臣が生活保護基準設定権限を授権され、同条2項により制限されるという[14]、老齢加算最判が明示しなかった8条2項の規範認識を明示した（笹沼⑤44頁）。同判決は、8条2項によれば「厚生労働大臣が同条1項の委任に基づき上記裁量権を行使するに当たっては、要保護者の年齢、世帯構成や所在地域等に応じた需要の程度や相違、さらにはそれらの需要に関する経済的、社会的条件や一般国民生活の状況等について、専門的な知見を踏まえた高度の専門技術的な考察」をまず行い、それにより得られた事実を基に「財政政策や社会政策を含む政策的見地からの判断」を行うことが「憲法25条の理念を具体化する生活保護法の趣旨により要請」されていると判断の分節化を明確にし、老齢加算最高判が「法3条及び8条2項にいう『最低限度の生活』を保護基準において具体化するに当たっては『高度の専門技術的な考察とそれに基づいた政策的判断を必要とする』と説示」しているのもこれと同趣旨だとした。津地判2024年2月22日も生活保護法8条2項により「必要な事情を考慮した最低限度の生活の需要を満たすに十分なもの」を保障しなければならないことを明確にした。

（3）大阪高判――規範の分断と無効化

大阪高判2023・4・14判例時報2571号14頁は、標準世帯の基準を各類型別に展開する際（ゆがみ調整もその一種）には、生活保護法8条2項により「保護基準は、要保護者の年齢、性別等の類型ごとの事情に考慮しつつ、要保

護者の年齢別、性別、世帯構成別、所在地域等によって実質的な不平等が生じることがないように定めることが法的に要請」されるが、デフレ調整のように「標準世帯における保護基準」（水準）を改定する際には8－②－2規範に拘束されず、「『最低限度の生活の需要を満たすに十分なもの』との抽象的な要件」のみで大臣の裁量は広範だとした。

　これは、生活保護法8条2項という統一的規範を切断し、その効力を奪う致命的な誤りである（8－②－2規範の消去であり、老齢加算最判に反する）。しかし、大臣の基準設定改定権限が憲法25条からではなく、生活保護法8条2項の解釈からしか引き出せないことを明らかにした点においては意義がある（笹沼⑥）。

結　論

　大臣による生活保護基準設定権限は生活保護法8条1項により授権され、同条2項、とりわけ8－②－2規範により制限されるものである。この8－②－2規範の消去こそ、生活保護基準の恣意的運用を放任し、生活困窮者の苦況を作りだし続けているのであり、終わらせるべきである。

注
（１）2024年6月現在29地裁、31件で原告勝訴17件、高裁では大阪高裁2判決で1審原告敗訴、名古屋高裁で1審原告逆転勝訴となっている。
（２）高橋和之『人権研究2』（有斐閣、2022年）149頁。
（３）笹沼弘志「生活保護基準設定における大臣の裁量権と立憲主義的統制」賃社1529＝30号（2011年）（笹沼①）、同「憲法とその具体化としての生活保護法の解釈（1〜3回）」賃社1739-1741号（2019年）（笹沼②〜④）、同「生存権、呪縛からの解放」賃社1816号（2022年）（笹沼⑤）、同「生活保護基準統制原理としての必要と平等」賃社1835号（2023年）（笹沼⑥）。同「憲法具体化法としての生活保護法と規範の消去」法時96巻4号（2024年）66頁以下（笹沼⑦）なども参照のこと。
（４）棟居快行「生活保護老齢加算の廃止と生存権」ジュリNo.1376（2009年）23頁。
（５）高田敏『社会的法治国の構成』（信山社、1993年）169頁。
（６）9条は要保護者の実際の必要の相違考慮を保護実施機関に義務付けている。
（７）岡田幸人「判解」曹時65巻9号（2013年）233頁以下。
（８）巽智彦は「生活保護法8条1項および2項はあくまでそのような『要保護者の……需要』に合致するような保護基準の策定を厚生労働大臣に委任している」と、8－②—2規範を失念している。この規範忘却を、大阪高判が利用したなら遺憾である。同「生活保護基準の改定に係る厚生労働大臣の裁量の範囲について」法時94巻12号（2022年）111 112頁。

第 1 部　生存権論の新展開

（ 9 ）常森祐介「生活保護基準引下げ処分取消等請求事件」早法99巻 2 号（2024年）126頁。稲森公嘉「生活保護基準改定の法的統制」週刊社会保障3174号（2022年）42-47頁は、「生活外的要素」の考慮に消極的である。
（10）菊池馨実『社会保障法』（有斐閣、2014年）227頁は、水準均衡方式は客観的根拠が明確でないと指摘している。
（11）鈴木雄大「意見書」賃社1799号（2022年）66頁以下。
（12）柴田憲司「生存権訴訟」『憲法判例の射程』（弘文堂、2017年）182頁。
（13）榊原秀訓「判批」（東京・大阪地判）ジュリ1583号（2023年）。
（14）杉山有沙「判批」ジュリ1583号（2023年）。

生活保護基準改定にかかる裁量統制のあり方と憲法25条の役割
　—日独の比較から

　　　　　　　　　　　　　　　　　　　松本　奈津希
　　　　　　　　　　　　　　　　　　　　　　（広島修道大学）

　　はじめに
　憲法25条が保障する「健康で文化的な最低限度の生活」は、生活保護法へと具体化されたのち、さらに生活保護基準（法規命令）へと具体化される。この生活保護基準の引き下げの違法性が争われているのが、「いのちのとりで」裁判とも呼ばれる生活保護基準引き下げ訴訟である。2024年5月30日現在では、勝訴判決が17件[1]、敗訴判決が14件[2] である。以下では、生活保護基準引き下げ訴訟の裁判例を素材として、生活保護基準改定にかかる裁量統制のあり方と憲法25条の役割について検討する。
　その際に本稿は、生活保護基準引き下げ訴訟について、なるべく多くの視点から検討することを目的とする。また本稿では、〈生活保護基準改定に係る裁量統制の背後には、憲法論が存在する〉という立場で議論を進めていく。これは、法解釈のみで足りるとする見解を否定するものではなく、また「違憲」判決を求めるという意味でもないということには、留意が必要である。

1　憲法論の意味
（1）裁判における憲法論の意味
　結論から述べると、行政庁の処分の取り消し等を求める訴訟の中で、あえて憲法論を持ち出す意味は、①生活保護法8条1項・2項[3] の憲法適合的解釈[4]、②行政裁量統制の「中」で働く憲法論[5]としての役割、③憲法25条の抽象性と、それに基づく手続的統制の必要性にある。以下では、これら3点について、具体的に検討を行っていく。
　なお、憲法論を取り込むと裁判所の結論が変わるのかについては、憲法論がなければ必ず敗訴してしまう、という関係性にはないだろう。それでも、生活保護基準が憲法を具体化した生活保護法に基づいて形成されるものであり、生活保護法を介在させつつも、結局は憲法25条の具体化作業で

あることを踏まえると、「『憲法の趣旨を参酌した法律解釈』が行われないこともあることの方をより問題とすべきではないか」[6]という指摘が可能であるように思われる。

(2) ドイツ法との比較検討

また、以下では、ドイツ連邦憲法裁判所において2010年に下された、ハルツⅣ判決[7]との比較検討も行う。本件は、ドイツにおいて社会法上の給付額が低廉であるとして憲法違反が争われ、連邦憲法裁判所第一法廷により違憲確認判決が下された事件である。ハルツⅣ判決の判旨によれば、人間の尊厳に値する最低生活の保障を求める権利の具体化の際には、以下の3点が要求される[8]。①「個人の権利という形式で規定されなければならない」、②「この請求権は生存に必要な需要全体をカバーしなければならない」、③「立法者は生活に必要なすべての出費を、首尾一貫して、透明かつ公正な手続において、事実上の需要に即した、それゆえ現実に適った形で算定しなければならない」。このうち、①は日本では憲法25条と生活保護法がすでにあるため、検討を省略するが、②③については、日本における生存権訴訟の在り方に重要な示唆を与えうると思われるため、適宜触れることとしたい。

2 生活保護基準と憲法

(1) 憲法適合的解釈の必要性[9]

はじめに、憲法適合的解釈の必要性について省察する。そもそも生活保護法(以下、「法」という。)が生活保護基準を設定するための指標となるためには、憲法適合的解釈が必要である[10]。というのも、憲法は生存権の保障・具体化・形成を、第一義的に立法府に委託しているからである。そのため立法府は、生存権を具体化しなければならず、仮に具体化を行っていないのであれば、その法は違憲となると考えられる。法が違憲でないと言えるためには、立法府は、保護の「基準」と「程度」を、法によってある程度具体的に定めていると捉えなければならない。すなわち憲法25条は、厚生労働大臣が基準を定める際の指標や、裁判所が判断する際の指標になる程度には、具体的なものであると捉える必要がある。

さらに立法府は、この生存権の具体化である生活保護法を通じて、生活保護基準を現実に即して定める役割を、厚生労働大臣に委任している。そのため厚生労働大臣は、法の委任に基づき、法に定められた「基準」と「程度」をもとに、実際の需要に即して、生活保護基準を定めなければな

らないといえる。

　それゆえ、大津地判のように、「そもそも、憲法や生活保護法等の規定において、生活扶助基準の改定について、いつ、どのようにしてその判断をするかや、上記の最低限度の生活についてどのように認定評価をして判断するかについて、厚生労働大臣が行う検討のあり方を制約する具体的な基準が定められているものでもない。」という判断は、生活保護法の理解を誤ったものであるといえよう。

（2）憲法・生活保護法・生活保護基準の一体的関係

```
             志　向                                具体化
  憲法25条  ⇆  法1条、3条、8条1項、8条2項  →  法規命令
  具体化                                        （生活保護基準）
```

　次に、憲法・生活保護法・生活保護基準の関係をどのように捉えるべきかについて検討する。上記の図で示すように、生活保護基準である法規命令は、生活保護法の具体化であるところ、この法は憲法を具体化するものであり、かつ憲法を志向している。法規命令である生活保護基準は、憲法を志向する法により定められた「基準」と「程度」をさらに具体化したものである。そのような生活保護基準形成までの一連の流れを踏まえると、生活保護基準は、憲法が取り込まれた法を基準として形成されているということになる。私見としては、まず①憲法が点線で最低生活の枠を示し、②法がそれをもとに実線の「引き方」、すなわち実体のみならず具体的な手続をも示しており、③法規命令はこれらの憲法と法に基づいて実線を引いている、というように、生活保護基準の具体化の過程をシームレスに捉えるべきであると考えている[11]。そこでは、立法者は憲法25条の具体化を担う「下請け」であるのに対して、行政は「孫請け」のような立場にあるといえよう[12]。

　なお、ここまで立法府および行政府の生存権の具体化にかかる任務について言及してきたが、当然ながら裁判所もまた、生存権保障の担い手である。そのため裁判所は、憲法25条の保障を実現するために、憲法を具体化した法をもとに、厚生労働大臣が設定した保護基準の違法性を判断しなければならないといえる。その際、法3条や8条1項、8条2項などに示されている生活保護法上の諸原則については、現在のところ法律レベルの原則にとどまっており、憲法上での議論が十分になされていないように思われる。しかし、これらはドイツにおける社会法の構造原理[13]のように、憲法25条と一体の、憲法レベルの原則であるとみなしたうえで、裁判所に

よる審査の際の考慮事項として扱われるべきであると考えられる[14]。

3 専門的知見との整合性と憲法[15]

さらに、専門的知見との整合性についても、憲法の観点から考察を加えておく。生活保護基準引き下げ訴訟の勝訴判決では、厚生労働大臣の専門技術的裁量と関連して、基準部会等の専門家の関与の有無や専門的知見との整合性が判断の指標となっている。そこで、この専門的知見との整合性がどこから・どのように要請されているのかを、具体的な裁判例を素材として検討する。

（1）生存権規定との関わり

第一に、これを保護基準と生存権の連関から導出したのが、熊本地判、奈良地判、横浜地判である。熊本地判では、これまでの経緯に加えて、「生活保護基準が<u>国民の生存権を保障した憲法25条1項の趣旨を具体化した重要なものであること</u>を併せ考慮すると……専門的知見との整合性の有無について審査されるべきである」と判断されている（下線は筆者による。以下同様。）。

奈良地判においても、これまでの経緯に加え、「<u>生活保護が憲法25条に規定する理念に基づくものであって</u>、恣意的な生活扶助基準の改定を防止する必要があることからすると……専門的知見との整合性について、より慎重に審査するのが相当」という判断がなされている。

さらに横浜地判では、これまでの経緯に加え、「保護基準は、法8条2項所定の事項を遵守したものであることを要し、<u>憲法25条1項の定める健康で文化的な最低限度の生活を維持するに足りるものでなければならないこと</u>……に鑑みれば、……専門家から構成される会議体における議論を経ていないことは……専門的知見との整合性の有無等の観点から、前提として踏まえるべき重要な事情」であるとの判断が下されている。

第二に、これを憲法25条の理念を具体化する法の趣旨から導出したのが、東京地判、千葉地判である。例えば千葉地判によれば「専門的な知見を踏まえた高度の専門技術的な考察がまず行われ、かかる考察に基づき……政策的知見からの判断が行われることが、<u>憲法25条の理念を具体化する法の趣旨</u>により要請されている」。

このように、専門的知見との整合性を要請するいくつかの裁判例では、生活保護基準が憲法25条の趣旨や理念などを、（法を介して）具体化したものであるという、<u>生存権の重要性</u>を考慮したことにより、専門的知見との

整合性が要請されたと考えられる。

(2) 憲法25条と専門的知見との整合性

それでは、なぜ憲法25条から専門的知見との整合性が要請されるのだろうか。これについては、まず憲法25条と生活保護法の核心である「最低限度の生活」は、抽象的・相対的な概念であるということが挙げられる。このことと専門的知見との関わり合いは、ハルツⅣ判決との比較から明らかにすることが可能である。ハルツⅣ判決によれば、人間に値する最低限度の生活の保障を求める基本権の法律上の具体化である給付請求権は、「その範囲については、……直接憲法から導出されない。」[16]「この請求権の具体化のために、立法者は、生存に必要不可欠なすべての費用を、首尾一貫して、透明かつ公正な手続において、実際の需要に即した、それゆえ現実に適った形で算定しなければならない。」[17]「基本法から請求権の厳密な見積もりを引き出すことはできないため、実体的統制は、給付が明白に不十分であるかに限定される。……この基本権の基準に沿った結果の統制は限定的にのみ可能であることから、基本権保障は最低生活の算定のための手続に及ぶ。それゆえこの基本権は、最低生活の算定方法に対する統制をも要求する。」[18]

すなわち、「最低限度の生活」は抽象的であり、憲法から厳密な見積もりを示すことは困難である。だからこそ、裁判所は、実体だけでなく判断過程（手続）にも目を向ける必要があるということができるのである。そして裁判所は、その過程において、基準部会等の専門家の関与があったかどうか、ないし専門的知見との整合性があるといえるかどうかを、具体的に審査していると考えられる。

4 首尾一貫性の要請と行政庁の自己拘束[19]

(1) 首尾一貫性の要請とは

他方で、ハルツⅣ判決のこの部分の判旨からは、もう一つの可能性が示唆される。それが、首尾一貫性の要請と行政庁の自己拘束である。

首尾一貫性の要請とは、「立法者は、どのような基本原則に従って法制度を形成するかについて、広汎な自由の下で決定することができる。しかし、いったんある法制度の基本原則を選択した場合、……その制度の基本原則を首尾一貫させなければならない」[20]という原則を指す。この原則については、「①憲法上『論理的に要請される一定不変の形態が存在』しないところでは、②立法者が一定の基本となる制度を選択した場合には、そ

の選択に立法者による制度のより具体的な形成が拘束されるという、首尾一貫性（立法者の自己拘束）の論理は、……一般的な場面でも使用可能なものである」[21]とされている。すなわち、①憲法上の内容の不確定性と、②基本決定があれば、首尾一貫性の要請は使用可能であると考えられる。本件に即して考えると、まず、①「健康で文化的な最低限度の生活」が抽象的であることから、①の要件は満たされるといえる。次に、②については、最低生活費の検証方法として、従来は専門家による関与を必要とする水準均衡方式を採用していたところ、厚生労働大臣は検証方法を変更し、基準部会による検討を経ることのない新たな方法を選択している。これは、基本決定からの逸脱とみることが可能である。

なお、首尾一貫性の要請は、立法者の自己拘束ともいわれ、立法裁量の拘束可能性の一つとして論じられてきた。この点、生活保護基準は法規命令であり、行政裁量の問題であるという指摘がなされることが想定される。しかし、先に確認したように、生活保護基準の具体化の流れをシームレスに捉えれば、首尾一貫性の要請を応用することは十分に可能であると考えられる。

（2）首尾一貫性の現れ

そこで、実際に首尾一貫性の現れが見られる裁判例を確認する。

まず大阪地判では、原告は、基準部会による検討を経ることなく検証方法を変更（物価指数を考慮）したデフレ調整を「首尾一貫性を欠く」と主張していた。

また宮崎地判では、原告は、「新たな測定方式の採用の是非やこれを採用するとした場合の具体的手法（従来の水準均衡方式における改定との連続性・整合性は維持されるのか、物価の変化率により最低限度の生活を的確に測定するためにはどのような方法を用いるべきか等）について、専門技術的な知見からの検討を要する」ことを主張している。この宮崎地判の原告の主張は、東京地判の判旨と同一文章である。つまり東京地判は、下線部分の考慮を行っているのである。

さらに青森地判では、「専門家の会議体による検討が行われてきたことは、……内部的な検討に留まらず、外部の機関による検討を経ることで透明性を確保するという点でも重要な意義を有する」として、手続の透明性に触れたうえで、これまでの経緯を確認しつつ、「デフレ調整が従前の生活扶助改定方式を変更するものであることや……影響が重大であること等に鑑みると、……具体的な手法等に関する判断が専門的知見に基づく高度

の専門技術的な考察を経て合理的に行われたことにつき、被告らにおいて十分な説明をすることを要する」と判示していた。

　これらのことから、裁判所はデフレ調整の審査の際に、厚生労働大臣が専門家の会議を経て設定した従来の検証方法と、厚生労働大臣が専門家の会議を経ずに採用した新たな方法とのあいだの首尾一貫性ないし連続性・整合性に着目していると捉えることも可能であるといえる。

（3）基本決定からの逸脱の正当化

　なお、首尾一貫性の要請は、基本決定からの逸脱それ自体を直ちに違憲と判断するものではなく、逸脱がある場合には、基本決定からの逸脱を事項に即して正当化することを要請するものである。この点、奈良地判では、「生活扶助基準額を……大幅に減額するのであれば、当該物価指数及び改定に用いた<u>変化率自体（新たな検証方法；筆者注）の合理性が検証可能な形で明らかにされていることが必要</u>」という判断が示されている。

　こうした判旨は、ハルツⅣ判決の判示に近接的である。ハルツⅣ判決によれば、算出方法に対する「この憲法上の統制を可能にするため、立法者には、最低生活の算定のために立法手続において使用した方法および算出過程を検証可能な形で明らかにする義務が存在する」[22]とされている。この判旨からは、奈良地裁の要求した、新たな検証方法という基本決定から逸脱した方法の「合理性が検証可能な形で明らかにされていること」が想起されるため、非常に興味深い判決であるといえよう。

おわりに

　本稿では、日本の生活保護基準引き下げ訴訟の裁判例およびドイツ連邦憲法裁判所のハルツⅣ判決を参照しつつ、生活保護基準との関わりにおける憲法25条の役割について考察してきた。これにより、生活保護基準の設定・改定にかかる裁判所の判断には、憲法25条論が介在することが必要である、ということを説明できたように思われる。本稿を通じて、生活保護基準引き下げ訴訟において憲法25条論の有する役割を、多少なりとも示せていれば幸いである。

　〔追記〕本研究はJSPS科研費JP20K22050の助成を受けたものである。

第1部　生存権論の新展開

注

（1）地裁判決では、大阪地判令和3年2月22日判時2506＝2507号20頁、熊本地判令和4年5月25日賃社1811＝1812号91頁、東京地判令和4年6月24日判時2543＝2544号5頁、横浜地判令和4年10月19日賃社1823号7頁、宮崎地判令和5年2月10日賃社1823号11頁、青森地判令和5年3月24日裁判所Web、和歌山地判令和5年3月24日裁判所Web、さいたま地判令和5年3月29日裁判所Web、奈良地判令和5年4月11日裁判所Web、千葉地判令和5年5月26日裁判所Web、静岡地判令和5年5月30日（執筆時、判例集未搭載）、広島地判令和5年10月2日裁判所Web、鹿児島地判令和6年1月15日裁判所Web、富山地判令和6年1月24日裁判所Web、津地判令和6年2月22日（執筆時、判例集未搭載）、東京地判令和6年5月30日（執筆時、判例集未搭載）。高裁判決では、名古屋高判令和5年11月30日賃社1845号66頁、同1846号56頁、同1847号48頁。

（2）地裁判決では、名古屋地判令和2年6月25日判時2474号3頁、札幌地判令和3年3月29日裁判所Web、福岡地判令和3年5月12日裁判所Web、京都地判令和3年9月14日裁判所Web、金沢地判令和3年11月25日（執筆時、判例集未搭載）、神戸地判令和3年12月16日（執筆時、判例集未搭載）、秋田地判令和4年3月7日（執筆時、判例集未搭載）、佐賀地判令和4年5月13日裁判所Web、仙台地判令和4年7月27日（執筆時、判例集未搭載）、大津地判令和5年4月13日裁判所Web、那覇地判令和5年12月14日裁判所web。高裁判決では、大阪高判令和5年4月14日判時2571号14頁〔大阪訴訟〕、仙台高判令和6年3月14日（執筆時、判例集未搭載）、大阪高判令和6年4月26日（執筆時、判例集未搭載）〔神戸訴訟〕。

（3）私見としては、生活保護法9条もまた行政裁量を枠付けうると考えている。拙稿「最低生活保障の交錯的構造―連邦憲法裁判所判例と連邦社会裁判所による行政裁量の枠付け―」一橋法学19巻2号（2020年）396頁。

（4）巽智彦「生活保護基準の改定に係る厚生労働大臣の裁量の範囲について」法律時報94巻12号（2022年）110頁、拙稿「判批」新・判例解説Watch29号（2021年）44頁。

（5）宍戸常寿「裁量論と人権論」公法研究71号（2009年）100頁、渡辺康行『「内心の自由」の法理』（岩波書店、2019年）286頁以下。

（6）渡辺康行『憲法裁判の法理』（岩波書店、2022年）353頁。

（7）BVerfGE 125, 175. 本判決の紹介は多く存在する。例として、嶋田佳広「ドイツの保護基準における最低生活需要の充足」賃金と社会保障1539号（2011年）4頁以下、玉蟲由樹『人間の尊厳保障の法理』（尚学社・2013年）215頁以下、西村枝美「ドイツにおける社会権の法的性質と審査基準」関西大学法学論集62巻4・5号（2013年）25頁以下、石塚壮太郎「『生存権』の法的性質―主観的権利としての成立とその意義―」法学政治学論究110号（2016年）101頁以下、拙稿「生存権の自由権的側面による最低生活保障―ドイツ連邦憲法裁判所の判例を素材として―」一橋法学17巻1号（2018年）65頁以下。

（8）①〜③につき、石塚壮太郎「社会国家原理」鈴木秀美＝三宅雄彦編『〈ガイドブック〉ドイツの憲法判例』（信山社、2021年）233頁。
（9）憲法適合的解釈とは、「法令の規定それ自体は合憲であると同時に、憲法論を前提とした解釈を行うことで、規定の適用に際して開かれていた解釈の余地を充填し、その適用の違法・合法を決定するというもの」である。宍戸常寿「合憲・違憲の裁判の方法」戸松秀典＝野坂泰司編『憲法訴訟の現状分析』（有斐閣、2012年）68頁、土井真一ほか『憲法適合的解釈の比較研究』（有斐閣、2018年）。
（10）拙稿・前掲注（3）396頁。
（11）「そもそも主観的権利としての生存権が承認されているのであれば、生存権の具体化がなされる段階（立法→行政裁量の行使）は、事の性質上、本来シームレスに理解されるべきものであり、分けて考えるべきものではない」。石塚壮太郎「ドイツにおける社会国家の変容と憲法の応答」比較憲法学研究33巻（2021年）64頁。
（12）棟居快行『憲法の原理と解釈』（信山社・2020）265頁。
（13）具体的内容としては、需要充足原理、現存性原理、後順位原理、現実性原理、個別化原理、認識原理、申請主義が挙げられ、これらは「人間の尊厳に値する生存を求める基本権」に関するものである。拙稿・前掲注（3）337頁、石塚壮太郎「枠組的権利としての生存権」憲法理論研究会編『憲法の可能性』（敬文堂・2019年）221頁、嶋田佳広「ドイツ公的扶助における構造原理としての需要充足原理」札幌学院法学34巻1号（2017年）89頁。
（14）*Sotaro Ishizuka*, Rechtliche und tatsächliche Bedingung für die Konstitutionalisierung des Sozialrechts, *in: M. Jeastaedt/ H. Suzuki* (*Hrsg.*), Verfassungsentwicklung Ⅲ, 2021, S.63.
（15）拙稿「専門的知見との整合性要請と憲法25条」賃社1814号（2022年）29頁。
（16）BVerfGE 125, 175（224）.
（17）BVerfGE 125, 175（225）.
（18）BVerfGE 125, 175（226）.
（19）首尾一貫性の要請による立法裁量拘束可能性については、渡辺康行「立法者による制度形成とその限界」法政研究76巻3号（2009年）269頁。ドイツの首尾一貫性の要請を立法過程の合理化ないし合理性という形で捉え直すものとして、赤坂幸一「立法過程の合理化・透明化」法学教室440号（2017年）36頁、松本和彦「憲法における立法合理性の要請」松井茂記ほか編『自由の法理』（成文堂・2015年）437頁。
（20）渡辺康行ほか『憲法Ⅰ〔第2版〕』（日本評論社・2023年）88頁〔渡辺執筆〕。
（21）渡辺・前掲注（19）266頁以下。丸数字は筆者による。
（22）BVerfGE 125, 175（226）.

生存権の実現過程の「不合理」と「違法」と「違憲」の連関
――生活保護基準改定をめぐる裁判例を手掛かりに

柴田　憲司

(中央大学)

1　問題の所在

　生活保護基準の減額改定が争われている一連の「いのちのとりで」裁判（以下、「本件」）では、憲法25条（生存権）が関わる訴訟として異例ともいえる違法判断の蓄積が進展している[1]。ただし、いずれも裁判例も、基本的には法律・生活保護法の解釈論を中心に置いている。違法判断を示した裁判例には、憲法25条が関わることに一定の考慮を及ぼしたもの（熊本地判令和4・5・25賃社1811・12号91頁、東京地判令和4・6・24判時2543・44号5頁、横浜地判令和4・10・19賃社1823号7頁等）、そうした憲法論が明示されていないように読めるもの（大阪地判令和3・2・22判時2506・07号20頁、宮崎地判令和5・2・10賃社1823号11頁等）の双方がある。

　こうした法律の解釈論の中で憲法がはたして／いかに作用しうるのか、憲法を顧慮することで結論や立論が具体的にどう変わるのかという問題を、本稿では考察してみたい。また、その前提として、生存権の実現のように裁判所が立法・行政裁量を認めてきた分野では、いかなる場合にその裁量の逸脱・濫用があると判断されうるのか、適法・違法ないし合憲・違憲の線引きがどこに存するのかという問題も提起されうる。

　この検討の出発点になるのは、生存権の分野での判例実務を長らく支配してきた堀木訴訟（最大判昭和57・7・7民集36巻7号1235頁）である。堀木訴訟は、法律の憲法適合性が争点となった点で、行政作用の法律適合性が争われる本件とは事案の性質を異にする。だが、堀木最判の思考様式は、本件の一連の裁判例にもなお影響を及ぼしているように見える。

2　裁量判断の合理性と合法（憲）性

　堀木最判は、児童扶養手当と障害福祉年金との併給を禁止する当時の法律規定につき、同手当が年金と同様に所得保障を目的としているという制度解釈を基に、事故が同一人に二つ以上重なっても所得保障への影響（稼

得能力の喪失・低下）の程度は比例的には加重しないという論理で、合憲判断を示した。この立論につき同最判の調査官解説は、「制度の建前」としてはそういえても、個人の生存の利益や常識に照らすと、複数事故により稼働能力には、比例的ではなくとも何らかの加重があるともいえ、併給禁止の合理性に疑いが全くないとはいえないという。だが、給付行政の分野では、合理性に疑いがあるという程度では裁量の逸脱・濫用（違憲）と評価することまではできない旨を述べる(2)。もっとも、ある程度の不合理性では違憲にはならないが、その程度を超えると違憲になるとは具体的にどういう現象なのかは、問われるに値しうる。

あるいは、この定式は古典的な行政裁量論の定式、すなわち合目的性と合法性との連関(3)を、立法裁量の場面に転用したような表現ともいえる。その点で、この「制度の建前」としての合理性とは、問題となった法律上の規定が、当該法律制度の趣旨目的等に照らし整合性をもつか否かという、法律という同一の法形式における諸規定・諸思想の内的整合性を主に問うものといえる。その限りでこの立論は、それ自体としては立法政策論であり、上位規範たる憲法に違反するか否かという議論には直結しない面もある。

本件では、堀木訴訟で争われた立法裁量ではなく、朝日訴訟（最大判昭和42・5・24民集21巻5号1043頁）や老齢加算訴訟の東京最判（最判平成24・2・28民集66巻3号1240頁）・福岡最判（最判平成24・4・2民集66巻6号2367頁）で争われた行政裁量・行政立法の統制が争点となっている。本件の諸裁判例で適法・違法の結論を分けたポイントの一つは、厚労大臣による保護基準の改定の際の判断過程の説明を、「裁量」を前提に、裁判所が「一応合理的」として受容しているか否かという点にあるように読める。たとえばデフレ調整に関し、厚労省が示した物価下落の率の数値（−4.78％）の適否や起点の選択（平成20年）、計算方法の適否（消費者物価指数との乖離、パーシェ方式とラスパイレス方式との関係、従前の計算方法との一貫性）、専門家の会議体（基準部会）への諮問の不実施等に関する行政の説明の合理性である。そしてその限りで、この行政内部での判断過程の合理性が、上位規範に照らした適法性になぜつながるのかという、上記と同様の問いが提起されうるように思われる。

この行政裁量の統制については、同じく保護基準が争点となった朝日訴訟の頃とは異なり、老齢加算訴訟を経て、行政法・社会保障法等の判例・学説で議論の進展が見られる。堀木訴訟の時代の伝統的な裁量論の思考

は、それが立法裁量の事案であった点も含め、今日では見直しの必要もありうる。そこで以下、まず法律論に係る議論状況を、不十分ながら門外漢なりに内在的に概観した上で、憲法論がもちうる意義を考察してみたい。

3 法制度・先例

　本件での主たる争点は、生活保護法（以下、「法」）8条1項の委任に基づき厚労大臣が定める保護基準、特に生活扶助基準の改定（ゆがみ調整・デフレ調整等）が、法3条・8条2項にいう「最低限度」の生活水準に合致しているのかという点にある。保護基準は告示の形式をとるが、その実質は国民の権利義務を規律する法規命令とされる。保護基準は「最低限度の生活の需要」を「こえないものでなければならない」（法8条2項）。そのため、もし改定前の生活扶助基準がその需要を超えていたのであれば、その減額改定は同条項の「趣旨に沿う」（老齢加算訴訟東京最判）、ないし「要請である」（同福岡最判）。超えていなければ、改定の必要性はない。そのため本件改定の適法性も、第1次的には、改定前の生活扶助基準が「最低限度の生活の需要」（同3条、8条2項）を超えるものなのか否か（＋改定後の保護基準が当該需要を充足しているか）に係ることになる。

　本件と同じく保護基準の減額改定を扱った老齢加算訴訟で最高裁は、こうした思考の下、法3条・8条2項の「健康で文化的」な「最低限度」の生活の「需要」の要件認定に係る厚労大臣の専門技術的・政策的な裁量権を肯定した。すなわち、老齢加算の必要性を基礎づける高齢者の特別な「需要」の存否（＋改定後の保護基準が最低限度の需要を維持しているか）という要件事実の認定に係る裁量権である。そして、その大臣の裁量「判断の手続及び過程」の過誤・欠落等の有無を、「統計等の数値等との合理的関連性や専門的知見との整合性」に照らし、裁判所が審査するという。

　一連の裁判例も、この老齢加算訴訟に依拠しているが、なお堀木最判や朝日最判（傍論）を、その文言も混ぜながら引用することで生じているばらつきみられる。この点は整理が必要なところかと思われる。

　たとえば、適法判断を示す裁判例には、堀木最判を引用して「広い」裁量という語を用いるものもあるが、老齢加算の両最判はこの語を用いていない。また、裁量権の根拠に関し、しばしば指摘される通り、「最低限度」の認定のためにはまず「専門」知が必要であり、その上での「政策」・「財政事情」の考慮という優先関係も重要となる（熊本地判参照）[4]。さらに、財政事情という語に、老齢加算の福岡最判は要件認定の際に言及した

が東京最判は言及しておらず、後の判例も同種の訴訟で東京最判型を継承しているように見える(5)。そもそも財政事情とは何か。予算配分方針や予算折衝を指しているのか。あるいは、生活扶助基準の改定方式たる以前の格差縮小方式や現行の水準均衡方式は、一定の経済予測を含むという意味では、財政政策的な考慮が必要になる面はあるのかもしれない。いずれにせよ、その具体的な意味は先例解釈からは明らかでなく、同様に朝日訴訟のいう「国民感情」についても、これに言及した後の判例はなく、この点も留意に値する。何より立法裁量と行政裁量の区別は重要であるように思われる。

4 行政裁量と憲法論
(1) 行政裁量の根拠・有無と審査の方式・密度

行政裁量の有無や、その裁量を裁判所が統制する際の審査の方式・密度は、「裁量を授権し裁量権の行使を方向づける法規範の解釈により判断される」(6)。すなわち、行政裁量は、立法府が行政機関に一定の判断の余地を付与しているかどうかという法律解釈の問題である。この点で、憲法が立法府に与えた立法裁量——第一次的には憲法解釈の問題——との構造上の違いがある。なお、憲法が直接に行政機関に与えた裁量を執行裁量と呼び、法律が行政機関に与えた行政裁量と区別する見解もあるが(7)、ここでは立ち入らない。そして、その裁量の有無・広狭、審査の方式・密度を決める際の判断の因子は、㋐法律の文言、㋑法規範の適用により侵害・保護される権利利益の要保護性の程度、㋒法規範を適用する際の諸利益の衡量および知識・情報の集約が複雑性・困難性をもつ程度、等が一般に挙げられる。

かくして、本件での行政裁量の有無や広狭等は、保護基準の設定権限を厚労大臣に付与する法8条1項や、その際の要件事実や考慮要素を挙げる同条1項・2項の解釈の問題となる。既述の通り、法8条の「最低限度の需要」の要件判断に関する専門技術的な裁量権が厚労大臣に付与された。この専門技術的裁量論に対しては、事実認定が裁判所の権限であることに鑑みると、裁判所より行政の判断が優越する根拠が必要だと説かれることも多い。これに関連して、その専門性はどこに存在するのかという問題もある。行政機関の内部にも存し得、外部にも存し得る。この点は、本件では基準部会の関与に係る争点に関連する（後述）。

こうした議論を前提に、憲法論として何を語りうるか。まず、関係す

る権利利益の重要性による裁量の限定という抽象論は、学説でも実務でも[8]広く共有されているように見える。保護基準は、純然たる創設的な政策的措置や、恩典的・卓越主義的に給付される補助金や助成金等に係るものでもなく、憲法25条1項の要請を確認的に具体化した法律上の権利・保護受給権に関わる（生活保護の実施等は行政処分）、という思考である。

また、裁量権付与の趣旨に沿った裁量権の限定という視座も重要となる[9]。裁量権の根拠規定たる法8条所定の考慮要素の重要性[10]を、憲法から基礎づける可能性も含め、次に行政の判断過程審査をめぐる議論を確認する。

（2）判断過程審査をめぐって

老齢加算訴訟が示した判断過程審査は、近年の行政法判例で裁量審査の基本法式になりつつあるとされる[11]。これは行政による調査・審議・判断の過程を審査するものであり、法的判断が単純な法的要件への事実のあてはめ・包摂に止まらない、多様な考慮要素の選択・評価に関わることに着目した較量ドグマーティクともいわれる。この審査では、行政機関が論証過程を示すことにより、裁判所が一応納得する可能性が示されるか否かが鍵になるとされ、判断過程に関し原告が納得できないと主張する点について裁判所が行政に説明を求めるという構造になるとされる。この構造においては覊束行為と裁量行為との間に違いはなく、その行政の説明に「一応の説得力」があるか（裁量行為）、それとも行政の判断過程とは別に裁判所が自ら法規範を具体化して事案に適用する判断過程を構成するか（覊束行為）に違いがあるとされる。立証責任との関係は議論が多いが、要件事実（本件では法8条の「需要」）の立証責任の手前の事案解明義務に位置づける見方もある[12]。

そして、行政内部の判断過程に不合理な部分があったとして、それがなぜ上位規範に照らし違法と評価されるのかについて、これはあくまでも「結果」（法律が定める要件事実の不充足等）への影響可能性がある点が指摘される。近時の判例が示す社会観念審査と判断過程審査との接合も、そのあらわれとされる[13]。もとより、専門家の関与等が法定されている場合に、その「手続」法違反があれば、それが独自に違法を構成することはあり得る。

本件では、保護基準の制定にあたって法定されていない専門機関の関与の位置づけが、デフレ調整の際に基準部会の判断を経なかったこととの関連で注目されている。一方で、保護基準の専門技術性に照らせば、外部

の専門家の関与は「事実上不可欠」だと老齢加算訴訟の調査官解説はいう(14)。他方、判例は、外部の専門会議体が関与した事例の際、その専門会議体の判断過程自体を、「専門的知見との整合性」(老齢加算訴訟)や「現在の科学技術水準」(伊方原発訴訟。最判平成4・10・29民集46巻7号1174頁)、「客観的な学説状況」(教科書検定訴訟。最判平成9・8・29民集51巻7号2921頁)等に照らして審査し、その会議体の判断を参考になされた行政庁の判断過程をも審査していると読める。かくして、専門会議体の判断を経たか否かということ自体が裁量の広狭と直結するかは議論の余地がある。

　しかし、物価を本格的に考慮するという初めての試みにおいて、保護基準の改定の際に「事実上不可欠」のはずの専門家の判断をあえてスキップしたことは、たとえば裁量基準や内部規則による行政の自己拘束論の応用で、より高い説明責任を求めるという議論はありうる(大阪高判令和5・4・14判時2571号14頁での当事者の主張参照)。広島教研事件(最判平成18・2・7民集60巻2号401頁)が述べる通り、従前とは異なる運用、すなわち消費支出以外の物価の考慮、物価の計算方法の独自性、専門会議体への諮問等の不実施等は、動機の不法や比例原則・平等原則違反を推認させうる等の観点から、この点に係る説明責任が行政に課されると解することはできよう。たとえば、平成20年以降の物価下落は数値が示すほどだったのか(食費等はむしろ上昇、生活保護受給世帯が頻繁には買い換えないテレビ等の教養娯楽費のウェイトの評価等々)についての説明などである。

　また、事実認定は本来、司法審査が及ぶ領域であり、要件裁量はあるにせよ、まさに専門技術的裁量である以上、行政の内部であれ外部であれ専門知を十分に取り入れたのかは審査されるという見方もありうる(事実認定・調査の瑕疵)。特に「結果」の重大性、すなわち4.7%の物価下落に対応した「需要」(法8条)の減少という要件事実の認定に基づく改定の結果の重大性に照らし、需要の探求に係る生活実態の調査や専門知による分析等は十分だったのかという問いは提起できるように思われる。なお、老齢加算訴訟の下級審は、老齢加算の創設・継続が政策的配慮(老齢福祉年金の額との連動)に基づくため、基準生活費の場合とは、必要な生活実態の調査の程度は異なる旨を述べていた。加算も最低生活需要の一部を成す以上、この区別の是非も問われうるが、まさに基準生活費が問題となる本件では、慎重にも慎重な調査が求められる、とする議論は可能かもしれない。

　こうした判断過程審査と憲法論との関係として想起されるのは、ドイツのハルツⅣ判決(BVerfGE 125, 175)である。同判決は、公的扶助に係る立

法裁量の統制の事案だが、㋐結果についての明白性の審査と、㋑判断手続・過程の審査の二つを用い、㋑の観点から違憲判断を示した(15)。

ただし、後のドイツ判例の動向として、この㋑手続・過程の審査は㋐結果との関係での審査だという軌道修正が行われている点に注意が必要である。ここでいう結果の意義は明瞭でないが、立法過程の成果物である法律自体の内容を指すとすれば、㋑の審査は、その法律の合憲性（ないし立法事実）が説得的で適切な根拠・データ等で基礎づけられているかを見るものとなり、その点では通例の法令審査と構造上の差異はないという見方もありうる。後のドイツ判例は、立法手続・過程自体には独自の憲法上の要請（立法合理性に係る最適化義務、理由づけ義務、立法過程を明らかにする責務等）が課されていない旨を強調する。なお、いわゆる首尾一貫性も、それ自体が独自の憲法上の要請とされているわけではなく、その一貫性の欠如が立法事実の基礎づけの欠如等を「推認」させる徴表の一つだとする位置づけが有力のように見受けられる(16)。

これに対し、行政の場合には、行政の説明責任・理由提示義務・事案解明義務などの判断過程・手続に関わりうる要請が、法治国原理（法律による行政）の内容としてドイツでは時に語られる(17)。これが裁判規範としては、判断過程審査の要素としての意味をもつものと解される。すなわち、行政機関が具体的にどのような事実をどのように考慮して、これを法律の定める要件にあてはめて当該行政作用を行ったのかを説明させ、法治国原理を徹底するというのが事案解明義務のようである。

このような手続的な要請は、行政作用の根拠となる実体法・法律の在り方に大きく依拠している。他方、立法については、立法者はもちろん憲法に拘束されるが、憲法規範の解放性等に照らすと、行政機関の法律による拘束とのパラレルでは語り得ない部分がある。立法者は、社会に存する多様な利害を主題化し、相互に対立する利益の調整・妥協を通じ、最終的に法律という成果物にそれを結実させる。こうした一連のプロセスを、法律案の提出から議決に至るまで公開の場で行うという憲法の明文上の手続（外的手続）を充足することで、民主制原理の要請が果たされる。それ以上の、行政機関の論証過程に課される要請に類する手続的な要請（内的手続）は、こうした立法作用になじまないともいわれる。

このように、立法過程と行政過程との区別の必要がしばしば説かれる。たとえば、行政機関の決定手続は議会のような多元的な利害調整の場としては設定されておらず、行政機関が行政立法を行いうるからといって、立

法者と同様の広範な裁量が認められるわけではない、との指摘もある[18]。
　とはいえ、本件では、ほかならぬ行政の判断過程が問題となっており、ドイツ判例が示した過程・手続審査の発想を、特に憲法に由来する「需要」の探求の重要性[19]に照らし、法8条の解釈論を主軸にその中に取り込むという土壌は十分にあるものと考えられる。先述の専門性を政策性に優先させる思考のほか、財政事情や国民感情等の法定外の生活外的要素が劣後するという思考も、この需要を軸とする解釈の中で再構成されうる。

5　結語にかえて

　この観点は、保護基準は行政過程・立法過程のいずれで決めるべきかというかねてからの課題にも関連する。行政過程には密室性の問題がある。他方、立法過程には党派的な政治性が反映する危険等[20]もある。需要の探求に係る専門知を重視する思考は、この点でも重要になろう。
　これに関連して、法的思考の説明法の一つとして、法適用者の恣意を配するために定型性を重視するリーガリズム思考と（Legalistisches Recht）、法の一律適用が捨象しうる個別の事情や諸利益に配慮した柔軟な対応を求める個別性・状況関連性を重視する思考（Situatives Recht）とがあるといわれる[21]。両者のバランスは難しいが、最低生活保障を求める生存権の根底には、「人の取り扱い」（配慮）という意味での「人間の尊厳」[22]があるといわれることもある通り、一般基準として類型的な保護基準を策定する際にも、物価下落や可処分所得の上昇の有無に関し、被保護者の生活実態の丁寧な調査が求められるという思考は、相応に重みをもつように思われる。

注
（１）2024年6月8日現在では、地裁で違法判断が14（適法12）、高裁で違法判断が1（適法2）である。裁判例の一覧は、いのちのとりで裁判全国アクションのHP参照。https://inochinotoride.org/file/240320_hanketsuichiran.pdf〔2024年6月8日閲覧〕本稿は、2023年7月15日実施の憲法理論研究会ミニシンポジウムでの報告原稿を基にしており、文献引用や後の裁判例への言及については紙幅の都合もあり限定的であること、ご海容賜りたい。
（２）園部逸夫・最判解民事篇昭和57年度543頁。
（３）石川健治「国籍法違憲大法廷判決をめぐって（１）」法教343号（2009年）40頁。
（４）山本龍彦「生存権の財政統制機能に関する覚書」法学研究91巻1号（2018年）121頁、豊島明子「生活保護基準改定に係る裁量審査の深化」賃社1811・12号（2022

年）52頁、同「熊本地裁への意見書」同64頁等。
（5）柴田憲司・憲法判例百選Ⅱ（第7版）295頁。なお、東京最判は、要件認定ではなく、激変緩和措置等の方法選択の裁量権を肯定する文脈では財政事情に触れていた。これは、仮に減額改定が適法な場合でも、なお高齢者の期待的利益に配慮し、激変緩和措置として給付を一定期間継続するか否かという判断を行う際には財政事情も考慮される旨を述べるものと解される。
（6）以下の記述は、山本隆司「日本における裁量論の変容」判時1933号（2006年）11頁、同「裁量統制の判断過程審査」行政法研究14号（2016年）1頁、同「行政裁量の判断審査の理論と実務」司法研修所論集129号（2019年）1頁。また、川神裕「裁量処分と司法審査」判時1932号（2005年）11頁、前田雅子「保護基準の設定に関する裁量と判断過程審査」曽和俊文ほか編『行政法理論の研究』（2016年）311頁、巽智彦「生活保護基準の改定に係る厚生労働大臣の裁量の範囲について」法時94巻12号（2022年）110頁。
（7）長尾一紘『日本国憲法』（世界思想社、第3版、1997年）442頁。
（8）岡田幸人・最判解民事篇平成24年度（上）293頁。
（9）尾形健「公的年金の給付水準引下げにかかる憲法問題」同志社法学74巻2号（2020年）743頁。また、巽・前掲注6）。
（10）本シンポジウムの笹沼弘志会員の報告とそこでの引用を参照。
（11）以下の記述も、山本・前掲注6）の諸論考。
（12）小久保哲郎「裁判所は生きていた！（3）」賃社1811・12号（2022年）4頁。判断代置審査との相対化も含め、山本・前掲注6）の諸論考。
（13）山本・前掲注6）の諸論考。
（14）岡田・前掲注8）295頁。
（15）詳細は、本シンポジウムでの松本奈津希会員の報告とそこでの引用。また、山本真敬『立法裁量と過程の統制』（尚学社、2022年）。
（16）Vgl. *N. Petersen,* Gesetzgeberische Inkonsistenz als Beweiszeichen, AöR138 (2013), S. 110. 一貫性が立法の過程ではなく結果の審査である点も含め、柴田憲司「判批」自治研究94巻9号（2018年）142頁。立法の判断過程審査への疑問は、制度後退禁止原則の難しさ（小山剛「生存権の『制度後退禁止』？」慶應法学19号（2011年）97頁）とあわせ、年金減額訴訟（最判令和5・12・15裁判所Web）の尾島裁判官補足意見も参照。
（17）緻密な検討は、宮村教平「立法過程の構造と解釈（一）（二・完）」自治研究99巻2号（2023年）137頁、同3号（同年）128頁。
（18）*R. Poscher,* in: Herdegen/Masing/Poscher/Gärditz, Handbuch des Verfassungsrechts, 2021,§3 Rn. 108. 行政立法の特性は、正木宏長「委任命令の適法性審査」立命館法学355号（2014年）76頁、柴田憲司「児童扶養手当と障害基礎年金との併給禁止と生存権」法教514号（2023年）62頁。
（19）法令の規律の意図として、需要の探究が内容形成、それ以外のものは制約にな

るという発想も含め、柴田憲司「生存権の『制約』可能性」戸波江二先生古稀記念『憲法学の創造的展開（上）』（信山社，2017年）677頁。「需要」の意義は、石塚壯太郎「社会国家・社会国家原理・社会法」法学政治学論究101号（2014年）197頁。

(20) 小山進次郎『改訂増補　生活保護法の解釈と運用』（全国社会福祉協議会、1975年）168頁以下。

(21) *Poscher*（Fn.18),§ 3 Rn. 4 ff. ニールス・ペーターゼンほか（柴田憲司ほか訳）『公法における比例原則と家族法におけるヨーロッパ人権条約の機能』（中央大学出版部、2019年）10頁以下〔柴田訳〕。

(22) 関連して、朱穎嬌『尊厳の法理論』（弘文堂、2024年）。

憲法具体化法としての生活保護法と裁量統制

杉山　有沙・小山　　剛
（帝京大学）　（慶應義塾大学）

　　1　ミニシンポジウム「生活保護訴訟と司法判断の変容―いのちのとりで訴訟を題材に」では、3件の報告（「憲法25条とその具体化の規範論的意味―生活扶助基準引き下げにともなう保護費減額処分取消訴訟をめぐって」（以下、笹沼報告））、「生活保護基準改定にかかる裁量統制のあり方と憲法25条の役割―日独の比較から」（以下、松本報告）、「生存権の実現過程の『不合理』と『違法』と『違憲』の連関――生活保護基準改定をめぐる裁判例を手掛かりに」（以下、柴田報告）と、それに続く充実した質疑が行われた。
　生存権訴訟は、「健康で文化的な最低限度の生活」に満たない保護基準の増額を求める訴えであった。しかし、朝日訴訟大法廷判決（最大判昭和42・5・24民集21巻5号1043頁）から数十年がたち、右肩上がりの経済から右肩下がりの経済（棟居快行）なかで、訴訟の対象も現状の維持を求めるものへと変わっていった。生活保護基準引き下げ訴訟は、時代を象徴する出来事であった。
　では、憲法学は、引き下げ問題にどのように貢献できるのか。生存権をめぐる訴訟では、立法者また厚生（労働）大臣の裁量が壁になる。これに対応するには、①裁量を否定する、ないしは大幅に縮減するという手法と、②相当程度の裁量があることを承認したうえで、裁量統制の手法を工夫するという手法とがありうる。①の裁量排除ないし縮減型の構成は、朝日訴訟（憲法25条）、堀木訴訟（憲法14条）の1審判決で採用されたが、周知のように、最高裁の採るところとはならなかった。一方、比較的最近の最高裁判例では、②の裁量統制型の手法が採られている。学生無年金訴訟判決（東京地判平成16・3・24判時1852号3頁。さらに、最判平成19・9・28民集61巻6号2345頁も参照）や児童扶養手当打切り事件判決（最判平成14・1・31民集56巻1号246頁）では、裁量を前提としたうえでの制度趣旨との首尾一貫性がポイントとなった。また、老齢加算廃止事件判決（最判平成24・2・28民集66巻3号1240頁〔東京〕、最判平成24・4・2民集66巻6号2367頁〔福岡〕）では、生活保護法3条、8条2項等の趣旨を確認したうえで、老齢加算廃止の判断過

程の合理性が審査された。本ミニシンポジウムの報告は、いずれも、憲法具体化法としての生活保護法の解釈を通じて、厚生労働大臣の裁量に統制を加える試みであった。

2 とはいえ、議論の重点はそれぞれに異なる。

笹沼報告では、生活保護基準設定権限について、憲法25条による統制に重きを置く朝日訴訟最高裁判決以降の支配的な学説状況に対して、生活保護費減額処分取消訴訟（通称、いのちのとりで訴訟）、特に東京地裁判決[1]において、法律レベルでの統制が明示されたことが報告された[2]。つまり、本稿の問題関心で整理すれば、生活保護費の減額といった具体的な争点については、憲法ではなく、法律での統制が適切な場合があるということである。

松本報告では、ドイツ連邦最高裁判所によるハルツⅣ判決を参考に専門的知見と整合性要請や首尾一貫性の要請による統制可能性を示すことで、生活保護基準改定をめぐる訴訟においては、生活保護法だけでなく、憲法25条による実質的な統制の可能性を示した[3]。前述の笹沼会員は憲法ではなく法律に依拠した生活保護訴訟場面での審査の可能性を模索していたので、松本会員とはこの点に立場の違いがある。

柴田報告では、一方で、老齢加算最判の行政裁量論や判断過程統制が、主に行政立法の法律適合性という法律解釈論を自律的に展開するものであるとして、立法裁量と行政裁量の質的差異を強調しつつも、他方で、法律解釈論の枠内で憲法論がもちうる意義、特に需要（生活保護法8条）という要件事実の重みづけ等を考察する必要があることが報告された[4]。

3 （1）その後のコメントおよび質疑において、笹沼報告に対しては、生活保護訴訟において憲法ではなく法律で審査することの意義が質問された。

まず、同報告の議論の前提となる憲法25条観についての質問である。笹沼会員は憲法25条に対する積極的統制に注目することで、主観法的な権利主張以外にも、客観法的な要請としての給付義務規範と給付義務履行規範を憲法25条に見出している[5]。こうした憲法25条の規範内容の把握は興味深いが、この内実を具体的に構成する要素として何が想定できるのか。関連して、笹沼会員は、憲法25条の意義として、恣意的支配を「回避し、自由を現実に保障するため、国家により自立のための保護を整備して他

者への依存を抑制し、かつ国家による保護を請求する権利を個人に保障した」ことにあると説明する(6)。とすると、憲法25条にある「健康で文化的な最低限度の生活」の保障の意味として、金銭的な保障以前に、対象者の自律的な社会参加を保障するものということができ、そして、憲法25条による制度設計の核心にはこれがあるように思われるが、そのような理解でよいか。

次に、本判決において、適切な条文がある生活保護法の存在を意識すれば、憲法による審査は必ずしも必要ではないと笹沼会員は主張するが(7)、生活保護法を始めとする社会保障法と憲法25条の関係とは、どのように捉えるべきか。関連して、笹沼会員は、生活保護法を憲法上で根拠づける際、憲法25条のみで説明するのではなく、14条等をもあわせて説明する。この時、生活保護法の各条文に対する憲法適合性を確認しているものの、具体的な訴訟における審査それ自体は、生活保護法に基づいて行っている(8)。そのことからすると、笹沼会員は、生活保護法に関わる問題は憲法ではなく法律レベルで審査するべきと捉えていると理解してよいか。

最後に、憲法25条の司法審査について、立法や裁判例等の存在により、広範な裁量を正当化するような未確定性は減少すると思われる(9)。にもかかわらず、いまだ広範な立法・行政裁量が維持され続けている現状についてどのように考えるべきか。また、本判決において、憲法25条が審査基準等で強調されている理由はどこにあると考えるか。

（2）　松本報告に対しては、生活保護訴訟において憲法25条を読み込むことの意義が質問された。

第1に、松本会員は、これまでドイツ連邦共和国基本法20条1項と1条1項を合わせることで、最低生活費非課税の原則等の観点から、最低生活費の保障の要請に関する規範性を高めて理解してきた(10)。そして、こうした基本権上の規範性の要請について、日本では憲法25条が担うと主張するが(11)、現行の憲法25条論のみで考えるのではなく、他の憲法条文もあわせて検討した方が松本会員のこれまでの研究と整合性が図れるのではないか。

第2に、松本会員は、ドイツの判例研究を通じて憲法を具体化した基本決定が具体的な法律解釈に取り込まれることの意義を説明するが(12)、日本においては、生活保護法をめぐって、どのような基本決定をするべきか。具体的にいえば、ドイツでは最低生活費課税の原則や応能負担原則のような内容が確立しているとされるが、「健康で文化的な最低限度の生

活」の保障に対してどのような基本決定を想定するべきか。

　最後に、憲法25条が生活扶助基準の設定の統制に直接的な影響を及ぼすのはなぜか。松本会員は、熊本地裁判決・東京地裁判決の分析にあたり、判断過程統制の中に憲法25条を読み込むことで、審査密度が上昇したというように、同条が生活扶助基準の設定の統制に直接的な影響を及ぼすという(13)。この点について、若干の疑問がある。憲法25条の具現化法としての生活保護法という位置付けは、教科書的には妥当と言えるだろう。しかし、本当に、憲法25条の具体化＝生活保護法、と捉えていいのか。例えば、生活保護法2条は、憲法14条を反映したと読むことができないのか。関連して、具体的な制度設計を考えるにあたり、憲法25条の条文から生活保護基準をめぐる数値的な基準のような具体的な数値を導き出すのは困難であると松本会員は説明する(14)。そうであれば、具体的な生活保護基準の設定については政府に委ね、憲法論としては政府の判断に対する統制を行う制度枠組みや司法審査に関する議論を中心的に担うことも考えられるが、松本会員が具体的な基準設定にまで憲法25条を反映させ、憲法の観点から統制を試みるのはなぜか。

　（3）　柴田報告に対しては、本件における厚生労働大臣の裁量について質問があった。確かに、立法裁量と行政裁量が質的に異なることは首肯できるとしても、立法裁量と行政裁量を一般論として比較するのではなく、憲法25条と立法裁量、生活保護法と法規命令による保護基準の決定という具体的な比較をするならば、裁量の広狭の差異はそれほど大きなものではないように思われる。立法裁量は憲法の規律密度、行政裁量は法律の規律密度に依存する。憲法25条は、「健康で文化的な……」の具体的内容や給付の仕組みについて何も定めていないところ、生活保護法は、給付の仕組みについては相当程度の具体化を行っているが、「健康で文化的な……」の具体的内容については、8条2項等の存在にもかかわらず、計算方法を含め未確定な部分が多いのではないか。だからこそ、生活扶助基準切り下げ訴訟でも、判断過程審査にとどまらざるを得ないのではないか。

　4　応答、フロアからは次の質問があった。

　松本報告に対して、フロアからは、松本報告が前提としている生活保護法や保護基準を形成・具体化する際の立法・行政裁量の理解について、ある程度裁量があることを前提としているということでよいかという質問があった。つぎに生活保護法および保護基準を形成する際の原理・原則の範

囲について質問があった。需要充足原理や個別化原理だけでなく、後順位原理や認識原理、申請主義等といった様々な原理・原則を憲法上のものと捉えていいのかという点につき、松本会員は肯定的であった。さらに、松本報告は専門的知見との整合性を重視するが、ドイツの2010年の Hartz IV 判決（BVerfGE 125, 175）では、必ずしも専門家の関与が憲法上要請されていたわけではなく、この点どのように整理するのかという質問があった。

柴田報告に対して、フロアからは、ドイツの Hartz IV 判決が立法の「結果」だけでなく、「手続」をも統制しようとしていたことが修正され、立法の「結果」のみに統制が及ぶとされた点について確認の質問があった。ここでの修正の趣旨は、統制が最低生活の額に関する実体審査に限定されるというものではなく、憲法で定められた議会内での法律制定手続以上の拘束を課す（例えば議会内での政治的妥協やバーゲングを禁止する）ものではないということ、すなわち最低生活の額が説得的で適切な根拠・データ等で基礎づけられているかについての審査はなおなされるということでよいかという質問であった。この点につき、柴田会員は肯定的に答えた。

　　5　（1）　副題が示すように、本ミニシンポジウムは、生活扶助基準引き下げ訴訟を念頭に置いたものである。2013年に決定し、その後実施された生活扶助基準の平均6.5％、最大10％の引き下げに対しては、各地で訴訟が提起され、ミニシンポジウム当日（2023年7月15日）までに、21の地裁判決が下された。そのうち、原告の請求を認容したのは、11判決にとどまる[15]。

　一連の訴訟では、裁量を前提としたうえでの、判断過程の合理性が主たる争点となった。生存権訴訟において首尾一貫性や判断過程の審査が支配的となったのは、憲法学においても（立法）裁量統制への関心が高まったことに加え、裁量統制型の審査でも勝訴しうることが、児童扶養手当打切り事件判決や広島県教組事件判決（最判平成18・2・7民集60巻2号401頁）などにより示されたためでもあろう。また、ドイツ連邦憲法裁判所の Hartz IV 判決の影響もこれに加えることができよう。

　（2）　判断過程審査は、決定された生活扶助基準額の憲法適合性を直接に問うものではない。扶助基準決定の判断過程の審査では、憲法25条論以上に、生活保護法の制度趣旨および基本原則の解釈が重要となる。しかし、これによって憲法論が不要となるわけではない。生活保護法は憲法具

体化法であるが、憲法具体化法は多数ある。問題となるのは、刑事訴訟法違反と憲法（31条以下）違反との関係、租税法上の平等原則違反と憲法上の平等原則違反との関係など、違法と違憲の境界である。生活保護法は憲法の具体化法であるとして、生活保護法のどの部分が憲法25条による生存権保障のどの部分をどの程度具体化し、場合によっては憲法と一体化したのか。環境保護については、持続可能な発展原則、予防原則、原因者負担原則などの中間原則がある。本ミニシンポジウムは、論じられ尽したかに見える憲法25条にはなお精緻化の余地と必要が残っていることを感じさせるものであった。

注
（１）東京地判令和4・6・24LEX/DB：25572283。
（２）当日の笹沼報告、憲理研通信187号4頁。
（３）当日の松本報告、憲理研通信187号4頁。
（４）当日の柴田報告、憲理研通信187号4頁。
（５）笹沼弘志「生活保護基準設定における大臣の裁量権と立憲主義的統制」賃金と社会保障1529・30号（2011年）11、15-19頁。
（６）笹沼弘志『ホームレスと自立／排除』（2008年、大月書店）59頁。
（７）笹沼弘志「生存権、呪縛からの解放」賃金と社会保障1816号（2022年）、同「憲法とその具体化としての生活保護法の解釈 第１回〜第３回」賃金と社会保障1739〜1741号（2019年）。
（８）笹沼（2019年）・前掲注（４）。
（９）小山剛『「憲法上の権利」の作法 第３版』（2016年、尚学社）121-124頁。
（10）松本奈津希「生存権の自由権的側面による最低生活保障」一橋法学17巻１号（2018年）、同「最低生活保障の法理の形成と具現化（１）〜（２・完）」一橋法学18巻１号〜18巻２号（2019年）等。
（11）松本（2018年）前掲注（８）136頁。
（12）松本（2019年）・前掲注（８）681頁。
（13）松本奈津希「専門的知見と整合性要請と憲法25条」賃金と社会保障1814号（2022年）32頁。
（14）松本奈津希「生存権保障における立法・行政裁量と手続的統制」一橋法学20巻２号（2021年）863-864頁。
（15）現時点では（2024年３月４日）、26の地裁判決と３の高裁判決が下された。そのうち、原告の請求を認容したのは、16判決（うち１つは高裁判決）である。

「外国人の生存権保障」をめぐる論点整理の試み
―ドイツを参照しつつ

山本　響子
（千葉大学）

　はじめに

　外国人に憲法第25条の生存権の保障が及ぶか否かについて、通説は、外国人一般を憲法上の権利の享有主体とすることを正面から認めることはしないものの、政策上の措置として最低生活のためのニーズを満たすことが、憲法上望ましい場合があるとする[1]。これに対して筆者は、非正規滞在者も含めて、すべての在留外国人が人たるに値する生存を保障されるべきであると考えている。

　本稿では、通説が念頭に置いてきた議論の枠組みの再検討を通じて、「外国人の生存権保障」をめぐる論点を整理したい。その際、外国人の最低生活保障につき議論が進展しているドイツの制度および判例を参照する。また、ドイツにおける「外国人の生存権」論をめぐる課題から、日本の問題を捉えなおし、新たな論点を提示する。

1　従来の議論枠組の再検討
（1）いわゆる「母国主義」について

　宮沢俊義が提唱した、社会権は各人の所属する国によって保障されるべきであるとする考え方は[2]、「母国主義」と呼ばれる[3]。これについて芦部信喜は、「社会権が第一次的には『各人の所属する国によって保障されるべき権利』であるとしても、その保障が参政権と同じように、外国人に対して原理的に排除されていると解するのは、妥当ではない」とし、限られた財源のもとで国民に対して優先的に保障を及ぼすことを認めつつも、生存権保障立法の外国人に対する適用そのものは妨げられないとする[4]。

　宮沢と芦部が「母国主義」から導いているのは、生存権の享有の否定＝最低生活保障立法の適用の否定である。しかし、本当にそのように言えるであろうか。「母国主義」から生ずる帰結は単に、困窮に陥った外国人に対しては、引き続き滞在することを国家は認めなくともよい、というにすぎないのではないか。

というのもこの考え方は、外国人が日本で困窮した際には、公的扶助を受ける目的での在留が認められるべきではなく、可及的速やかに自身の「母国」へ帰り、その「母国」で最低生活保障を受けるべきだ、というにとどまり、実際に日本から「母国」へと移動し、そこで困窮状態に陥ってから実際に帰国するまでの在留期間に扶助を受ける余地があるかについては、何も語らないからである。そしてまさにこの期間に、公的扶助から排除され、あるいは尊厳なき処遇を受けることこそが、現在「外国人の生存権」をめぐる重要な問題となっているのである[5]。

　ところで外国人は、在留の要件として「自力による生計確保」を原則的に求められる[6]。したがって、在留中に困窮に陥ると、基本的には在留期間の更新が認められない。宮沢のいう「母国主義」は、入管法において体現されているともいえる。ただし、この要件は他の事情により相対化されうる。つまり、就労が事実上または法的に不可能で、ゆえに最低生活を自力で送ることができない場合でも、種々の事情により在留を認められる場合がある。自身の国籍国で最低生活保障を受けるべきとの規範は、在留制度上の原則としては是認しえても、例外事例においてどうすべきかについては何らの手がかりも提示しないことがわかる。

（2）生活保護法の適用と補足性原理

　事実のレベルでは、上記例外事例への対処は、生活保護法に準じた措置をとる、という方法で行われてきた。生活保護法の施行から間もなく出された行政通達に基づいて[7]、すべての困窮外国人を保護の対象としてきたのである。この点ですでに、母国主義が言及しない問題に対して実際上の解決が図られていたといえる。しかしながら、1990年10月に厚労省保護課企画法令係長により発出された口頭指示によって、行政措置による保護の対象者は、（定住者や永住者などの）入管法上活動に制限のない外国人へと限定されることになった。

　政府は、対象者を限定する理由として、生活保護法にいう「補足性の原理」を援用する。すなわち、活動に制限のある外国人で、就労が法律上または事実上不能である者には、生活保護法の要件であるところの「資産、能力等の活用」を求めることができないために、措置の対象にならないという[8]。

　しかしながら、繰り返しになるが、活動に制限のある在留資格者であっても、命のある限りは、衣食住にかかる需要（ニーズ）が日本国内で生じるのである。難民申請者や非正規滞在者に今後の在留が認められるかどう

かが法的に不確定である期間は、必然的に存在する。その期間中も、当然ながら衣食住にかかるニーズは存在し続ける。また、上記判断の結果、退去強制の対象者となった者であっても、出国するまでの間は、入管施設内や仮放免等の方法で日本国内に留まるのであり、そこで引き続き生活上のニーズも存するのである。

仮に補足性の原理を貫徹できないことが、生活保護法の適用を否定する理由になるとしても、日本国内に存在する人間を無保護または著しく不十分な生活状況に置くことを、国家が漫然と見過ごしてよい理由にはならない。このような状態は、憲法第25条の問題以前に、個人の尊厳を保障する第13条に抵触するように思われる。この状況を改める手段として、「生存権の保障＝生活保護法の適用」という図式を維持し、外国人に対しても生活保護法を適用することを目指すか、または上記図式を解体したうえで、他の法制度を設けて、現在行政措置の対象とならない外国人を生存権保障の対象者へと含めることを目指すかということが、論点となろう。

(3)「人間に値する最低生活保障を求める基本権」

ここで参照するのは、「人間に値する最低生活保障を求める基本権」（以下、単に「基本権」という）が、ドイツ人にも外国人にも等しく保障されるとした2012年のドイツ連邦憲法裁判所判決である[9]。この判決では、難民申請者および非正規滞在者を対象とする公的扶助制度である「庇護申請者給付法（Asylbewerberleistungsgesetz）」の給付額が、低廉に過ぎ違憲であるとされた。

重要であるのは、「基本権」はすべての外国人に認められるのであるが、その具体化の手段（公的扶助制度）は一つに限られなくともよい、という点である。ドイツには、ドイツ国民とEU市民および定住外国人を対象とする一般公的扶助法があり、その対象に含まれない者はすべて、庇護申請者給付法の受給権者となる。後者の給付額の合憲性審査にあたっては、制度を対象に応じて別異に設けることの許容性が前提として問われると考えられるところ、連邦憲法裁判所はこの点について特に触れなかったのである。

「基本権」が国家に要請するのは、各人にとっての「最低生活」を保障せよ、ということである。滞在期間が短いか、もしくは今後の滞在の見込みが薄い外国人にとっての「最低生活」は、ドイツ人や永住者の「最低生活」とは異なりうる。しかしながら、とりわけ衣食住にかかる需要は、上記の条件に関わらずすべての人に同程度に存するといえ、この点で、十分

な根拠なく給付額に差を設けることを、憲法裁判所は違憲とした。

なおドイツにおいても、滞在の一般的要件として、自力での生計確保が求められる。そのため、外国人は困窮を理由に出国を義務付けられる可能性がある。しかしながら、庇護申請者給付法は、出国義務を負う外国人をも対象としているため、該当者が実際にドイツを発つ瞬間まで、人間らしい生活の保障が及ぶようになっており、2012年の判決はこのことを憲法上認めたのである。

上記の論点について検討してみると、日本では、いわゆる抽象的権利説のもとで、「生存権の保障＝生活保護法の適用」という図式が確固として存するように思われる。そして、生活保護法を国民と外国人で全く同程度に保障しなければならないとすると、短期間滞在の実情にそぐわない点が生じる可能性がある。ドイツのように在留状況に対応した別異の制度を用いるという手段は、日本では一見突飛なようにも思われるが[10]、財務省の予算措置として現在行われている「保護費」[11]による難民申請者への生活支援の仕組みが、議論のたたき台となるように思われる[12]。給付内容の差異とこれに対する司法審査については、後述する。

2　ドイツの現状からみた課題
（1）補足性原理の解釈

日本と同様、ドイツにおいても、公的扶助をいわば「最後の手段」とする、という意味での「補足性の原理」はある。この原理は各公的扶助法内の規定に示されているほか、2019年の連邦憲法裁判所の判決により、憲法上も是認されている。すなわち、「基本権」を構成する社会国家原理（基本法第20条第1項）から、公助に先立って自助を優先するという考え方（「後順位原理（Nachrangprinzip）」）が導かれる。このことから、自助が可能な場合には、公的扶助法における「需要」は存しないのであり、その限りで給付請求権を認めなくとも「基本権」違反ではないとされる[13]。

ドイツではとりわけ2016年以来、EU市民などの、安全な国に帰ることのできる困窮外国人に対して、「ドイツからの出国」を「自助」として求めることができるかどうかが争われている。EU市民は第三国国民とは異なり、滞在の違法性を認定する機会がほとんどない。そのため、行政による滞在の違法性の確定（≒出国義務の賦課）がなされていなくとも、実質的には、EU法で定められた正規滞在の要件を満たさない者が滞在するケースがある。一般公的扶助法では、これらの者に対して、相当程度切り詰

られた給付への権利が、最長1カ月という限定付きで認められる。立法者によれば、庇護申請者給付法の対象者は原則的に、出国に対して何らかの障害を持つのに対し、EU市民は安全な自国へと帰ることができる地位にあるので、出国を「自助」として要求できるのだという[14]。

この規定に対しては、出入国管理法上出国する義務を負っていない段階で給付を切り下げたり廃止したりする可能性を認めることが、ドイツにいる限り「常に」「最低生活」を保障するという「基本権」の要請に反する、という批判がある[15]。他方、「基本権」や基本法が前提とする、自己責任を負う人間像に鑑みれば、移住に失敗して困窮した個人が帰国を強いられることになっても、これは自己が責任を負うべき範囲内の事柄であって、事実上の出国圧力となる給付の切り下げや廃止は「基本権」に反しない、とする見解もある[16]。

この論点については、日本においては「自助」概念ないし「能力の活用」の解釈論として現れることはないものの、外国人に行政措置による保護を否定する論理構造の中に、ドイツとの類似性を見出すことができる。つまり、「活動に制限のある在留資格」保持者が保護の対象にならないのは、かれらが本来は自力での生計確保を要件に在留を認められているからである。ゆえに、自力での生計確保が不能となれば、その段階で「出国すべき者」とみなされる。ただし、出身国に帰ることができない事情があると認められれば、活動に制限のない在留資格を与えられ[17]、行政措置による生活保護の対象となる。そうでない限りは、公的扶助へのアクセスが閉ざされることで、事実上出国が促される。

ドイツの場合、他の滞在の目的や利益が存する場合には、基本的に当該切り下げや廃止を受けることはない。これに対して日本では、他に在留の利益があるか否かに関わらず、困窮外国人をすべての給付から排除する点で不当である。行政および司法による審査を経て、なお在留を認める余地があるかが確定しないうちに出国を強いることは、生存権に反するだけでなく、裁判を受ける権利を侵害することにもなる[18]。

（2）給付内容に対する司法審査

さらに、ドイツでは、庇護申請者給付法の給付が、一般公的扶助法の給付に比べて様々な面で乏しいことが指摘されている。問題は、これに対する司法審査の困難性である。

給付内容が「基本権」に反するかどうかの司法審査は主に、給付額そのものではなく、給付額の算定根拠を立法者が十分に説得的なかたちで示す

ことができるか、という観点から行われる。つまり、立法者が、各受給者の最低生活にかかる需要を適切に把握し、これを充足する給付額を設定しているかどうかが決定的に重要である。それゆえ、給付内容に差異があったとしても、それだけで「基本権」違反にはならない。

　前述したように、連邦憲法裁判所は、難民申請者や非正規滞在者をドイツ人や定住外国人と別異の扶助制度のもとに置くことを「基本権」の問題として論じていない。一般公的扶助法とは別に設けられた庇護申請者給付法の給付内容の合憲性を争った上記判決が違憲としたのは、衣食住に関わる最低限度の経常的給付が、これに対応する一般公的扶助法の給付に比べて、説得的な根拠がないのに低く据え置かれた点である。扶助法の中に定められる給付の種類の数や、医療扶助などの非経常的給付の内容、そして給付の形式（金銭給付か現物給付か）についても、差異は「基本権」の問題とされなかった。それゆえ、例えば医療扶助請求権が緊急医療に限られていることや、現物給付が原則とされることについては、違憲の問題は生じない。さらに、給付額の差異を正当化するには、異なる取扱いをする人的集団間での需要が異なることを説明できればよいことになると、ドイツ社会への「統合」が不十分であることを理由とした給付の引き下げが可能となり、それゆえに、移民政策の側から外国人の「統合」を阻むことで給付を切り詰めることが、合憲的に可能となるなどの問題がある[19]。

　とはいえ、日本の文脈ではむしろ、内外人の差異取扱いが必ずしも「生存権」に反するわけではない、という点を強調すべきであるように思われる。すでに述べたように、他の制度を設ける方法での差異取扱いでも問題がない、という点は、生存権保障の問題を、生活保護法の適用の問題に還元させがちな議論から脱却する手がかりとなる。そして、例えば難民申請者を対象とする「保護費」を最低生活保障のための制度として捉えたうえで、生活保護法における給付との異同や、差異取扱いの根拠が十分に説明可能か、そもそも難民申請者等の需要とはいかなるものかということが、新たな論点として生じ得よう。さらに、最低生活保障にあたり給付の形式を問わないことも、生活全般における個人の選択の幅を狭めるという問題はあるにせよ、（生活必需品を現物で提供する場としての）入管施設内での処遇を、最低限度の生活という観点から見直す契機となりうる。

（3）入管通報と実質的な権利保障
　ドイツでは、いわゆる入管通報の義務が公的扶助主体に課せられている。すなわち、給付主体たる行政機関が、滞在権を有しない外国人や、求

職のみを目的として滞在する外国人、公的扶助受給を目的に入国した外国人を発見した場合には、外国人局にその旨を通報しなければならない。そのため、退去強制につながりうる入管通報を恐れて、最低生活保障制度へのアクセスを躊躇う外国人も相当程度存在すると考えられる。しかしながら「基本権」は国家に対して、国内にいる者の最低生活を保障することのみを要請しており、その者の今後の滞在を保障するものではないことから、入管通報義務が「基本権」に反するということはできない。

なお、それ自体は「基本権」の問題の範疇を超えるものの、困窮性が安易に国外退去強制に結びつくこととなっていないかについて、批判的検討を行うことも重要であろう。今後も引き続き国内に滞在することができるかどうかの判断が、恣意的にではなく人権尊重的に行われるという前提が十分に確保されていれば、最低生活保障へのアクセスを躊躇ったり、諦めたりするケースが減るのではないだろうか。

この指摘は、日本においてもそのまま妥当するように思われる。すなわち、外国人を生活保護法の対象としない日本では議論になることがほとんどないものの、実際に法適用の問題や法制度の創設を考える際に、困窮外国人の最低生活保障と適正な出入国管理との両立は、避けがたく困難な課題である。入管通報の存在により、給付へのアクセスについてのハードルが多少上がるとはいえ、適正な行政・司法判断を受ける権利を十全に保障することで、尊厳ある生活を保障しつつも、非正規滞在の放置や助長を回避することが可能となるように思われる。

おわりに

外国人の「基本権」をめぐる連邦憲法裁判所の判決からは、「どのような地位にあるとしても、人が国内にいる限りは常に、国家がその者に対して人間らしい生活を保障する責任がある」、ということが確認される。このような観点から日本の議論を見つめなおすと、憲法第25条の［生存権＝生活保護法受給権］⇒［生活保護法の受給者＝生存権の享有主体］、という枠組みは、生活保護法（とその前提にある在留制度）が扶助を予定していない一時的滞在者や滞在の地位が不確定である者を、端から「生存権」論の埒外に置くものであることが一層明確になる。この状況を打開するには、給付内容の内外人平等までを要求しないものの「何かしらの方法で各人に最低生活を保障する義務」を観念し、それに対応するものとしての憲法上の権利を「生存権」として捉えなおすという方法が考えられる。

とはいえ、行政措置による生活保護にせよ、難民申請者に対する「保護費」にせよ、事実において「何かしらの方法で最低生活を保障する」必要性それ自体は、政府も認識している（というより、認識せざるを得ない）のではなかろうか。何もないところから「外国人の生存権」を作り上げることを試みるのではなく、事実のレベルで行われている「人道上の配慮」なるものを、国家の「義務」へと引き上げるという新たな視角が、ドイツを参照することで浮かび上がってくる。

注
（1）芦部信喜『憲法学Ⅱ人権総論』（有斐閣、1994年）136頁以下。
（2）宮沢俊義『憲法Ⅱ〔改訂新版〕』（有斐閣、1974年）242頁。
（3）高藤昭「外国人に対する生活保護法の適用について―ゴドウィン訴訟第一審判決を契機として―」社会労働研究42巻3号1995年）47頁。
（4）芦部（前掲注1）136頁。
（5）難民申請者、非正規滞在者のうち、仮放免を受けている者の生活状況を紹介するものとして、生活保護問題対策全国会議（編）『外国人の生存権保障ガイドブック』（明石書店、2022年）8頁以下〔大澤優真〕を参照。また、入管施設内での非人道的処遇については、山村淳平『入管解体新書』（現代人文社、2023年）が詳しい。
（6）出入国管理及び難民認定法第5条第1項第3号によれば、「貧困者、放浪者等で生活上国又は地方公共団体の負担となるおそれのある者」は上陸を拒否される。また、行政指針であるところの「在留資格の変更、在留期間の更新許可のガイドライン」の中では、「独立の生計を営むに足りる資産又は技能を有すること」が、在留資格の変更および更新にかかる判断の考慮要素とされている（出入国在留管理庁HP:https://www.moj.go.jp/isa/applications/resources/nyuukokukanri07_00058.html 最終確認2024年6月4日）。
（7）「生活に困窮する外国人に対する生活保護の措置について」昭和29年5月8日社発第382号厚生省社会局長通知。
（8）参照、稲葉奈々子（記録）「省庁交渉2021　貧困・コロナ対策」Mネット220号（2022年）9頁。
（9）BVerfG, Urt. v. 7.18.2012‐1 BvL 10/10, 2/11＝BVerfGE 132, 134. 当該判決について、詳しくは拙著「外国人の「人間の尊厳に値する最低生活保障を求める基本権」をめぐる現況と可能性―ドイツ連邦憲法裁判所2012年7月18日判決を中心に―」早稲田法学会誌70巻2号（2020年）291頁以下を参照。
（10）ちなみにドイツでも、一般公的扶助法の成立後の数十年間は、すべての外国人を一般公的扶助法の対象としていたところ、1980年代に大量の難民申請者が国内に流入してきたことを受け、それらの者を対象とする別異の制度が創設された。この

経緯について、詳しくは拙著「『永住的でない』外国人の生活保護受給権―1980年代および1990年代のドイツを素材とした検討―」早稲田法学97巻4号（2022年）77頁以下を参照。
(11)「保護費」については、さしあたり浅川聖「日本の『内』への難民政策の特徴：難民認定申請者に対する『管理』と『保護』を中心に」横浜国際経済法学21巻3号（2013年）377頁（396頁以下）を参照。
(12) もっとも、「保護費」については、支給できるまでの期間が長いこと、支給期間が短いこと、対象者が限定的であること、給付内容が種々の点で不十分であることなど、多くの問題が既に指摘されている。参照、難民支援協会HP「難民申請者はどう生きてゆくのか？」（https://www.refugee.or.jp/report/refugee/2023/10/hogohi/ 2024年6月4日最終確認）。
(13) BVerfG, Urt. v. 5.11.2019 – 1 BvL 7 /16 ＝ BVerfGE 152, 68 [148 Rn. 209].
(14) BT-Drucks. 18/10211, S. 14.
(15) Stamatia Devetzi/Constanze Janda, Das Gesetz zur Regelung von Ansprüchen ausländischer Personen in der Grundsicherung für Arbeitsuchende und in der Sozialhilfe, ZESAR 2017, S. 197 (201).
(16) Mathias Ulmer, Grenzlose Sozialhilfe für EU-Ausländer?, ZRP 2016, S. 224 (225).
(17) ここで想定しているのは、「定住者」（難民と認定された場合）や、活動に制限のない「特定活動」（在留特別許可による場合）の在留資格である。
(18) さらに、他に滞在の利益があり、在留を認めるべきか否かについての判断が、恣意的なものであってはならない。もっとも、在留の可否にかかる判断は広範な行政裁量のもとにあるため、司法的統制は、裁量権の逸脱または濫用の審査に限定される。ドイツにおける入管行政に対する司法的統制についての検討は、他日を期したい。
(19) 以上につき、詳しくは拙著「ドイツにおける外国人の公的扶助給付の差異に対する憲法的統制の意義と限界―内外人平等と無保護のあいだ―」早稲田法学98巻3号（2023年）121頁以下を参照。

生活保護基準引下げと「いのちのとりで裁判」の経過

小久保　哲郎

(弁護士)

はじめに

「憲法判断がされなかったことについては、どう評価されますか」

2013年からの史上最大（平均6.5％、最大10％）の生活保護基準引下げ処分の取消等を求め、1000人を超える原告が全国29地域で31の訴訟を提起している「いのちのとりで裁判」[1]。その判決のたびに記者からは冒頭のような問いが発される。

この裁判は、生存権を保障する憲法25条違反も主張しており、各地の弁護団や支援の会は、裁判のことを「生活保護基準引下げ違憲訴訟」とか「新・生存権訴訟」などと標ぼうしているので、憲法判断が主戦場と思われてもやむを得ないと思う。

ただ、憲法25条には、それを具体化した生活保護法がある。

生活保護法3条は、「この法律により保障される最低限度の生活は、健康で文化的な生活水準を維持することができるものでなければならない。」と規定し、同法によって保障されるべき生活の水準を規制している。また、同法8条1項は、生活保護基準の設定権限を厚生労働大臣に委任しているが、同条2項は、その基準は、「要保護者の年齢別、…世帯構成別、所在地域別その他保護の種類に応じて必要な事情を考慮」した「最低限度の生活の需要を満たすに十分なもの」でなければならないとして、大臣の基準設定権限を覊束している。

したがって、この裁判の真の主戦場は、厚生労働大臣が生活保護法8条による委任の範囲を逸脱して生活保護基準を減額改定したため、同法3条が求める生活水準の保障を欠くに至ったのではないか、という点にある。

とはいえ、生活保護法3条、8条違反により、憲法25条が保障する生存権が侵害されているという意味において、この裁判が憲法訴訟であることは、まぎれもない事実である。この裁判では憲法学者を含む多くの研究者の方々に意見書の作成・提出等を通じて協力をいただき[2]、それが勝訴判決を獲得するうえで大きな力となっている。今回、憲法学会においても

注目をいただいていることは大変心強い。

本稿では、この裁判で何が争われているか、一連の裁判がどのように推移しているかを報告したい[3]。

1　何が争われているか
（1）専門的知見を踏まえない本件減額改定の内容
　生活保護基準の改定は、生活保護法の立法当初から、専門家による審議会での検証を踏まえて行うこととされており、2013年の基準見直しに向けても、社会保障審議会生活保護基準部会（以下、「基準部会」という。）での検証が行われていた。

　ところが、本件減額改定による総額670億円の削減額のうち、9割近い570億円に及ぶ「デフレ調整」は基準部会に諮らず厚生労働省が独断で行った。しかも、1983年から採用されている「水準均衡方式」は一般世帯の「消費水準」との均衡を図る方式なのに、厚生労働省は後にも先にもこの時だけ「物価」を考慮した（それも、後述するとおり、下落率が高くなる恣意的な計算方法で）。残り90億円は基準部会が検証した「ゆがみ調整」であると説明されていたが、2016年になって、部会の検証数値を勝手に2分の1にし、91億円の削減効果を得ていたことが北海道新聞のスクープで発覚した。つまり、670億円に及ぶ削減額の全てが、専門家による検討を全く経ないで導き出された点に、本件減額改定の際立った特異性がある。

　なぜ、国はこのように乱暴なことを行ったのか？

　それは、2012年12月に行われた総選挙で政権に復帰した自民党が、その選挙公約に掲げていた「生活保護水準10％引下げ」を何としても実現する必要があったからである。

　結論先にありきで、専門家の知見を完全に無視した本件減額改定は、老齢加算廃止訴訟の最高裁判決（平成24年2月28日等）が求める「統計等の客観的数値等との合理的関連性や専門的知見との整合性」を欠くことが明らかである。

　だから、私は、この裁判について話をする機会があるたび、「裁判官に見識と勇気さえあれば勝って当然の事件だ」と訴えてきた。

（2）多くの裁判所で違法判断が下されている「デフレ調整」
　裁判では、「デフレ調整」の違法性と、「ゆがみ調整」の「2分の1処理」の違法性が主要な争点となっている。ここでは紙幅の関係から、多くの裁判所で違法判断が下されている「デフレ調整」について説明する。

「デフレ調整」とは、厚生労働省が独自に編み出した「生活扶助相当ＣＰＩ（消費者物価指数）」が2008年から2011年にかけて「4.78％」下がったことを根拠に、生活保護利用世帯の「実質的可処分所得」が4.78％増えたとして保護基準を減額改定したことをいう。

しかし、この間の物価下落率は、総務省の消費者物価指数では2.35％に過ぎない。厚生労働省の計算がその倍以上になっているのは、物価下落率が大きくなる計算方法を採用していることによる。特に、この間大きく物価が下落したテレビやパソコン等、生活保護世帯があまり買えない教養娯楽費の支出割合について、生活保護世帯の消費実態を示す社会保障生計調査では6.4％に過ぎないのに、その３倍近い17.1％として計算したことなどの影響が大きい。

また、算定の起点とされた2008年は、世界的な石油・穀物価格の高騰により1.4％という11年ぶりの物価上昇をし、翌年にはまた1.4％物価下落するという特異な年であった。ここを起点とすれば、2008年の特異な物価上昇が織り込まれて下落率が大きくなることは明らかであった。

かくして、最初の勝訴判決である令和３年２月22日大阪地裁判決は、「デフレ調整」は「統計等の客観的数値等との合理的関連性」を欠き違法であると判断した。この「デフレ調整」の違法性は、その後の判決でも繰り返し踏襲され、勝訴判決群を背骨のように貫いている。

２　いのちのとりで裁判の経緯
（１）「最低最悪」の名古屋地裁判決以来、敗訴が相次いだ前半戦

一連の訴訟で最初の判決は、名古屋地裁（角谷昌毅裁判長）で取りに行った。裁判所に熱意と理解があると誤解しての選択だったが、2020年６月25日に言い渡された判決は「最低最悪」の内容だった。判決は、厚生労働大臣の裁量権を行使するに当たり、「生活保護法８条２項所定の事項を考慮することが義務付けられているということはでき」ないとの仰天判断を示すとともに、減額改定が「自民党の政権公約の影響を受けたこと」を認めながら、国も主張・立証していないのに、「国民感情や財政事情を踏まえたもの」だから「考慮できることは明らか」とお墨付きまで与えたのである。また、１日３回食事している者が６〜７割以上いて「健康で文化的な生活を下回っているとまではいえない者が一定割合存在する」として、「健康で文化的な生活」を下回っている者が一部いてもよいという判断を示した。

第 1 部　生存権論の新展開

1	2020年6月25日	名古屋地裁	×
2	2021年2月22日	大阪地裁（行政訴訟専門部）	○
3	2021年3月29日	札幌地裁	×
4	2021年5月12日	福岡地裁（「NHK受診料」の誤字）	×
5	2021年9月14日	京都地裁（「NHK受診料」の誤字）	×
6	2021年11月25日	金沢地裁（「NHK受診料」の誤字）	×
7	2021年12月16日	神戸地裁	×
8	2022年3月7日	秋田地裁	×
9	2022年5月13日	佐賀地裁	×

○…処分取消し請求認容（原告勝訴）　×…請求棄却（原告敗訴）

　この顕著な「ヒラメ」判決の影響を受け、その後しばらくは、先に述べた大阪地裁（森鍵一裁判長）を除き、敗訴判決が相次いだ。
　大変情けないことに、棄却判決群はどれも瓜二つの内容で、私は、判決文を分析する過程で、京都地裁と金沢地裁の判決文に「NHK受診料」という福岡地裁判決の誤字までコピペされていることを発見した。この「コピペ判決問題」は信濃毎日新聞のスクープ報道[4]で大きく報じられ、国会において最高裁長官代理の行政局長が「まさに国民の皆さまの疑念を生じさせる事態となったことについて、裁判所の信頼を揺るがしかねないものとして重く受け止める」と答弁する事態となった[5]。

（２）潮目を変えた熊本地裁・東京地裁判決
　2022年5月の熊本地裁、同年6月の東京地裁判決を契機に、一転して勝

10	2022年5月25日	熊本地裁	○
11	2022年6月24日	東京地裁（行政訴訟専門部）	○
12	2022年7月27日	仙台地裁	×
13	2022年10月19日	横浜地裁（行政訴訟集中部）	○
14	2023年2月10日	宮崎地裁	○
15	2023年3月24日	青森地裁	○
16	2023年3月24日	和歌山地裁	○
17	2023年3月29日	さいたま地裁	○
18	2023年4月11日	奈良地裁	○
19	2023年4月13日	大津地裁	×
①	**2023年4月14日**	**大阪高裁（大阪訴訟）**	×
20	2023年5月26日	千葉地裁	○
21	2023年5月30日	静岡地裁	○
22	2023年10月2日	広島地裁	○

訴判決が相次ぐようになった。特に東京地裁（清水知恵子裁判長）判決は、老齢加算訴訟最高裁判決を読み解いた規範定立、「デフレ調整」の違法性の認定等において、圧倒的な説得力があり[6]、その後の判決に大きな影響を与えた。

　明らかに潮目が変わり、勝訴判決が相次ぐ中、最初の高裁判決は、これも裁判所に理解があると誤解をして大阪高裁（山田明裁判長）で取りに行った。ところが、判決は、思いもよらない逆転敗訴で、後述のとおり、国の変遷した主張を丸のみする内容だった。

　ただ、その後も千葉、静岡、広島の各地裁で原告勝訴が続き、大阪高裁判決の影響は見られなかった。

（3）国賠まで認めた名古屋高裁判決

　2例目の控訴審判決は、2023年11月30日に名古屋高裁（長谷川恭弘裁判長）で言い渡された。判決は「最低最悪」だった原審判決と対照的な「最高最良」の逆転完全勝訴だった。一連の裁判で初めて、原告らの精神的苦痛を慰謝するため国に1人あたり1万円（請求額どおり）の国家賠償を命じるなど画期的な判断が多く含まれているうえ、裁判官としての矜持が行間から溢れ出ており、読み応えのある判決文だ。判決は、厚生労働大臣には「少なくとも重大な過失」があり、「客観的合理的な根拠のない手法等を積み重ね、あえて生活扶助基準の減額率を大きくしているもので、違法性が大きい」と恣意的な減額改定を厳しく批判している。

　また、2023年2月22日に言い渡された津地裁（竹内浩史裁判長）判決も名古屋地裁判決と対照的に、本件減額改定は、「自民党の選挙公約に忖度」し、「専門的知見を度外視した政治的判断」であると厳しく指弾した。

②	2023年11月30日	名古屋高裁（愛知訴訟）	◎
23	2023年12月14日	那覇地裁	×
24	2024年1月15日	鹿児島地裁	○
25	2024年1月24日	富山地裁	○
26	2024年2月22日	津地裁	○

3　姑息な国の訴訟態度とそれに追随する大阪高裁

（1）主張を大きく変遷させる姑息な国の訴訟態度

　原告側の請求を認容する判決が相次ぐ中、国側は、当初から取ってきた以下の訴訟戦術において、いずれもその論拠を大きく変遷させている。

①厚生労働大臣の「広い裁量権」の論拠

国側の訴訟戦術の第1は、厚生労働大臣の「広い裁量権」を強調することだ。

国側は、「広い裁量」の根拠として、当初は、老齢加算訴訟最高裁判決とともに、立法裁量が問題となった堀木訴訟・昭和57年7月7日最高裁判決を先例として強調するにとどまっていた。しかし、途中から老齢加算訴訟最高裁判決が求める「統計等の客観的数値等との合理的関連性」の審査にあたっては、「厚生労働大臣が現に用いた統計等」を前提として（それ以外の統計等には目をふさいで）司法審査すべきという主張を始めた。

さらに、名古屋高裁判決に対する上告受理申立理由書においては、老齢加算訴訟最高裁判決は本件と事案が異なるので先例ではないと言い出した。朝日訴訟の昭和42年5月24日最高裁判決の傍論を持ち出し、「現実の生活条件を無視して著しく低い基準を設定する等」した場合に限って違法となるとの規範に依拠すべきであるという驚くべき卓袱台返しをするに至っているのだ。

②「デフレ調整」の論拠

国側の訴訟戦術の第2は、「デフレ調整」の中身には決して立ち入らせないことだ。

生活保護世帯に真に4.78％の可処分所得の実質的増加があったのか、基準改定によっても生活保護世帯の実質的購買力は維持されるのか、という事実認定を要する審査に立ち入れば、原告を勝たせるほかなくなるからである。

そこで、国は、先行事件の審理が控訴審に入ったあたりから、「デフレ調整」の根拠は、「生活保護世帯の可処分所得の実質的増加」分の反映などではなく、生活水準が低下した「一般国民の消費実態との不均衡の是正」という純政策目的であると主張を変遷させた。

そして、後述のとおり名古屋高裁によって、この主張の変遷を厳しく批判されると、国は、今度は、「従来通りの検証手法（夫婦子1人世帯の第1・十分位の消費水準との比較）によれば12.6％もの大幅減額が必要」だったから「デフレ調整」の範囲にとどめたと主張するに至っている。

（2）国の主張に追随する大阪高裁

私は30年弁護士をやってきて、国や自治体を相手とする行政訴訟もそれなりに担当してきたが、被告側がここまで厚顔無恥に主張の根幹を変遷させる姿を目にしたのは初めてのことである。「これが国のすることなの

か」と驚いたが、大阪高裁の異なる合議体が相次いで、こんな卑劣な主張の変遷を無批判と追認したことにはさらに驚いた。

まず、大阪訴訟の控訴審である令和5年4月14日大阪高裁判決（山田明裁判長）は、国側も主張していない独自の法解釈を示すことで厚生労働大臣の「広い裁量権」を肯定した。すなわち、生活保護基準は、「㋐要保護者の年齢別等の必要な事情を考慮」した「㋑最低限度の生活の需要を満たすに十分なもの」でなければならないとする生活保護法8条2項の㋐と㋑を分断することで、㋑を「抽象的な要件」と理解し、大臣の「広い裁量」を肯定してみせた。また、老齢加算訴訟最高裁判決が求めた「専門的知見との整合性」審査について、違法となるのを「確立した専門的知見との矛盾が認められる場合」に限定することで、「厚生労働大臣が現に用いた統計等」のみを見ればよいとする国側の主張を事実上受け入れた。

さらに、デフレ調整の論拠については、「一般国民との不均衡是正」という変遷後の主張に全面的に依拠した。しかし、先に紹介した名古屋高裁判決は、変遷した国側の主張について、「8年以上の審理を経過して初めて…行われたものであり、…それまでの主張とも整合せず、その主張内容自体からして、生活保護法8条2項及び9条の規定に照らして到底採用できない」上、「デフレ調整によって生活保護受給世帯の実質的購買力が維持されなくなることを実質的に認めているに等しい」と一蹴した。

これを受けて国側がさらに「デフレ調整」の根拠を変遷させたことは先述のとおりであるが、兵庫訴訟の控訴審である令和6年4月26日の大阪高裁判決（森崎英二裁判長）は、この更なる変遷後の主張を採用し、本件減額改定を適法としたのである。

③	2024年3月14日	仙台高裁秋田支部（秋田訴訟）	×
④	2024年4月26日	大阪高裁（兵庫訴訟）	×
27	2024年5月30日	東京地裁（行政訴訟専門部）	○
28	2024年6月13日	東京地裁（行政訴訟専門部）	○

4　最前線は最高裁に係属し大詰めを迎えつつある訴訟

大阪訴訟の大阪高裁判決の上告審は、2023年12月、最高裁第三小法廷に係属した。主任は、著名な行政法学者である宇賀克哉裁判官である。名古屋高裁判決の上告審も、2024年5月に最高裁第三小法廷に係属したことからすれば、一連の裁判の上告審の審理は第三小法廷に集中させる方針では

ないかと思われる。第一、第二、第三小法廷に分散して係属した老齢加算訴訟の4つの最高裁判決が先例として存在するとの判断が背景にあるのかもしれない。

　控訴審では、仙台高裁秋田支部判決、大阪高裁（兵庫訴訟）判決は、いずれも原告側敗訴であり、原告側の1勝3敗となっている。

　ところが、2024年5月30日、思いもよらない朗報が舞い込んだ。東京地裁行政部（岡田幸人裁判長）で勝訴判決が言い渡されたのだ。岡田裁判長は、老齢加算訴訟最高裁判決の担当調査官として、厚生労働大臣に「広い裁量」があり、財政事情も考慮できる旨の最高裁判例解説を執筆しており、国側は、この岡田解説を「錦の御旗」のように繰り返し引用してきた。その当の本人が、国側の主張を真正面から否定する判断を示したことには極めて重大な意味がある。この裁判は、原告一人、弁護士一人で闘われていたのだが、実は、私たちも全く把握できていなかった。担当弁護士は、各地の勝訴判決を書証として提出し、それに基づく主張をされていたということなので、その意味では、私たちの10年間の奮闘の蓄積が思わぬ波及効果を生んだともいえる。いずれにせよ、この時期に、見知らぬ伏兵が敵の心臓部を直撃するがごとき、奇跡的な戦果が生まれるのも、この裁判がもつ歴史的意義を象徴しているのではないかとの感慨を抱く。

　さらに、2024年6月13日、東京地裁（篠田賢治裁判長）でも勝訴判決が言い渡された。東京地裁行政部の3つの部でいずれも勝訴したのである。

　これまでに32の判決（地裁28、高裁4）が言い渡されているが、18勝14敗（地裁は17勝11敗）と原告側が勝ち越している。訴訟は大詰めを迎えており、来年くらいには予想される最高裁判決の帰すうに引続きご注目いただきたい。

注
（1）これまで29地域、30訴訟としてきたが、本稿の4項で述べた事情で31訴訟に増えた。
（2）貧困研究の第一人者で元基準部会部会長代理の岩田正美名誉教授（日本女子大学）をはじめ、憲法の高田篤教授（大阪大学）、山本龍彦教授（慶應義塾大学）、笹沼弘志教授（静岡大学）、木村草太教授（東京都立大学）、石塚壮太郎准教授（日本大学）、行政法の深澤龍一郎教授（名古屋大学）、豊島明子教授（南山大学）、異智彦准教授（東京大学）、国際人権法の申惠丰教授（青山学院大学）、社会保障法の山田壮志郎教授（日本福祉大学）、池田和彦教授（筑紫女学園大学）、嶋田佳広教授（龍谷大学）、貧困理論の志賀信夫准教授（大分大学）、医師の西岡大輔講師（大阪

医科薬科大学）など、錚々たる面々の協力を得た。また、消費者物価指数等の統計理論についても、上藤一郎教授（静岡大学）、古賀麻衣子教授（専修大学）、鈴木雄大准教授（北海学園大学）、阿部太郎教授（名古屋学院大学）、白井康彦氏（元中日新聞編集委員）らの協力を得た。
（3）一連の裁判の経緯や判決文（全文・要旨）は、「いのちのとりで裁判」ホームページの「ニュース」欄に随時掲載している。一連の裁判の勝敗や各地の裁判の進行状況については「各地の裁判について」欄で最新情報を随時更新している。裏話も含めた訴訟の詳細について興味のある方は、拙稿「裁判所は生きていた！」（賃金と社会保障1778号、1792号、1811・1822合併号、1834号、1846号）をご参照。
（4）2021年12月16日信濃毎日新聞朝刊「判決文『コピペ』か　誤字も同じ文章酷似」。
（5）2022年3月4日衆議院法務委員会における階猛議員による質問。
（6）但し、清水判決は、「2分の1処理」の違法性を否定した点に問題はある。

原告と「いのちのとりで裁判」を支える愛媛の活動

菅　陽一
（弁護士）

はじめに

　愛媛で、生活保護基準引下げ訴訟（通称「いのちのとりで裁判」、愛媛でいえば松山地裁平成26年（行ウ）第15号行政処分（生活保護変更決定処分）取消請求事件）を支えているのは、いのちのとりで裁判愛媛アクション（会長、鈴木靜愛媛大教授）である。

　保守的な地方部である愛媛では、生活保護を利用すること自体に根強い偏見があり、行政訴訟の原告になることも勇気を要することであり、その勇気を保てるように原告である生活保護利用者を支援する活動が必要である。また、裁判の性質上、原告である生活保護利用者の生活実態や心情を可視化するための活動も不可欠である。加えて、裁判に関する好意的な世論形成のために、学習会やマスメディアを通じた諸活動も必要とする。

　私は、前記松山地裁訴訟の弁護団長を務めさせていただいているが、「少数精鋭」を自負する弁護団[1]だけでこれらの活動を完結させることは不可能に近い。そのため、弁護団は、いのちのとりで裁判愛媛アクションや当事者団体（生健会等）とともに、協力しながらこれらを行っている。本報告では、こうした活動において重要な役割を担っている、いのちのとりで裁判愛媛アクションについて紹介し、地方部である愛媛の裁判の特徴を示す。

1　設立の経緯—生存権裁判を支える愛媛の会

　いのちのとりで裁判愛媛アクションは、2012年に設立した生存権裁判をささえる愛媛の会を前身とする。生存権裁判とは、生活保護法の老齢加算が廃止されたことを違憲違法であると主張し、2005年から全国9都府県で提訴された行政訴訟である。生存権裁判が原告敗訴で控訴審、最高裁に移るなか、生存権裁判を支援する全国連絡会は、原告のいない都道府県でも裁判支援組織を立ち上げるよう各地に働きかけた。この取組みは、かつての朝日訴訟が「燎原の火のように」全国に裁判支援組織を発足させ、大き

く世論形成に寄与した経験から発想されたものである。

　2012年、愛媛は原告がいない県としては全国2例目となる、「生存権裁判をささえる愛媛の会」(以下「支える会」という。)を設立した。その設立にあたり、生存権裁判を支援することと共に、愛媛のナショナル・ミニマムを確立することが目的とされた。これは、愛媛において国民年金で暮らす高齢者が多く、郡部では低年金者が多いこと、最低賃金額の低さから非正規労働者の収入が低いこと、シングルマザーへの偏見、何より生活保護申請への忌避感が強いこと等から、愛媛の貧困が深刻であるという認識をもとにしていた。

　設立は同年12月であるが、それまでの半年は、会長になる前記鈴木教授と副会長になる山内淳正氏(愛媛県年金者組合)が、県内各地で、憲法25条や最低生活保障についての学習会を重ねた。なお、設立以前には、生活保護基準引下げが行われる可能性が高まる政治情勢になっており、生活保護基準引下げが行われた場合には、新たな裁判を愛媛県内でも行うこと、その原告や裁判を支えることも視野に入れていた。

2　愛媛での提訴といのちのとりで裁判愛媛アクションへの改称

　2013年から3年かけて、生活保護基準が引き下げられた。引下げの第1弾から、支える会は、我々弁護士により結成された弁護団とともに、電話相談、審査請求のための勉強会、審査請求手続き、審査請求時の口頭意見陳述の補助、生活実態調査を行った。一連の手続きを取るなかで、生活保護や行政訴訟の原告になることへの偏見のため、提訴に踏み切れない人たちに出会った。最も多いのは、家族、たとえば別居の娘や息子たちに反対されることや、小中学生の子どもが学校でいじめられないかと心配し、提訴を断念せざるをえなかった人たちである。また、「国や県といった『お上』を訴える等恐ろしい。」と言う人もいた。このように愛媛では、あたりまえの権利主張がどれだけ困難なのかを痛感させられる状況が蔓延していたというのが、現実であった。

　そのような状況の中でも、2014年に、原告42人が提訴した。原告団結成式の際、原告らが愛媛での裁判名を議論して決めた。「愛媛・人間らしく生きたい裁判」であり、現在もそう呼んでいる。発案した原告は、「せめて人間らしく生きたい」という切実な願望だと言った。その原告の中には、人間裁判と呼ばれた朝日訴訟の存在を知らない人も多かったが、そのような原告も、提訴により朝日訴訟の内容を知って「昔の人も、自分と同

じことを考えていたんだな」と仰っていた。

　提訴後、支える会は、原告の法廷への出席確認、意見陳述のための準備、原告への様々なサポートを行ってきた。毎回の期日では、原告である生活保護利用者の体験を基にした口頭意見陳述[2]、弁護団による準備書面要旨の陳述をした後、裁判長が次回の期日設定をして終了になる。被告側は終始無言である場合がほとんどである。淡々とした展開で、かつ短時間で終了してしまうため、原告の多くは何が行われているのか（特に被告側の主張の内容）が理解できない。そのため裁判後に、別会場で報告会を開催している。その日の陳述の意味、今後の見通しなどを弁護団が報告し、原告や傍聴者がそれぞれ質問する。原告の多くは、「何度聞いても難しいなあ」と首をかしげる。そのため、毎年開かれる支える会の総会では、弁護団の協力を得て、生活保護や最低生活保障にかかわる学習講演を開催し、また、生活保護裁判連絡会等の全国集会の現地開催を引き受けて実施してきた。

　さらに、裁判の長期化に伴い、病気で入院する原告、高齢で裁判所への出廷が難しくなる原告が増え、なかには死亡したり、闘争意識が低下して裁判をやめたいという人もでてきた。弁護団とともに、時には見舞い、時には原告にとどまるように遺留した。活動のなかでも、原告が互いに励まし合って闘争意識を維持できるよう、原告間の交流の機会をもうけるよう注力してきた。例えば、2017年からは朝日訴訟の岡山県岡山市、ハンセン病違憲国賠訴訟元原告が住む香川県の国立ハンセン病療養所大島青松園へのバス旅行等を実施してきた。朝日訴訟の歴史に触れ、岡山の同裁判原告と交流し、またハンセン病違憲国賠訴訟の元原告から話を聞くことは、原告を大きく励ますことに繋がった。

　2016年には、生活保護基準引下げ訴訟の全国支援組織であるいのちのとりで裁判全国アクションが設立されたことから、愛媛でも「生存権裁判を支える愛媛の会」から「いのちのとりで裁判愛媛アクション」に改称された。2022年には、愛媛の会は設立から10周年を迎えることができた。

3　愛媛での裁判支援活動の特徴

　愛媛での活動は、(1)原告と裁判を支える、(2)愛媛のナショナル・ミニマム確立を目指すことを2本柱にしている。各活動につき、愛媛の特徴を述べる。

（1）原告と裁判を支える活動

　愛媛県、とりわけ郡部では、生活保護利用への偏見が強く、戦前の救護法の劣等処遇さながらの扱いや意識が見えることも珍しくなく、このことは福祉事務所職員も例外ではない。提訴の際の障壁については前述のとおりであるが、裁判を続けるなかでも原告を傷つける声や対応は絶えない。毎回の裁判期日で、原告の意見陳述が行われるが、名前を伏せ、弁護団による陳述の代読を望む人が多数である。名前を出せないのが現実である。地方部である愛媛で、行政裁判の原告になるのは、まさしく「お上にたてつくこと」であることを実感させられる。生活保護をはじめ社会保障分野の行政訴訟の原告になり、闘い続けることは容易ではない。長期化する裁判で原告のみでは、社会的に孤立することになり、裁判継続のためには弁護団のみならず、支援する会が不可欠であると思われる。

　さらにいえば、原告の生活全体を支えることも必要とされる。原告は生活保護利用者であり、その意味は経済的困窮とともに、体調の不調を抱える人がほとんどである。そして生活上は、福祉事務所から資産調査等やいきすぎた指導に悩む者、親族間のトラブルを抱える者も珍しくない。そのため「原告を支える」ということは、訴訟に関する部分だけではなく、生活部分を支えることも意味する。

　また、このような原告の生活を支えることを通じて、効果的に裁判自体を支えるため、定期的に原告団、弁護団、支える会による三者合同会議を設けてそれぞれの意思疎通を図ることに努めている。弁護団としても、専門用語が飛び交う訴訟に素人の原告団の意思を反映させていく上で、得てして発言に消極的になってしまう原告の意図を汲む場として、この三者合同会議を重視している。

　加えて、裁判支援の団体を運営していくためには、財政づくりも不可欠である。訴訟提起にあたって法テラスの代理援助を受けたが、弁護団の弁護士は、それを実費に充てて手弁当で訴訟追行しているし、会員からの会費もあるが、これだけでは足りない。2016年から財政づくりの一環として、愛媛県内のみかん農家と連携し、冬期期間に温州みかんの全国発送を行っている。開始当初から好評を博しているが、発送料高騰が続き、また天候や獣害のために収穫高が減ることもあり、年々利益が少なくなっている。

（2）愛媛のナショナル・ミニマム確立を目指す活動

これまで、①最低生活保障や憲法25条に関する学習会開催、②生活保護関係の全国集会の開催、③最低賃金審議会への意見書提出と口頭意見陳述、④全国の地裁判決が出るたびに、弁護団、原告団、いのちのとりで裁判愛媛アクションと連名で判決に対する声明を公表、⑤地元マスメディアへの原告出演、⑥県内の福祉事務所で配布している「生活保護のしおり」内容の検討、⑦ブックレットの発行、⑧生活困窮やなんでも相談会の実施、⑨日本テレビの生活保護不正受給をとりあげた番組への松山市の協力への抗議など、多様に活動をしてきた。

近年では、全国の地裁判決に対する声明公表に力を入れている。勝訴の際には地元紙が声明の一部を掲載し、また声明を機に傍聴にくる記者も増えている。マスメディアからの取材が増えるなか、実名で取材を受ける原告も出てきた。相次ぐ勝訴判決を受け、社会的関心が強まることが原告に勇気を与えることを実感する。地元紙や地元局の報道は、県民の見方や考え方に大きく影響を与える。

まとめにかえて

弁護団も同様であるが、いのちのとりで裁判愛媛アクションも、専任スタッフもいない、皆が手弁当で行っている小さな活動である。10年間の活動を通じて、原告がいなくては訴訟は成り立たないし、原告が原告であり続けるためには様々なサポートや環境が不可欠であることを実感する。また訴訟を続けるなかで、原告は人間的に成長していく。同時に支援する人々や弁護団も成長していく。

このように提訴し裁判で闘い続けることは、その訴訟プロセスを通じて、社会のなかでの生活保護利用者への偏見を是正し、裁判を受ける権利を実質化し、また福祉事務所の職務を合法かつ適切なものへ変化させ、愛媛のなかで最低生活保障の実現に寄与するものである。言い換えれば、このようなことを実現させなければ、判例をつくることはできないのであろうと考えている次第である。

以　上

注
（1）私は、元々ヤミ金対策等高金利問題に興味があり、五菱会愛媛訴訟最高裁判決（最高裁判所第三小法廷平成20年6月10日民集第62巻6号1488頁）等に関わってい

たところ、いわゆる高利貸が低所得者の生活を支えていた一面を知ることとなり、高金利撲滅だけでは低所得者の生活を守ることができないと考え、生活保護等の問題を仕事として取り扱うこととなった。愛媛のいのちのとりで裁判弁護団に参加した他の弁護士も、概ねそのような考え方を持った方々である。このような考え方を持つ人が弁護士の中には少ないのが現状である。

（２）松山地裁では、訴訟期日の１週間前に書面で提出される限り、訴訟期日での口頭意見陳述が認められている。ただし、訴訟が始まった当初は、担当裁判体から口頭意見陳述を行うことについて消極的な姿勢が示されていた。例えば、裁判長が「毎回同じようなことを口頭意見陳述で言われても困る。」等と発言していた。これに対して、私は怒りを感じて「裁判長には、『毎回同じようなこと』に聞こえるのか。我々弁護団には、一人一人の原告が異なる環境、立場から生じたそれぞれの苦境を吐露しているものと聞こえる。真面目に傾聴すべきである。」と裁判長に苦言を呈した。それ以降、前記のような取り扱いとなったものである。

第2部
人権論の新展開

パブリックフォーラム上での営利的表現活動と表現の自由
―― *Sorrell* 判決の余波の中で

檜垣　宏太
（広島大学・院）

はじめに

　道路、広場、公園など、表現活動を行うことのできる公物上での表現活動は、非営利で行われるものばかりではない。何らかの営利的なイベントで利用される場合もある。非営利目的での表現活動と異なり、営利目的での表現活動にのみ表現活動を行う前に許可を求めることは憲法上許されるだろうか。あるいは営利目的の表現活動の場合に非営利目的の表現活動の場合よりも高額の利用料を徴収することは憲法上許されるだろうか。こういった問いを考える際に、アメリカで近時出された、「商業撮影（commercial filming）」についてのみ許可の取得と手数料支払いを求め、「非商業撮影」には許可も手数料も不要とする連邦法の修正1条適合性が争われた *Price v. Barr*[1] 判決及びその第2審である *Price v. Garland* 判決[2]が参考になると考えられる。この2つの判決は、アメリカの営利的言論規制の合憲性判定基準の標準的テストとされる *Central Hudson* テスト[3]からより厳格な審査の方向に踏み出した判決とも読める *Sorrell* 判決[4]を引用し、また第2審判決は実質的にその射程を限定する議論を提示しており、*Sorrell* 判決の射程を考える上でも参考となる。よって、この2つの判決を手掛かりにして少し考えてみたい。

1　*Price v. Barr* 判決及び *Price v. Garland* 判決の事実の概要

　54 U.S.C. § 100905(a)(1) は、内務長官は、「システムユニット内での商業的映画撮影（commercial filming）活動もしくは類似の企画に対し許可を求め、妥当な手数料を設定することができる」と規定していた。なお、同規定は非商業撮影活動には適用がなかった。同規定とは別に、もしくは加えて、§100905(a)(1) によって、商業撮影に対する手数料が要求されており、内務長官は「撮影活動もしくは類似の企画の結果発生した費用（管理費と人件費を含む）を徴収できる」（54 U.S.C. § 100905 (b)）とされていた。同

条の施行規則である43C.F.R.§5.12.は「商業撮影」を「個人、法人あるいは他の者による、市場の視聴者に対する、収入を集める意図のある、動画のフィルム、電気的、磁気的、デジタル、あるいは他の記録」等と定義している。43C.F.R.§5.5(a)-(g)は「国立公園局（NPS）の資産または価値に対する容認できない影響もしくは障害をもたらす」場合等、商業撮影を拒否できる7つの根拠を列挙する。これらの規定を遵守しない場合、罰金および最長6か月の懲役が科せられる可能性がある。(18 U.S.C.§1865、36C.F.R.§1.3)。

Gordon Priceは独立系の映画監督であるが、同人の国立公園内での撮影活動に現に支障が生じているとして、2019年12月、54U.S.C.§100905とその施行規則43 C.F.R. Part 5、36 C.F.R.§5.5が文面上違憲であるとしてこれら条項の違憲宣言判決と刑事罰を科すことの永続的差止命令を求める民事訴訟を提起した。

2 *Price v. Barr*（第1審）判決

(1) 判断手順

「修正1条の言論の自由条項の下における主張は3つのステップで分析される」(*Boardley v. U.S. Dep't of Interior,* 615 F.3d 508, 514 (D.C. Cir. 2010))。第一に、裁判所は問題の行動が修正1条で保護される言論かどうか決定しなければならない。第二に、裁判所は、政府がアクセスを規制できる範囲は、フォーラムがパブリックか非パブリックかによるので、フォーラムの性質を特定しなければならない。第三に、裁判所は関連するフォーラムにおける言論規制に対する政府の正当化が要求された審査基準を充足するかどうか審査しなければならない。」

(2) 保護範囲

第一に、「最高裁は修正1条は映画を保護すると長い間認めてきた」(*Turner v. Lieutenant Driver,* 848 F.3d 678, 688（5 th Cir. 2017）(*Joseph Burstyn, Inc. v. Wilson,* 343 U.S. 495, 502（1952）を引用))。第二に、「情報の創造と拡散は修正1条の意味の言論である」(*Sorrell v. IMS Health Inc.,* 564 U.S. 552, 57 (2011))。よって、「映画の撮影は修正1条で保護された表現的言論である。」なお、「ビデオの製作を録画と録音それ自体に分解することは常識に反する」。(*Animal Legal Def. Fund v. Wasden,* 878 F.3d 1184, 1203（9 th Cir. 2018))。

(3) フォーラム分析と審査基準
①フォーラム分析

「公園、道路、歩道、その他類似の伝統的パブリックフォーラムにおいては、政府は私的な言論に対し合理的な時、所、方法の規制を課すことができるが、しかし、内容に基づく規制は厳格な審査を充足する必要があり、そして見解に基づく規制は禁止される」。「同じ基準は指定的パブリックフォーラムにも適用される」。「一方で、非パブリックフォーラム、つまり、伝統や指定によって公衆のコミュニケーションのためのフォーラムではない空間においては、政府はより柔軟に言論を制限するルールを作出できる」(*Perry Ed. Assn. v. Perry Local Educators' Assn.*, 460 U.S. 37, 46 (1983))。文面上、許可制度は「NPS長官を通して行動する内務大臣によって、公園、モニュメント、歴史的、歩道、レクリエーション、その他の目的のために管理される土地と水域のあらゆるエリア」に適用される(54 U.S.C.§100501)。§100905が適用されるNPSが管理する連邦の財産には、たとえば、国立公園が含まれる。国立公園は、伝統的パブリックフォーラムである公園や歩道を含む。また、指定的パブリックフォーラムである、来園者が特に演説やピケッティングといった修正1条で保護された活動に従事できる、指定された「言論自由エリア」を含む(36 C.F.R.§2.51)。§100905は、伝統的パブリックフォーラム及び指定的パブリックフォーラムにおいて実行される表現的言論(expressive speech。たとえば映画の撮影)を規制している。ゆえに裁判所は許可制度に高められた(heightened)レベルの修正1条の審査を適用しなければならない。

②制約の態様

「もし法律が、議論されている話題もしくは表現されている思考もしくはメッセージを理由として、特定の言論に適用されるならば、政府の言論規制は内容に基づく」(*Reed v. Town of Gilbert*, 576 U.S. 155, 163 (2015))。「「内容に基づく」のフレーズを意味するこの常識は、裁判所に言論規制が「文面上」話者が伝えるメッセージに基づいて区別しているかどうか考慮することを要求する」(*Id. Sorrell*, 564 U.S. at 566を引用)。「規制された言論を特定の主題で定義するいくつかのメッセージに基づく文面上の区別は明らかである、そして規制された言論をそれの機能や目的によって定義する他のものはより微妙である」(*Id.* at 163)。しかし、両者は「話者が伝えるメッセージに基づいて引かれた区別である、そしてそれゆえに、厳格審査に服する」(*Id.* at 163-4)。

§100905が内容中立であるという主張を支持するために、政府は主に、第8巡回区控訴裁判所の判決である *Josephine Havlak Photographer, Inc. v. Village of Twin Oaks,* 864 F.3d 905（8 th Cir. 2017）に依拠する。*Havlak* 判決においては、第8巡回区控訴裁判所は「特権の保持あるいはあらゆる公園設備、建物、線路、道路、橋、ベンチ、机その他公園財産の商業目的での使用は、理事会又は指定代理人の許可を発出されない限り、禁止する」と述べる市の条例に対する修正1条の異議申立てを考えた（*Id.* at 910 n.2）。*Havlak* 判決の原告は、同条例は、公園内における営利と非営利の写真撮影との間で内容に基づく区別を創出していると主張した（*Id.* at 914）。しかし、第8巡回区控訴裁判所は同意しなかった。代わりに、第8巡回区控訴裁判所はその条例は内容中立である、なぜならそれはなんらの特定の営利企業あるいはなんらの特定のメッセージに言及しないので、と理由づけた。それは、たとえば、営利的写真撮影とホットドック販売業者に、平等に適用される（*Id*）。政府は今ここで§100905における「商業撮影」への規制は、市の公園内でのすべての営利的活動に許可を要求していた、*Havlak* 判決における内容中立条例と類似していると主張している。

　反対に、Price は、§100905が、事実上、内容に基づく言論規制であると主張するために *Sorrell* 判決に依拠している。*Sorrell* 判決において最高裁は、処方者識別情報の開示を規制していた、ヴァモント州法「Act80」に対する修正1条の異議申し立てを考えた（*Sorrell,* at 558）。処方者識別情報は様々な医師によって薬剤師に送られた処方箋に関する、薬剤師により収集されたデータであり、そしてそれはそのデータをより正確に仕立てられた対面での医師への新しい処方薬に対するマーケティング実践のために使用できる製薬会社にとって価値がある（*Id*）。しかし、Act80は製薬会社のような特定の者は「処方者識別情報を含んでいる規制された記録の、処方薬のマーケティングあるいは販売促進目的での、使用が許されない」と規定することにより、そのようなデータ使用を限定した（*Id.* at 559（Vt. Stat. Ann. tit. 18, §4631(d)を引用））。Act80は同様に「製薬会社と製薬マーケターは処方者識別情報を、処方薬をマーケティングもしくは販売促進する目的で、使用してはならない」と述べた（*Sorrell,* at 559）。この法律の文言を審査して、最高裁は、Act80は、「受領する話者がその情報をマーケティングのために使用するとき、すべての開示」を禁止することによって、内容に基づく規制を創出したと理由付けた（*Id.* at 564）。最高裁はまた、Act80の「第二文は製薬会社にマーケティング目的でのその情報の使用を

禁止する」、そして、それゆえに、「マーケティング、言い換えれば特定の内容の言論を嫌悪している」と理解した (Id)。Price は §100905 の「商業撮影」への規制は、Sorrell 判決で無効とされた Act80 の製薬マーケティングへの内容規制に匹敵すると主張した。

§100905 は内容に基づく規制を言論のひとつの形態である「商業撮影」に対して課している。……§100905 は国立公園のすべての商業的活動に対し一般的に適用されない。反対に、許可制度は、表現的言論の形態の一つである撮影に対して、そして特にあるタイプの撮影、「商業撮影」に対して適用される (54U.S.C.§100905(a))。§100905 の施行規則は、「商業撮影」を「個人、法人あるいは他の者による、市場の視聴者に対する、収入を集める意図を伴う動画の記録」と定義することで、この内容に基づく区別をさらに明らかにする (43C.F.R.§5.12)。

③審査基準

§100905 は伝統的パブリックフォーラムにおいて表現的言論に内容に基づく規制を課している。それゆえ、当裁判所は彼らが商業撮影のために作出した許可制度を厳格審査 (strict scrutiny) のもとで評価しなければならない (*Minnesota Voters All. v. Mansky,* 138 S. Ct. 1876, 1885 (2018)、*Barr v. Am. Ass'n of Political Consultants, Inc.,* 140 S. Ct.2335, 2347 (2020))。厳格審査をクリアするには、「政府がその規制がやむにやまれぬ政府利益を促進することと、その利益を達成するのにぴったりと仕立てられていることを証明しなければならない」(*Reed*, at 171)。

（4）正当化

①許可要件について

国立公園の土地とそれが含む資源を保護することは実質的な政府利益である。Price はこの利益の妥当性を争ってはいない。代わりに §100905 がこの政府目的に適合していることを問題にする。第一に、§100905 は過度広汎である。文面上、§100905 は率直にすべての「商業撮影」に有料の許可を求めている (54 U.S.C.§100905 (a)、43C.F.R.§§5.1、5.8)。ゆえに、この制度は個人と少数のグループに、まさに重量のあるそして潜在的に破壊的な撮影機材を伴う大人数グループと同じように、表現的活動に従事する前に許可を取得するよう求める。第二に、§100905 の許可制度では、非営利的な撮影も除外されており、その行為が国立公園に与える可能性のある損害は考慮されていない。たとえば、非営利団体によって行われた「非営利」の撮影作品は、たとえそれらの団体が連邦の土地に損害を与えるよう

な重撮影機材を使用していたとしても、§100905の許可制度の範囲を逃れることになる（54 U.S.C. §100905(a)）。以上より、手段が過大包摂かつ過小包摂である。

②手数料要件について

§100905は撮影と許可運営の付随的コストだけでなく撮影行為それ自体に対する支払いを命じる。それに応じて、内務省の施行規則は、すべての行政コストをカヴァーする支払いの査定に加え、商業撮影に別個の「ロケーション料」を要求している（43 C.F.R. §5.8(a)(b)）。この制度は、長く維持されてきた、政府は連邦憲法で保障された権利（表現の自由に対する修正1条の権利を含む）の享受に対し手数料を課すことができないというルールに適合することは難しい（*Murdock v. Com. of Pennsylvania*, 319 U.S. 105 (1943)）。

③結論

§100905は修正1条に反し違憲無効である。

3 *Price v. Garland*（第2審）判決

（1）保護範囲

撮影は疑いなく修正1条で保護される（*Sorrell*, at 570（「情報の創造と拡散は修正1条の意味の中に入る言論である」））。しかし、この争いのない事実は、単に我々の審査の始点にすぎない、なぜなら憲法は政府が自由な言論権の行使を望む全ての者に全ての種類の政府財産に対する自由なアクセスを与えることを求めてはいないので（*Cornelius v. NAACP Legal Def. & Educ. Fund, Inc.*, 473 U.S. 788, 799 (1985)）。なぜなら、政府は財産の私的所有者にほかならず、それが合法的に捧げられた使用のためにそのコントロールの下にある財産を維持する権限を持つので、裁判所は政府財産上での言論に対する規制の合法性を決定するフォーラム分析を受け入れた。この分析の目的のために政府財産は通常、3つのカテゴリーに分けられる。伝統的パブリックフォーラム、指定的パブリックフォーラム、非パブリックフォーラムである。

（2）フォーラム分析

我々はフォーラム分析の歴史と最高裁がそれをどのように記述し正当化してきたかを吟味することから始める。近時のフォーラム分析は1983年の*Perry*判決で実を結んだが、その種は数十年早く播かれていた。初期の事案は完全に発展したフォーラム分析を提示しなかったにもかかわらず、そ

れらは修正 1 条の下での特別のルールに服する政府の管理する財産の種類の描写について広く言及していた。Perry 判決は〔Hague v. CIO, 307 U.S. 496 (1939) から Greer v. Spock, 424 U.S. 828 (1976) まで〕の原理的進化の集大成である。ここで最高裁は我々が知っているようなフォーラム分析の輪郭を描いた。それは、「長い伝統や政府の命令によって**集会と討論に捧げられてきた**場所において、表現的活動を規制する州の権限は厳しく限定される」と宣言するために、Hague 判決から前述の文章を引用し、他の初期の定式化以前の判例群を頼った (460 U.S. at 45)。パブリックフォーラムと結びついている活動の種類と、パブリックフォーラムにおけるこれらの活動に対する特別の保護を与えることに対する提示された正当化という、2 つの関連する共通点が Hague 判決から Perry 判決の事案を貫いている。活動のタイプとしては、事案は集会、市民とのあるいは市民の間での思想の交換、公的問題の議論、情報と意見の拡散、討論——すべてはコミュニケーション的活動である。したがって、Perry 判決の最高裁が伝統的パブリックフォーラムのルールを次のように説明したことは驚くべきことではない。「これらの典型的なパブリックフォーラムにおいては、政府はすべての**コミュニケーション的**活動を禁止してはならない」(Id)。撮影は、文字の打刻と同様に、修正 1 条の下で言論として保護されるにもかかわらず、それ自身はコミュニケーション的活動ではない。それは単に、どこか他のときに、通常他の場所で伝達されるに違いない言論を創出するステップにすぎない。言論の創造は、街路や公園が「記憶にないほど昔から」利用されてきた種類の活動ではないため、そのような活動のために「太古から信託されてきた」とは言えない。言論を創造するために政府財産にアクセスする歴史的な権利はない。

（3）審査基準

Price は、伝統的パブリックフォーラムと考えられる NPS の土地、または NPS が言論自由エリアとして指定した土地で撮影が行われる場合、映画製作の規制は高められた審査の対象となると主張している。しかし、これまでの分析から得られる重要な点は、映画製作などの非コミュニケーション的な修正 1 条の活動に関しては、伝統的パブリックフォーラムの高度に保護的なルールは適用できないということである。その結果、映画製作は伝統的パブリックフォーラムでも非パブリックフォーラムと同程度の規制の対象となる。同じことは、地方裁判所裁判官が高められた審査が適用されるべきであると特定した他の NPS の土地である指定された言論自

由エリアでの映画製作にも確実に当てはまる (514 F. Supp. 3 d at 187)。これらのエリアは、政府が、映画製作のような修正１条の非コミュニケーション活動のためではなく、特に「デモ」とメッセージを帯びた物の販売または配布のために開いている (36 CFR§2.52-2.53)、限定的パブリックフォーラムである。そのような種類の活動に対し、これらのエリアは事実上非パブリックフォーラムである。

　結論は、NPS の土地での映画製作は非パブリックフォーラムにおける修正１条の活動の規制に適用されるのと同じ「合理性」基準に服する。「規制は見解に基づいて言論に対する区別をしてはならない、そして規制はフォーラムの仕える目的の視点から見て合理的でなければならない」(*Good News Club v. Milford Central Sch.,* 533 U.S. 98, 106-107 (2001))。

（４）正当化
①許可要件について

　許可制の目的につき、公園の土地を保護することと適切に管理することは疑いなく重要な政府利益である。政府が指摘しているように、「収入をもたらさない大規模な事業は、よくある大規模な商業撮影に比べれば稀である」ことは理に適っている。したがって、商業映画製作は、非商業映画製作に比べて、公園運営を妨害する活動がより多く含まれる可能性が高く、公園資源に損害を与える可能性が高い。したがって、商業撮影と非商業撮影の区別は、政府利益と合理的に関連しているように思われる。それは異なった区別の線引きをすることによって「これらの目的がより効果的に、それほどぎこちなく達成されるだろう」(*Clark v. Cmty. for Creative Non-Violence,* 468 U.S. 288, 297 (1984)) が、しかし、その可能性は NPS が引いた線を不合理にするわけではない。もしその疑問がより際どいものであったとしても、我々は「公園の土地の保護がどの程度賢明か、そしてそのレベルの保全がどの程度達成されるか判断する能力」を持たない (*Id.* at 299)。

②手数料要件について

　手数料が *Murdock* 判決のルールに違反するという Price の主張を退けるのは難しくない。その手数料は憲法的に保護された活動に従事したことに対する許されない手数料ではなく、財産の所有者による利用料の合理的な徴収である。第11巡回区控訴裁判所が述べたように、「フォーラム分析の目的に対する合理性は営利的要素も含まれる」(*Atlanta J. & Const. v. City of Atlanta Dep't of Aviation,* 322 F.3d 1298, 1309 (11th Cir. 2003))。非パブリ

ックフォーラムの観点から、「合理的な規制は、フォーラムが民間団体によって所有されている場合に請求される料金と同様の方法で（たとえば、ダンスの発表会の講堂の使用料、または新聞の広告掲載料）、表現的行為のためのアクセスに対する利益を意識した利用料を含むことができる」(*Id*)。

(5) 結論

本件規定は合理性の基準を充足する。よって修正1条に反さず、合憲である。

(なお、Henderson 裁判官の同意意見、Tatel 裁判官の反対意見がある)。

4　分析と評価

Price 判決の第1審と第2審で結論の分岐に繋がったのは、パブリックフォーラム内で保護される表現活動について、表現活動の種類により差異を設けるかどうかである。第1審では修正1条の保護を受ける表現活動ならば、（それが内容規制ならば）全て高められた審査の対象となるとした。従って、映画撮影は表現活動であるから高められた審査が妥当し、§100905は修正1条に違反するとされた。それに対して第2審では修正1条で保護された表現活動であれば全て修正1条の高められた審査の対象となるというわけではなく、それが「コミュニケーション活動」かどうかが高められた審査を受けられるかどうかの基準となるとした。従って、映画撮影は表現行為であり、修正1条の保護範囲には入るものの、「コミュニケーション活動」ではないため、高められた審査を受けられず、合理性の審査にとどまるとされ、§100905には合理性が認められるため修正1条に違反しないとされた。

Price 判決第2審は、*Sorrell* 判決ブライア反対意見が示した「通常の経済規制が問題となっているところで民主的意思決定の代わりに司法的意思決定を使う、ロックナー判決の、ニューディール以前の脅威を再び目覚めさせる」(*Sorrell,* at 602-603 (Breyer J. dissent)) という懸念に一定程度応えるものと見ることができる。すなわち、同じ修正1条の保護を受ける「表現的行為 (expressive activities)」であっても、それが情報発信行為そのものなのか、それとも映画の撮影・製作を含む準備行為にすぎないのかで保護の程度を変化させ、準備行為にはそこまで強い保護は及ばないとすることで、政府の経済活動規制権限に一定程度配慮するルートを確保しようとしていると見うる。

おわりに

　Price判決第2審の示した分析は、日本における博多駅テレビフィルム提出命令事件最高裁決定（最大決昭和44年11月26日刑集23巻11号1490頁）が、憲法21条1項で保護される「事実の報道」の準備行為である「取材」の自由は、憲法21条1項で直接保護されるわけではなく、ワンランク落ちる「憲法21条1項の精神に照らして尊重」されるにすぎないとしていることとパラレルな分析であると見うる。もっとも、これはむしろ日本が標準なのであって、アメリカにおいて「特殊アメリカ的状況」[5]を是正する動きの一つなのかもしれない。日本においてPrice判決同様に公物上で行われる営利目的での表現活動に対して許可・手数料要件が課されている場合、Price判決を参考に、その表現行為が「コミュニケーション活動」かその準備行為にすぎないかで審査の基準を変化させて審査することが示唆される。そして、準備行為についての許可・手数料要件の合理性審査にあたっては、営利目的であることが合理性を基礎づける要素として考慮されることとなるであろう。

注
（1）*Price v. Barr,* 514 F.Supp.3d 171（D.D.C. 2021）.
（2）*Price v. Garland,* 45 F.4th 1059（D.C.Cir. 2022）, reh'g en banc denied, No.21-5073, 2022 WL 15524454（D.C.Cir. Oct. 21, 2022）; denying certiorari,143 S.Ct. 2432（2023）.
（3）*Central Hudson Gas & Electric Corp. v Public Service Commission of New York,* 447 US 557（1980）で定式化された4分肢テスト。
（4）*Sorrell v. IMS Health Inc.,* 564 U.S. 552（2011）.
（5）桧垣伸次「合衆国最高裁と表現の自由　アメリカの「特殊性」」ジュリスコンサルタス23号43-56頁（2015年）。

「立憲主義の要請」
—裁判を受ける権利の拡張に関して

佐藤　寛稔
（ノースアジア大学）

はじめに
「立憲主義の要請」とは、いわゆる国民審査訴訟[1]において、宇賀克也最高裁裁判官がその補足意見中で述べた言葉である。

「立憲主義」という言葉は、憲法学の最も重要なキー概念であり、この言葉については過去に様々な内容で語られていることは承知している[2]。しかし、本報告では、それらの議論は一先ず措いて、宇賀裁判官が、上記国民審査訴訟において述べた「裁判を受ける権利」と結びつけた「立憲主義の要請」を基軸としつつ、彼が述べたいくつかの判決中の個別意見の中から浮かび上がる立憲主義像を析出し、それが実質的に憲法上の権利の拡張につながる可能性があることを示していきたい。また併せて宇賀裁判官のように「立憲主義」を回路にして「裁判を受ける権利」を拡張させる方法から示唆を受け、従来、憲法上の権利実現の足枷となっていたいくつか議論を再検討してみたい。

1　宇賀克也裁判官の「立憲主義の要請」
（1）第1課題へのアプローチ
宇賀裁判官が「立憲主義の要請」に言及した国民審査訴訟以前の最高裁判例を検索しても、「立憲主義の要請」という言葉は出てこない。それどころか「立憲主義」という言葉すら見当たらない。このように最高裁が「立憲主義」の定義に対して一定の回答を示していない中で、1人の裁判官から発せられた言葉にこだわる理由は示しておく必要があるだろう。1つはそれが、最高裁裁判官が発したものであるという最も単純だが、極めて重要な理由によるものである。個別意見は、判例そのものではないが、当然のことながら裁判官の「独り言」ではなく、裁判所法11条で規定された最高裁裁判官に与えられた職務の1つであるとともに、国民審査の際に有権者の判断材料、その後の判例の進展に影響を及ぼす極めて重要な資料となるものである。

第 2 部　人権論の新展開

　しかし、それ以上に重要なことは、宇賀裁判官が就任以来、歴代の最高裁裁判官には例を見ない程に、個別意見で画期的な憲法判断を行っていること、そして宇賀裁判官の個別意見が新たな憲法学の地平を切り開く可能性のあるものであるからである。
　ところが、上記国民審査判決での宇賀補足意見中で突如として出てきた「立憲主義の要請」という言葉が、何を意味するか、ビックワードであるにも関わらず、宇賀裁判官の意見中に、その意味の説明はない。しかも過去の判例によって積み重なった立憲主義像さえないのが現状である。そこで、本報告の第 1 課題は、宇賀裁判官の言う「立憲主義の要請」の内容を探ることとしたい。
　この第 1 課題に対処するために、3 つのアプローチを用いる。1 つ目は、宇賀裁判官が、国民審査訴訟で「立憲主義の要請」に言及することで多数意見に何を補足したのかを探ること、2 つ目は、国民審査訴訟以外の事件で宇賀裁判官が個別意見中「裁判を受ける権利」に言及したところを検討することである。そして、3 つ目は、上記 2 つのアプローチで言及していない事件における宇賀裁判官の個別意見から彼の「立憲主義」のイメージを析出することである。この 3 つのアプローチから宇賀裁判官の言う「立憲主義の要請」の内容を推測していくこととする。

（2）国民審査訴訟で「立憲主義の要請」で補足したもの
　まずは、国民審査訴訟で多数意見に宇賀裁判官が何を補足したのかを「立憲主義の要請」に言及したところに絞って見てみたい。国外に住所を有することをもって原告等に対して「次回の国民審査において審査権の行使をさせないことが憲法 15 条 1 項、79 条 2 項、3 項等に違反して違法であることの確認を認めたことについて、多数意見は、以下のように述べる。

　「在外国民につき、具体的な国民審査の機会に審査権を行使することができないという事態が生ずる場合には、そのことをもって、個々の在外国民が有する憲法上の権利に係る法的地位に現実の危険が生じている」。（下線は佐藤による。以下同様）「国民審査法が在外国民に審査権の行使を全く認めていないことが違憲であることを理由として、国が個々の在外国民に対して次回の国民審査の機会に審査権の行使をさせないことが違法であると主張され、この点につき争いがある場合に、その違法であることを確認する判決が確定したときには、国会において、裁判所がした上記の違憲である旨の判断が尊重されるものと解されること（憲法 81 条、99 条参照）も踏まえると、当該確認判決

を求める訴えは、上記の争いを解決するために有効適切な手段であると認められる。」

これに対し、宇賀裁判官の補足意見で次のように述べる。

「違法確認の訴えについて検討するに、この請求も、抽象的に法令の違憲審査を求めるものではなく、次回の国民審査において、自らの審査権を行使することができないことの違法の確認を求めるものであり、法律上の争訟」といえる。したがって、原告には、「憲法32条により、実効的な裁判を受ける権利が保障されていなければならず、それは、立憲主義の要請といえる。」

「実質的当事者訴訟としての確認の訴えの場合にも、現在の権利義務関係を争うよりも、立法や行政活動の作為又は不作為の違法確認の訴えの方が現在の紛争の解決にとって有効適切である場合には、立法や行政活動の作為又は不作為の違法確認の訴えが排除されると考えるべきではなく、かかる訴訟を認めることは、実質的当事者訴訟としての確認の訴えを明記した改正の趣旨にも適合すると思われる」。

最高裁が、原告らが次回国民審権を行使できないことの違法確認の利益を認めたことについては学説上も賞賛されている[3]。しかし、在外国民の審査権行使の規定を欠いていた国民審査法の構成上、実質的当事者訴訟で公法上の法律関係の確認を求める訴えを認めることを理屈づけるのは本来難しい問題である[4]。多数意見は、「憲法上の権利」に対する「現実の危険」を挙げている。しかし、このような多数意見は正当ではあるものの、それが「法律上の争訟」にあたるかどうかということについて言えば、やや"もやもや感"を残している。「立憲主義の要請」は、その"もやもや感"を払しょくするために用いた「裁判を受ける権利」の実効性を高めるための基盤となり、さらに実質的当事者訴訟としての確認の訴えを明記したことの趣旨を補強材料にして、この事件における不作為の違法確認を「法律上の争訟」の土俵に上げることを正当化している。

（3）「裁判を受ける権利」に言及した宇賀裁判官個別意見

上記の国民審査訴訟のような「裁判を受ける権利」の実効性の向上―憲法上の権利に関する争いを裁判の場で争いやすくするという方向で、「立憲主義の要請」という言葉が用いられたとすると宇賀裁判官が「裁判を受ける権利」の拡張に言及した他の事件における個別意見にも、その「立憲主義の要請」が反映されていると考えることができる。そこで宇賀裁判官が、「裁判を受ける」権利に言及した3つ事件に触れて、個別意見中で可

視化された彼がイメージする「裁判を受ける権利」を抽出したい。

　まずは、不法行為による損害賠償請求事件[5]における補足意見において民事訴訟費用等に関する法律2条が、民事執行「手続において必要とされる類型の行為に要した費用を公平に当事者双方に負担させることにより、<u>当事者が訴訟制度等を躊躇なく利用し、適正な立証活動等を可能にすることを意図</u>」しており、「それは、<u>裁判を受ける権利を実効的なものとする</u>という意味において、司法制度の基盤の一環をなすもの」とし、続いて憲法学においても非常に注目された地方議会出席停止処分取消等請求事件[6]における補足意見で、「法律上の争訟については、憲法32条により国民に裁判を受ける権利が保障されており、また、<u>法律上の争訟について裁判を行うことは、憲法76条1項により司法権に課せられた義務であるから、本来、司法権を行使しないことは許されない</u>」と述べた。更に、処分取消等請求事件[7]における補足意見において訴願期間経過後に訴願を認める場合に関して、社会保険審査官及び社会保険審査会法4条1項ただし書で「正当な事由」という文言が用いられた経緯から「正当な理由」を「不服申立前置主義の下で、行政庁の裁量で訴願の可否を決することは、<u>国民の裁判を受ける権利を侵害する</u>ことになり得るので、裁量であることを否定する趣旨」であると論じている。

　このような上記国民審査訴訟の補足意見を含めて個別意見から見る「裁判を受ける権利」の内容には、実質的当事者訴訟の活用局面の拡大による司法的救済の途を拓くこと、国民が躊躇なく利用できる訴訟制度の確立すること、「法律上の争訟」に当たる争いを阻害する論理を原則的に排除すること、訴訟制度の利用を妨げる訴願の可否を決する行政庁の裁量の否定等が挙げられ、これらの主張が多数意見に取り入れられることになれば、国民が法的な権利について司法制度を通じて争う場面は飛躍的に増加するはずである。宇賀裁判官は、このような形でそれ自体憲法上の権利である「裁判を受ける権利」を梃にして可能な限り、国民が様々な権利の保障を求める場を拡張する方向で理論展開することを「立憲主義の要請」と捉えているものと思われる。

（4）宇賀裁判官の個別意見から見える「立憲主義」のイメージ

　宇賀裁判官には、「裁判を受ける権利」以外の憲法上の権利についても注目すべき個別意見がある。「裁判を受ける権利」を拡張した上で、裁判で争われる憲法上の権利についても画期的な判断をしている。

　例えば、参議院議員定数配分訴訟[8]における反対意見では「選挙権が

国民主権の基礎になる極めて重要な権利であることに照らせば、国会は、<u>１票の価値の較差がない状態をデフォルトとして制度設計しなければならず</u>、技術的・時間的制約から、１票の価値に不均衡が生ずるやむを得ない事情があるのであれば、国会がそのことについて説明責任を負い、合理的な説明がされない場合には、違憲状態にあるといわざるを得ないと考える」。「合理的期間の経過の有無は、…<u>選挙無効訴訟においては、違憲状態にあれば、合理的期間の経過の有無を問わず、違憲と判断してよいのではないかという疑問を抱いている。</u>」とし、従来から、辻村みよ子が展開してきた選挙権権利説の立場から投票価値の平等に関する１対１説[9]を正面から肯定し、更に衆議院議員定数訴訟違憲判決[10]以来の違憲状態の較差＋合理的期間の徒過という伝統的枠組みさえも否定した。

　また、憲法13条に関して、夫婦別姓訴訟における反対意見[11]では、氏名に関する人格的利益は、「個人の尊重、個人の尊厳の基盤を成す個人の人格の一内容に関わる権利であるから、憲法13条により保障されるものと考えられる。したがって、この権利を本人の自由な意思による同意なく法律によって喪失させることは、公共の福祉による制限として正当性があるといえない限り、この権利に対する不当な侵害に当たる。」とし、さらに、性同一性障害特例法訴訟における反対意見[12]において、性同一性障害者の性別の取扱いの特例に関する法律３条１項３号の「現に未成年の子がいないこと」という要件は、「憲法13条で保障された…自己同一性を保持する権利を制約する根拠として十分な合理性を有するとはいい難いように思われる。未成年の子の福祉への配慮という立法目的は正当であると考えるが、未成年の子がいる場合には法律上の性別変更を禁止するという手段は、立法目的を達成するための手段として合理性を欠いているように思われる。」と個人の尊重、尊厳にかかわる権利制約についてはそれを正当化する「正当性」「合理性」を厳格に求めている。

　いずれの判決もシンプルな憲法原則を出発点として、そのシンプルな原則から外れる制約についての正当性の立証を公権力側に求めている。上記の「裁判を受ける権利」の拡張と合わせて、そこで争われる憲法上の権利の制約に関しても厳格な審査を要求しており、その点もまた宇賀裁判官の考える「立憲主義」のイメージを浮き出させるものと思われる。

2 「立憲主義の要請」が示す憲法学の方向性
(1) 第2課題へのアプローチ
　次に、「裁判を受ける権利」を実質的に拡張し、そして更に、裁判での憲法原則に忠実な実体的権利の保障へ向かう宇賀裁判官の「立憲主義の要請」から示唆を受け、報告者なりに、既存の判例理論の再検討を試ることが、報告の第2課題である。但し、このような課題はあまりに大きく本報告でその全体を扱うことはできないので、行政訴訟との関連で2つの論点を提示したい。

　このようなテーマ選択には以下のような動機がある。憲法規範の私人間効力の問題は残るとしても、国家権力を拘束する、あるいは条件づける憲法の一義的な使命を考えたときに、裁判における憲法の主戦場は、行政訴訟となるはずである。そうであるとすれば、憲法学説は違憲審査基準云々以前に、現に生じている憲法訴訟論と行政訴訟論とのすれ違いを解消することがなければ、憲法訴訟論が実務の世界で花開くことはない。憲法上の権利に対する制約に関するより精緻な違憲審査基準の確立の努力とともに、多くの憲法上の問題になりうることを実質的に行政訴訟の土俵で争えるような理論構築をすることが、「立憲主義の要請」に適うのでないかということが、ここでの問題意識である。

　以上のような問題意識から本報告では、特に憲法上の権利の保障が認められ、それへの制約があるにもかかわらず、実質的にそれが違憲判決に結びつけにくい行政訴訟論の壁を2つ挙げたい。

(2) 人権を行政裁量の掌に置く考え方への対応
　外国人の政治活動の自由を認めつつ、在留期間の更新拒否処分を法務大臣の裁量に落とし込み、当該拒否処分を維持したマクリーン事件[13]の判断枠組みなどは、まさに典型的に憲法上の権利の争いを裁判の土俵の外に放逐したものである。伝統的な分類では行政庁の自由裁量行為は、「法律上の争訟」に当たるが、「事柄の性質上裁判所の審査に適しないと認められる」「司法権の限界」[14]に属する事項である。しかも最高裁は在留資格の更新の許否に関する法務大臣の裁量について、「その判断が全く事実の基礎を欠き又は社会通念上著しく妥当性を欠くことが明らかである場合に限り、裁量権の範囲をこえ又はその濫用があつたものとして違法となる」として、実質的には法務大臣にほぼ十全の裁量を認めている。しかし、行政裁量の掌の上に憲法上の権利を置く考え方が果たして、「立憲主義の要

請」に適うかどうかは再検討の余地がある。最高裁は、外国人の政治活動の自由を性質上「保障」される権利に分類するが、「保障」されたその権利の行使によって、在留資格更新拒否が裁量的にあり得るということは、それは本来的な意味で「保障」ではない。まして最高法規たる憲法が、その権利を「保障」するのであれば、その制約を認めることは、自由裁量に属するはずがない。とすればマクリーン事件の事案は「法律上の争訟」に属する事項であり、憲法81条は、「法律、命令、規則」に加え、「処分」を違憲審査の対象とし、最高裁をその憲法適合性を判断する終審裁判所と明記してある以上、最高裁は憲法原則に照らし、その処分を審査する必要があるものと思われる。

(3) 国家賠償法1条1項の違法性認定基準

次に国家賠償請求訴訟について見てみたい。

最高裁は、在宅投票制判決[15] は、憲法上の権利侵害と国家賠償法(以下、国賠法とする。)1条1項の違法性認定基準を別にして、公権力発動要件の欠場に加え、公務員の職務行為上の義務の懈怠を違法判断の基準とする考え方を採っている。

このような最高裁が採用する職務行為基準説では憲法上の権利の保障が認められ、それへの制約があって、かつ、その制約の正当性が認められない場合でも損害賠償請求が否定されるケースが多くなり、憲法上の権利の実効的保全が得られにくい。

今後の選択的夫婦別姓、同姓婚に関連する国賠請求訴訟の展開を予測するに、国賠法上の「違法性」判断をこれまでの通り、職務行為基準説の枠組みで考えると見通しは暗いと言わざるを得ない。現行法が同姓婚を認めないことについて、初の違憲判断を示し、画期的な判決とされることが多い2021年の札幌地裁[16] も同性婚を望む者に対して、「婚姻によって生じる法的効果の一部ですらもこれを享受する法的手段を提供しないとしていることは」、立法裁量の範囲を超えたものであり、合理的根拠を欠く差別取扱いに当たり憲法14条に違反するとしつつ、結局は従来の判断枠組みに留まり、「憲法の規定に違反することが明白であるにもかかわらず、国会が正当な理由なく、長期にわたって改廃等の立法措置を怠っていたと評価することはできない」として国賠請求訴訟は認めていない。国賠請求訴訟である限り、原告の国賠請求が認められなければ、それは形式的には原告敗訴である。そして重要なことは、違憲判断が判決理由にあったとして、違憲判決には分類されない―合憲判決であるということである。こうした判断

第 2 部　人権論の新展開

枠組みが維持される限り、今後も同様に同姓婚を認めないこと自体は違憲とする原告敗訴判決が繰り返されることになる。そして、これが反復継続すると陳腐化して、違憲と述べた部分がリップサービスにしか聞こえなくなるものと思われる。確かに在宅投票制判決の枠組みで、在外国民選挙権訴訟等のように違憲判決が出ないわけではないが、本来憲法上認められる権利の制約が客観的に認められ、しかも「公共に福祉」によって合理化される制約でもないにもかかわらず、裁判で終局的にそれが認めらないという枠組みは再検討が必要であり、本来客観的要件であるはずの違法性判断を職務行為上の義務の懈怠という公務員の主権的な側面で判断する違和感を取り除き、公権力の発動要件を欠いているか否かで判断されるべきであろう。

おわりに

本報告では、宇賀裁判官の「立憲主義の要請」を背後に置き「裁判を受ける権利」から憲法上の権利を争う土俵を拡張する仕方、またその「土俵」で争える憲法上の権利の制約をシンプルな憲法原則から否定する仕方を見てきた。終局的な違憲審査権を付与され憲法裁判官としての役割を担わされた最高裁裁判官の職責を果たし続ける宇賀裁判官の姿勢から、憲法訴訟論の体系化と並んで、既存の最高裁の行政訴訟論や憲法理論自体に内在する憲法上の権利を裁判で争いにくくする理論枠組みからの脱構築を今後の報告者の課題とすることを示して本報告を閉じたい。

注
（1）最大判2022年 5 月25日　民集76巻 4 号711頁
（2）日本の立憲主義論の展開を詳述するものとして、栗島智明「現代型立憲主義に関する一考察－近時の日本における理研主義論の興隆とその原因―」山元一編集『講座 立憲主義と憲法学　第 1 巻　憲法学の基礎理論』（信山社　2022年）59頁以下
（3）松本哲治「不作為の違憲確認－在外国民最高裁判所裁判官国民審査権訴訟大法廷判決について」憲法研究第11号（2022年）218頁では、違法確認請求を認めた最高裁に対し「わが国における救済法の進展において、どれほど強調してもしすぎることはない」とその意義について評価されている。
（4）既に在外国民選挙権訴訟（最大判2005年 9 月14日　民集59巻 7 号2087頁）の調査官解説で、その理論的難点は指摘されているところである。杉原則彦　最高裁判所判例解説民事編（平成17年）673頁以下

（5）最判2020年4月7日民集74巻3号646頁
（6）最大判2020年11月25日　民集74巻8号2229頁
（7）最判2022年12月13日　民集76巻7号1872頁
（8）最大判 2020 年 11 月 18 日 集民264号299 頁
（9）辻村みよ子『「権利」としての選挙権』（勁草書房1989年）31頁以下
（10）最大1972年12月10日　民集30巻3号223頁
（11）最大決 2021年6月23日 集民266号1頁
（12）最判 2021年11月30日 集民266号185頁
（13）最大判1978年10月4日民集32巻7号1223頁
（14）芦部信喜著・高橋和之補訂『憲法（第8版）』（岩波書店　2023年）366頁以下
（15）最判1985年11月21日民集39巻7号1512頁
（16）札幌地判2021年3月17日判時2487号3頁

憲法上の権利としての動物の権利の構想
―Martha C. Nussbaum の議論を手掛かりとして

青木　洋英
（沖縄国際大学）

　　はじめに
　近年、日本において人間以外の動物をより高い水準で法的に保護するよう求める潮流がある。例えば、1973年に動物保護管理法として成立し、1999年に名称変更がなされた動物愛護管理法では、2019年の改正において、動物虐待罪の構成要件の明確化や厳罰化、ペットショップやブリーダーをはじめとした第一種動物取扱業の適正飼養基準の数値的具体化、行政的監督の強化が図られた[1]。また、動物虐待への公的関心の高まりは、神社などの宗教的施設において伝統的に行われてきた動物利用を伴う行事の在り方にも再考を迫っている[2]。本稿は、こうした日本における動物保護の潮流の背景に、グローバルな動物倫理学・動物の権利論の興隆があるという認識のもと、いわゆる「動物の権利論」を日本の憲法学がどのように摂取していくことができるかを検討する。
　憲法学が動物の権利論をどのように取り入れるのか、取り入れた場合、どういった方向性で考えていくことになるのかといった検討を行うための手掛かりとして、本稿では、Martha C. Nussbaum の著作の一つである"Justice for Animals"を参照する[3]。動物の権利論の多くが倫理学や道徳哲学のレベルで展開されるところ、Nussbaum は自身の動物の権利論を明確に政治的な正義の原理として体系的に構想しており、また日本の憲法学では、既に Nussbaum の提唱するケイパビリティアプローチの紹介・検討が一定程度行われ[4]、その意義が確認されているからである。

1　グローバルな動物保護の潮流
　一般に世界初の動物保護法は1822年にイギリスで成立した Martin 法であると言われている[5]。Martin 法の理念は、その後欧米各国に伝播し、19世紀を通じて各国において動物虐待が犯罪とされていくが、これら初期の動物保護運動は、20世紀に入ると世界大戦や工業化の世界的進行を背景に一旦は勢いを失ってしまう。

現代の動物保護運動の興隆は、戦後、20世紀中盤から後半にかけて、オックスフォード大学を拠点とする菜食主義の哲学研究者のグループが改めて動物保護運動を活気づけたことに端を発する[6]。功利主義の立場から動物に対する種差別の問題を扱った Peter Singer の"Animal Liberation"[7] が広く読まれ、動物保護運動を世界的に再活性化させたことはよく知られる。

　つまり戦後の動物保護運動は、哲学的・思想的基盤を得たことで勢いを取り戻したと言える。こうした動物倫理学の発展を背景とした現代的な動物保護運動は、各国の法律レベルでの動物保護法制の拡充にとどまらず、EU の基本条約における動物福祉条項の導入[8]や、一部の国の憲法上の明文の動物保護規定の導入にまで発展している[9]。EU 法上・憲法上の動物保護条項と人権のあいだでの対立は、既に裁判所で問題となっており[10]、こうした対立が、少なくとも潜在的に、人の権利と動物の権利のあいだでの対立を意味し得るのであれば、憲法学はこうした現代的課題に対応するために、いわゆる「動物の権利論」との向き合い方を検討する必要があろう。

2　アメリカ動物法における法的な動物の権利論をめぐる議論

　アメリカにおいては、前章にみた哲学的思想的展開を受けて、多くのロースクールにおいて動物に関する制定法や判例法を考察する動物法 (Animal Law) という科目が成立している。そして明文の動物保護条項をもたないアメリカでは、より直截に「動物の権利」を法制度のなかに取り入れようとする議論が生じた。その代表として、Steven M. Wies による法的な動物の権利論の構想を挙げることができる。

　Wise は彼の主著[11]において、道徳哲学や動物倫理学、動物行動学などの成果を摂取しながら、現代のアメリカの法制度のなかで裁判上主張可能な動物の権利論を構想し、実際にいくつかの州においてチンパンジーや動物園で飼育されるゾウをより適切な環境に移送することを求める人身保護請求訴訟を提起してきた[12]。Wise は、「人」権 (human-rights) を、「尊厳」に基づく権利 (dignity-rights) として再構成し、高い認知能力を有する一部の種の動物は、少なくとも尊厳を有するための十分条件を満たしているから、もっとも基本的な自由として位置付けられる身体的自由にかかる基本的権利を享有すべきであると論じる。

　その人権拡張的な印象とは対照的に、大枠として Alan Gewirth や

Carl Wellman らの哲学的な人権の基礎付け論に依拠しながら、「少なくともチンパンジーやゾウといった高い認知能力を有する動物については最小限の内容の基本的権利の享有を認めるべき」と論じる Wise の議論は、むしろ基本的人権の享有主体を自律的個人に限定しようとする限定的人権論ないし強い個人像のもとでの人権論との類似点が多い[13]。

ただ、Wise は自らの主張をあくまで実際に裁判上主張することを念頭に組み立てており、現在の法制度を超えて、将来の法制度において、全体としてどのような動物がどういった権利をどこまで享有できるのか、享有すべきなのかについての体系的構想を示すことはない。

Wise 自身もこうした自らの議論の限界に自覚的であり、自らの法的議論を「人間の尺度」に基づいた過渡的性質の実践的主張と位置づける。曰く「身体的自由というのは、これが人間の福利にとっての基礎であるというまさにそうした理由によって、法体系のなかに組み込まれている。そして我々が動物に割り当てる自律という価値は、人間の能力と人間の有する価値に基づくものであろう。こうした議論は、法体系が人間的な能力のみに価値を置き、人間的な能力を有する動物の自由権のための議論といまだ衝突せざる得ない現在と、法体系が人間以外の動物の能力をも評価しうるような将来とのあいだを架橋するものである」[14]。

すなわち、Wise の実践的主張は、これまで人間にとって重要とされてきた自由権が一部の動物にとっても重要であり、かつ一部の動物によっても享有されるべきことを示し、基本的権利が人間だけのものではないことを明らかにしようとするものであった。そしてこうした人間中心主義のブレイクスルーを通じて、現在の法体系と「人間以外の動物の能力をも評価し得るような将来の法体系」とを架橋しようとする。

それでは、ここで Wise が述べる「人間以外の動物の能力をも評価し得る将来の法制度」とはいかなるものであり得るだろうか。こうした構想の一つのモデルを示すものとして以下で本稿が参照するのが Martha C. Nussbaum の動物に対するケイパビリティアプローチの適用である。Nussbaum は、Wise を高く評価しつつも、多様な動物の生の様式を考慮するには自身のケイパビリティアプローチがより妥当と述べる[15]。Nussbaum の主張を概観することで、動物の権利論を憲法学がどのように取り入れ得るかを検討するための手掛かりを得ることができるだろう。

3 動物に対するケイパビリティアプローチの適用
(1) ケイパビリティアプローチ

 まず Nussbaum が従来から展開してきたケイパビリティアプローチとはいかなるものかを確認する。ケイパビリティアプローチとは「社会は、各々の個人たる市民に対して、中心的ケイパビリティのリストを最小限の閾値的な程度まで保障している場合にのみ、最低限度、公正である」とする政治的正義の構想である[16]。「中心的ケイパビリティとは、実質的自由、あるいは一般に人々によって価値があると考えられているような人生の局面における選択や行動の機会として定義され」、「ケイパビリティは、核心的な地位であり、基本的権利のリストに相当する」[17]。

 ケイパビリティはもともと Amartya Sen によって提唱された概念であり、国連の人間開発報告書などにおいて、GDP による国際比較ではなく、個人がその社会で実際にできることによって社会の豊かさを比較できるようにするために編み出された概念であった[18]。Sen は国際比較のみを目的とするため、ケイパビリティをリスト化しないが、一方で Nussbaum は、国際比較を超えて「正しい社会がその成員の全員に提供するものとは何か」を問うため、中心的ケイパビリティのリストを具体化しようとする[19]。

 中心的ケイパビリティのリストは、各国の成文・不文の憲法のなかに規定され得るような主張としてリスト化され、常に変更可能である。ケイパビリティのリスト項目は、人間の尊厳ある暮らしにとって必要なものであるという直観から導かれる。尊厳という観念は曖昧で、政治的諸原理のネットワークと接続しない限り、内容を得ることができないとされるが、Nussbaum は John Rawls が提唱する政治的リベラリズムでの主張を用いて、他者との協働という条件を受け入れた包括的教説が重なり合ったところに生ずるコンセンサスの内容がケイパビリティのリストになるとする[20]。

 Nussbaum が示すケイパビリティのリストは、具体的には以下の10項目からなる[21]。

①生命：通常の長さの人生を生きることができる。
②身体の健康：リプロダクティブヘルスが保障され、十分な栄養を得ることができる。
③身体の不可侵性：移動の自由や暴力からの自由、リプロダクティブライツ

を行使できる。

④感覚、想像力、思考：教育を得ること、芸術や学問などに関連した表現の自由を行使できる。

⑤感情：自分以外の誰か、何かに対して愛着をもつ機会、憧れや正当な怒りなどを得ることができる。

⑥実践理性：人生の計画についての批判的反省的思考が保障され、良心や信教の自由を行使できる。

⑦連帯：(a) 他者と共に生きること、集会・結社の自由などが行使できる。
(b) 自尊感情への社会的基盤を得ることができる（差別されない権利など）。

⑧他の種との共生：動物、植物など自然界と関わりを得ることができる。

⑨遊び：レクリエーション活動を行い、笑ったり楽しんだりできる。

⑩自己の環境の管理：(a) 政治的に、自己統治に関わる参政権や表現の自由を行使できる。また、(b) 物質的に、財産権や雇用を得る権利、適正手続の保障などを得ることができる。

Nussbaum によれば、これら10項目が社会の成員に提供されない場合、他のことがいくら充実していようと、社会は最低限の保障を欠いている。

(2) 動物に対するケイパビリティアプローチの適用

それでは、こうしたケイパビリティアプローチは、動物にも適用することができるだろうか。Nussbaum によれば、人間にこれらのケイパビリティが保障されるべき理由は、「人間が、危険や困難のなか、良き人生を達成しようとそれぞれ努めようとする脆弱性を有した感覚ある生命 (vulnerable sentient animals) である」ことにある[22]。だとすれば、地球に生きる他の動物も、人間と同様に、困難のなかを生きており、我々に尊敬や畏敬の念、興味関心を直観的に抱かせる内在的な尊厳を有しているのだから、ケイパビリティが保障されるべきことになる。

Nussbaum は新アリストテレス主義的立場から、それぞれの動物が生存、リプロダクション、社会的相互関係を中心とした一揃いの善き目的に向けられた目的論的システム（teleological system）を有していると論じる[23]。ケイパビリティの保障とは、こうした善き目的に向けた生活様式 (form of life) に沿った行動の機会保障がなされることである。「理想としては、生存や繁栄 (survival and flourishing) をもたらすほとんどの場合をリストに載せるべく、それぞれのタイプの生物のための個別のリストを作れるのに十分なほどに、我々は学ばなければならない」[24]。動物は人間の言語で話すことはできないが、我々人間が偶然に政治の運転席に座ってい

るのであれば、動物の行動や動物が直面している問題を理解し、その声を届ける責任があると考えるべきである(25)。

このように考えると、あらゆる動物種のための膨大な種類のケイパビリティのリストの作成が必要となるが、Nussbaum は、人間のためのケイパビリティアプローチのリストを「広く一般的なルーブリック（the large general rubrics）」として用いることができるとする(26)。「ケイパビリティのリストは実のところ、それぞれの種がそれぞれのやり方で脆弱性を有したまま懸命に生きるという生命に共通する部分を捉えているからである」(27)。

（3）仮想的憲法の観念

Nussbaum は、人間のケイパビリティのリストが憲法制定の際のテンプレートとなるとする一方、現段階では、コンセンサスの不足などを理由に、動物のケイパビリティのリストを同様に憲法制定の際に活用することは困難であるとする(28)。もちろん、理想はすべての国が、様々な動物種のケイパビリティを保障するための、法的に執行可能な憲法を制定し、すべての動物が存在している場所に関わらず保護されることである。しかし、これは人間のケイパビリティ保障においてさえも困難で、すぐには実現できない。

したがって、現在のところ期待できるのは、動物のケイパビリティのリストを各国が自らの動物保護法制を改善していくに当たって参照すべき「仮想的憲法（virtual constitution）」として用いることである。Nussbaum はこれによって徐々に重なり合うコンセンサスが生ずることを期待する(29)。

（4）動物種の線引きと具体的問題への適用

ケイパビリティを保障すべき対象となる動物は、感覚ある動物（sentient animals）に限定される。ここでいう感覚とは、単に痛みを感じるだけでなく、世界を映す主観的な観測点（a subjective point of view on the world）であることを示す概念である(30)。人間同士の他者の心の問題への対処と同様に、動物について考える場合も、①生物学、②行動、③最良の説明への推論、④解釈的想像力といった要素から感覚の有無を判断する(31)。線引きは控えめかつ一時的なものであり、新たな科学的知識があれば変化する。

Nussbaum はその著書において2023年時点での科学的知見を踏まえ、脊椎動物のほとんどが感覚ある動物に含まれる一方、軟骨魚類、虫、刺胞動物や海綿動物門、植物といった生命には感覚がない可能性が高いとする(32)。

こうした分類を前提に、特に死にゆく過程での苦痛と区別された、完全に痛みのない状態でもたらされる死が害悪にあたるかは、ある生命が時間的展開を認識し、そこに価値を置いているかに左右されると述べる[33]。これは、動物の安楽死、肉食等が正当化されるかに関わるが、Nussbaumは結局のところほとんどの動物にとって死が害悪であると結論する[34]。したがって、安楽死は真に当該動物の最善の利益のために行われる場合にのみ認められ、肉食は人間が動物を手段として利用することになるため、最も人道的な畜産を想定した場合でも哺乳類には認めることはできない[35]。

おわりに

以上のように、Nussbaumの「動物の権利論」は、広範囲の動物種に対して、当該動物種が自身の生活様式に沿って繁栄できる機会の保障を求めている。肉食を全般的に否定するなど、ラディカルな立場であるため、これをそのまますぐに日本国憲法の解釈に導入することは困難であろう。しかしながら、Nussbaumの議論は、国家との関係で正義論として動物の権利を論じようとしたものであり、動物の権利を擁護する国家構想・憲法構想として、憲法学が一定程度参照するに値するように思われる。

もちろん、ケイパビリティのリストは国家が憲法のもとで実効的に保障すべき基本的権利のリストではあるものの、その理論の来歴から考えても、国内法的な人権論よりも国際人権法に親和的な議論である。それでも、既存の憲法上の権利のリストを明確に「人間のケイパビリティのリスト」であると位置付けたうえで、これが人間以外の動物種のケイパビリティを考えるための「広く一般的なルーブリック」として参照できるとする観点からは、人間と同様に「世界を映す主観的な観測点」であり「脆弱性を有する感覚ある生命」として生きる動物が、既存の憲法上の権利の一部を享有できると考える場合の道筋の1つが示されたと言うことができる。このような視座からは、既存の憲法上の権利の性質を考慮しながら、ある動物種に対して、ある憲法上の権利を保障すべきことが、要請されるか、禁止されるか、許容されるかを検討することが可能となるかもしれない。

この点、Nussbaumは一見すると動物のケイパビリティと無関係なプレスの自由や政治参加の自由についても、これをリストから排除していない。人間があらゆる動物に対して支配的な地位に立つこの世界においては、動物が経験する苦境に関する情報の自由な循環は、動物の環境改善にとって決定的に重要である。自ら新聞記事を書かない場合も多くの人々に

とってプレスの自由が重要であるように、動物が自分の困難やニーズを自分自身の方法で表現可能で、これを動物の協力者が汲み取って広く知らせることができる環境の整備は、動物のケイパビリティに含めるべきとされる[36]。

他方、Wise と異なり、動物種ごとの生活様式に沿った繁栄を重視する立場からは、動物が単に人間の権利を享有するのではなく、これまで人間には保障されてきておらず、人間にとっては不要な権利を保障されるべき場合があることが明確に示された。これは憲法学にとって新奇な問題とも感じられるが、理論的には、かつて奥平康弘が「平均的権利としての、あるいは平均的人権でしかないところの「人権」以外の、あるいはそれ以上の権利」[37]と表現したところと対応する可能性がある。ケイパビリティアプローチは、「人権」以上の権利の正当化の１つの道筋とも位置付けることができるだろう。

〔本研究は JSPS 科研費22K01163の助成を受けたものです〕

注

（１）2019年改正に関する詳細な分析として、牧野高志「改正動物愛護法（二〇一九年改正法）に関する一考察」平成法政研究26巻１号（2022年）249頁以下。

（２）宗教的行為と愛護動物虐待罪の成立については、三上正隆「宗教的行為と愛護動物虐待等罪」宗教法42号（2023年）33頁以下。

（３）Martha C. Nussbaum, Justice for Animals, Simon & Schuster（2023）.

（４）代表的なものとして、佐々木くみ「憲法学における「自立した個人」像をめぐる一考察」辻村みよ子・長谷部恭男・石川健治・愛敬浩二編『「国家と法」の主要問題』（日本評論社、2018年）。

（５）青木人志『動物の比較法文化』（有斐閣、2002年）28頁。

（６）Rechard D. Ryder, Animal Revolution, Berg Publishers（2000）, at 5-6.

（７）Peter Singer, Animal Liberation, Harper Collins（1975）.

（８）中西優美子『概説 EU 環境法』（法律文化社、2021年）161-181頁、本庄萌『動物福祉と法：欧米における動物実験規制』（成文堂、2024年）。

（９）山岡規雄「諸外国の憲法における動物保護規定」外国の立法293号（2022年）55頁、Jessica Eisen, Animals in the Constitutional State, 15 Int'l J. Const. L. 909（2017）.

（10）藤井康博「動物保護のドイツ憲法改正（基本法20a 条）前後の裁判例」早稲田法学会誌60巻１号（2009年）437頁、中西優美子「EU における動物福祉と宗教の自由」自治研究97巻11号（2021年）124頁。

(11) 中心的な論稿・著作として、Steven M. Wise, Hardly a Revolution, 22 Vt. R. Rev. 793 (1998); Steven M. Wise, Rattling the Cage, Da Capo Press (2000).
(12) In re Nonhuman Rights Project, Inc. ex rel. Tommy v. Lavery, 100 N.E.3d 846 (N.Y. 2018); Nonhuman Rights Project, Inc. v. Breheny, 2022 WL 2122141 (N.Y. 2022). 拙著「動物園のゾウのための人身保護請求の可否」沖縄法政研究25号（2023年）95頁。
(13) とりわけ、奥平康弘「"ヒューマンライツ"考」和田英夫古稀記念論文集『戦後憲法学の展開』（日本評論社、1988年）117頁で参照される Alan Gewirth の議論を Wise も参照している点は注目に値する。
(14) Steven M. Wise, Drawing the Line (Perseus Publishing, 2002), at 45.
(15) Martha C. Nussbaum, Working with and for Animals: Getting the Theoretical Framework Right, 94 Denv. L. Rev. 609 (2017), at 610-614.
(16) Nussbaum, *supra* note 3, at 80.
(17) *Id.*
(18) *Id,* at 82-87.
(19) *Id,* at 88.
(20) *Id,* at 93-95. 後にみるように、Nussbaum 自身は新アリストテレス主義的立場からリストの項目を導く。
(21) *Id,* at 88-89.
(22) *Id,* at 95.
(23) *Id,* at 96.
(24) *Id,* at 101.
(25) *Id,* at 97. Nussbaum は通常の方法での政治過程への参加が妨げられる障害者や子どものニーズを代弁すべき責任と同じであり、さらに言えば通常の市民も裁判の場では法律の専門家による助けが必要であるとする。
(26) *Id,* at 102.
(27) *Id.*
(28) *Id,* at 99.
(29) *Id,* at 100-101.
(30) *Id,* at 119.
(31) *Id,* at 121.
(32) *Id,* at 140-152.
(33) *Id,* at 161, 163.
(34) *Id,* at 164-165.
(35) なお、Nussbaum は魚類の時間的展開の認識能力を否定するため、魚については最も人道的な方法であれば食用に供することが可能とする。
(36) Nussbaum, *supra* note 3, at 103-104.
(37) 奥平、前掲注13)、138-139頁。

萎縮効果論は『感情』の保護をもたらすか？
―集会のビデオ監視からの一考察

門田　美貴

（京都大学）

はじめに

　本稿は、ドイツのビデオ監視に関する萎縮効果論に依拠した議論を参照し、同論が単なる主観的な個人の「感情」を保護するにすぎないのか、という問いに対して批判的な考察を行う。

　我が国においても、ビデオ監視との関連で萎縮効果論は新たな展開を見せている。大阪府のあいりん地区における労働運動の拠点への監視カメラ設置が問題となった判決[1]では、実際に監視されているか否かにかかわらず、対象となる可能性の者に対して、いつ監視がされているか分からないという不安感を与え続け、行動を抑制する可能性があるとし、ここでは団結権・結社の自由といった憲法上の権利への干渉を認めている。また、近時、同じく大阪で設置された監視カメラを塞ぐ行為が威力業務妨害罪を成立させるか否か問われた事案[2]では、本件のカメラ監視は、対象となる者に対して萎縮効果を与える違法な行為であるとして、こうしたカメラ撮影を妨げる行為につき正当防衛を成立させていることが耳目を集めた。

　以上のいくつかの事案は、萎縮効果論が我が国においても近い将来展開可能性を秘めていることの証左となる。萎縮効果論は従来、表現の自由という、とりわけ萎縮を受けやすい自由権を制約する際に、高度の明確性が要請される根拠として援用されてきた。むろん、現在でも萎縮効果論が明確性の要請との関係で主要な役割を果たしていることに変わりはない。もっとも、上記少数の例から分かるように、萎縮効果論は明確性という限定的な局面を超え、違法性の認定や憲法上の自由への干渉該当性の判断に及んでいる[3]。

　以上の問題意識より、本稿では萎縮効果論を積極的に判例・学説で展開するドイツのビデオ監視を例に萎縮効果論の一局面を粗描する。萎縮効果論は、情報の収集を伴わない集会へのビデオ監視をも「介入」として構成する際に根拠づけとして用いられているが、一部の学説ではこれこそが介入の主観化として批判されている。本稿では、果たしてこれが主観的な

「介入」概念の導入と直ちに首肯できるのか、以下で検討する。

1 「場景撮影」の基本権介入該当性と萎縮効果論
(1) 集会法における「場景記録」と「場景撮影」の区別

　デジタル化社会の進展は多くの法領域に影響を及ぼすことが指摘されるが、こうしたデジタル化によりもたらされる監視技術の大幅な向上は、集会の自由にも否定的な影響をもたらす、とされる。ドイツでは、集会と監視の関係につき、(裁)判例・学説で集会の監視に対する統制が試みられてきた。

　もっとも、一口に「集会の監視」といえども、その形態につき重要な区別が前提とされている(4)。それが、「場景記録（Übersichtsaufzeichnungen)」と「場景撮影（Übersichtsaufnahmen)：」(5)の区別である。前者は、集会が行われている場景をデータ保存・記録を行うかたちで監視する措置を指す。これに対し、後者は記録や個人識別を伴わない措置であり、通常モニター上に場景を投影するのみの措置を指す。我が国においても紹介されることの多い、情報の収集、保存、利用、移転を問題とするドイツの情報自己決定権に従えば、情報の収集・保存を伴う前者の場景記録は基本権――ここでは情報自己決定権――に対する「介入」を構成することは自明のこととされてきた。

　このことの証左として挙げられるのが、バイエルン集会法決定(6)である。本件では萎縮効果論との関係でバイエルン集会法の規定に対し複数の点からその憲法適合性に疑義が生じていたが(7)、本稿で問題としたいのは、上記二つの監視形態の区別とその介入該当性ないし――仮に介入に該当するとして――その重大性である。バイエルン集会法決定では、場景記録および場景撮影の両者の権限につき規定が設けられていたが、連邦憲法裁判所は、主に前者につき問題としたことが注目される。同裁判所は、次のように述べて、場景記録もまた「個人も個別化可能な形で記録されるため、常に記録された者の基本権の介入を構成する」と判示した(8)。

　当該判示は、場景記録を必要とするような原因を作出していない個人に対しても当該記録を行う権限を創出した規定への疑義を生じさせるが、これに対して場景撮影に関しては極めて緩やかに判断を行っている。前述の場景記録に対する判示部分に続き、連邦憲法裁判所は、「保存されず、その場限りでの性質しか有しない、リアルタイム中継における場景撮影がもたらす不利益」につき「著しく重大性が低い」ものとし、場景撮影が必要

とされるのは集会の規模や見通しの悪さにより警察出動の響導と指揮が要請される場合に限定されるべきであり、モニター中継するカメラが存在することにより萎縮効果が影響をもたらしうる場合は、例えば屋内集会の通常の場合のみであるとした[9]。

ここでは、萎縮効果という概念を同じく用いながら、屋内集会において場景撮影される場合を典型例とした場合に——仮に介入を構成するとして——重大な介入となり得る、との立場が示されている。こうした立場は各集会法上の規定ぶりからも明らかとなっている。ニーダーザクセン州集会法という少数の例外を除き[10]、各州は独自の集会法規定のなかに場景撮影に関する規定を置いておらず、同様に連邦集会法12a条は場景撮影に関する特別の規定を置いていない[11]。

以上の連邦憲法裁判所の立場に対し、近時、場景撮影もまた基本権への介入を構成するとの見解が諸裁判所および学説で散見されている。意識的にバイエルン集会法決定からの脱却をめざす裁判例は多いが[12]、その代表的なものがベルリン行政地方裁判所決定である。同決定は、場景撮影も基本権への介入を構成することを前提とし、「警察によってなされる撮影が、さらに保存されるのか否かは、違いをもたらさない。なぜならば、参加者の監視そのものがすでに集会の自由への介入であるためである」とし[13]、集会の監視そのものが萎縮効果をもたらすことに依拠している。

（2）萎縮効果論に基づく統制への批判？

集会法の専門家であるエンダースは、集会法コンメンタールにおいて、場景撮影を介入と説く立場を明確に批判する。エンダースによれば、この立場は、「感情」を保護するものである、と説く。ベルリン行政地方裁判所は、萎縮効果論の援用によって、間接的・事実上の干渉を「介入」と位置づける立場を前提としている、とする。すなわち、基本権の介入とは、「基本権の保護領域に含まれる行動につき、個人に対して完全に、または部分的に不可能にする国家の行為」で足るとする[14]。そしてエンダースによれば、「［ベルリン行政地方裁判所による］この定式は、当初はモニター上の送信画像の即時的評価を目的としており、必ずしもデータの記録を意味するものではない、ビデオ・モニター方式に基づく集会のビデオ監視の介入的性格を示すことを意図したものである」[15]。エンダースによれば、当該説示は驚くべきものである。というのも、監視によって、基本権行使が部分的に不可能になるわけでも物理的（körperlich）にも困難にさせられるわけでもないが、「監視されているという感情（Gefühl des Überwachtwerdens)」によって引き起こされる萎縮効果が生じていることを理由に介入的性格を基礎づけるからである。エンダースは、こうした「監視されているという感情」は、「高度に主観的かつ個人的な差異の大きい所見」(16)であって、「信頼できるかたちで確実に特定可能な基本法上の保護法益」(17)とはいえないとし「主観的な介入理解」を斥けるべきだとする(18)。こうした理解に基づけば、「内的な集会の自由」(19)や意思決定(20)は基本権上保障されないこととなる。

エンダースのこうした立場は、近時、萎縮効果論を展開し、学説によって着目される連邦行政裁判所の決定によっても揺るがない、という。G8サミット決定(21)では、集会参加者が宿泊するキャンプ上空に、場景撮影の目的で戦闘機を飛行させたことが問題となったが、萎縮効果および基本権への「事実上の介入」が論じられたことで知られる。もっとも、エンダースは本件の射程を狭く捉えたうえで、本件では監視のもたらす基本権への影響が周縁化されており、監視措置が行われていることが集会参加者は知り得なかったのであり、むしろ低空飛行を行った戦闘機がもたらす萎縮的効果が問題となった決定である、と位置づける(22)。

（3）小　括

以上に縷々述べてきた通り、萎縮効果論とは、いわば「使い勝手の良い」概念であるために、当該概念が審査において混乱をもたらしているとも評価できる。というのも、「コントロール不可能なかたちで監視をされているという感情」に基づき介入の射程を決定する萎縮効果は、すぐれて主観的な感情に基づいているものであり、それゆえに客観的な拠り所が必要である、とされる(23)。しかし、この客観的な拠り所の一つとされる、場景記録と場景撮影の区別においてもなお、介入該当性の問題が解決していないのである。

2　介入該当性における二つの側面

（1）「萎縮」の二つの次元

エンダースが場景撮影に対する統制を否定する立場だとすれば、これに反対の立場をとり、ベルリン行政地方裁判所の判断を支持する立場が少数ながら学説から説かれている。かかる立場を採用し、バイエルン集会法決定を批判するのが、ネスコヴィック／ウーリッヒ（Wolfgang Neskovic/Daniel Uhlig）である。彼らは、明示的に、「データ保存を伴う場景記録と単なる場景撮影に違いはあるのか？」という問いを立てたうえで、あらか

じめ結論を述べるならば、単なる場景撮影であっても重大な介入にあたり得るとの結論を導く。こうした立場から、バイエルン集会法決定が、場景撮影が全くもって基本権介入が重大ではないとし、響導と指揮に必要な限りでゆるされるとした点を批判している(24)。

ネスコヴィック／ウーリッヒは、「萎縮」という現象を二つに分ける必要があると説く。彼らは、ここで問題となっている集会の自由という基本権につき、一方で、不安にさらされることのない、内的な決定の自由と外的な行為自由の二つの局面から成る、いわば「メダルの両面」から構成されるものである。この両面性に応じ、「萎縮」が生じる局面はそれぞれ、「萎縮の効果（Abschreckungswirkung）」という主観的モーメントと、「萎縮の誘因（Abschreckungsursache）」という客観的モーメントの両者から論ずるべきであるとする(25)。というのも、萎縮とは外的な影響によって生じる内的なプロセスであるからである。

この二段階モデルにしたがえば、場景撮影につき介入の該当性を認めないか、もしくは極めて低い重大性しか有しないことを肯定するには、二つの条件が満たされる必要があった、と指摘されている(26)。第一に、客観的モーメントとして、客観的かつ外的に、場景の記録・保存と異なることが行われており、単なる場景撮影であると認識可能であることが必要となる。第二に、客観的には同様の萎縮の誘因が存在するとしても、主観的にはより軽微な萎縮しかもたらさない場合である。なお、ネスコヴィック／ウーリッヒは、多くの事案ではいずれも妥当しないため、結果として単なる場景撮影もまた、強い基本権介入を構成する可能性があるとする。まず、第一の点につき、場景撮影用カメラと場景記録用のカメラは通常同じものが使われるので、保存されているか否かは通常客観的に認識し得ない、とする(27)。第二の点につき、個人が、当該ビデオ監視が場景撮影であるか、場景記録か知り得ない限り、この前提が生じえない、とする。ベルリン行政地方裁判所は、同様に「一方では、このこと［警察によって場景記録が行われてはいないこと］が集会参加者全員に知らされることはなかった」ことから、場景撮影および場景記録の違いがないとの見解を示した(28)。

もっとも、注目に値するのは、ベルリン行政地方裁判所が予備的に判断した点である。同裁判所は、場景記録と個人にフォーカスした記録の相違を相対化する際にまさにバイエルン集会法決定が前提としたような、場景記録と場景撮影との区別は、現在の技術的発展——たとえば画像部分の拡

大（ズームイン）やボタン一つ押すことによる偶発的な場景撮影の保存——により可能なのであって、かかる区別は消えつつあるとの前提に立つ(29)。

(2) 場景撮影に対する憲法的統制は感情の保護か？

　場景撮影に対する憲法的統制は、一方で介入を構成せず、もしもこれを保護するならば感情の保護にすぎないとされ、他方で、これを萎縮効果論から保護する立場が有力に存在し、対立していた。この対立の背景には、第一には問題となる基本権のズレの問題があり、第二に、場景撮影も憲法的統制を必要とする介入と構成する立場が、実際に介入概念を個人の主観のみに介入概念を依拠させているのか、また規範的にもそうすべきなのか、という問いに対する見解の相違がある。

　第一の点につき、場景撮影に対する保護の必要性に関する対立は、いかなる基本権への介入を想定するか、に関する認識のズレに帰責されよう。とりわけ、場景撮影およびここで援用される萎縮効果論は、情報自己決定権との関連で引き合いに出されることが多い。実際に、集会への監視が問題となる場合、集会の自由と併せて、情報自己決定権への介入が問題とされる。この点、場景記録が問題となっていた場合には、集会の自由であれ情報自己決定権であれ、介入該当性につき大きな違いはもたらさないとされる。しかしながら、萎縮効果論を情報自己決定権から論ずることに対する根本的な疑問が提起されていることも事実である。たとえば、情報自己決定権につき論じたベーレント（Svenja Behrendt）は、カメラとしての機能をもたらさない、ダミーカメラ（Kamera-Attrappe）の設置につき、情報自己決定権からの保護に否定的である。ベーレントが説くように、ダミーカメラにおいては個人情報が一切収集されないので、この問題を情報自己決定権に限定することには法解釈上の問題がある、とするのである(30)。なお、ベーレント自身は情報自己決定権という「魔法を解く（Entzauberung）」という試みの一事例として情報収集を伴わないダミーカメラの例を挙げているが、この一事例のみをもって、情報自己決定権そのものの解体をもたらすかは、明らかではない。しかしながら、情報自己決定権を前提として論じる限り、場景撮影やダミーカメラにつき間接的・事実上の干渉としても構成することは困難であり、情報自己決定権を出発点とする場合には、「感情」の保護になりかねないとの批判が絶えず提起されることになる。この点に関して、——情報自己決定権ではなく——ビデオ監視によって集会の自由に対して負荷、すなわち間接的な介入が生じていると構成すべきであるとする学説が有力となりつつある(31)。

第二に、萎縮効果論を前提とするドイツ学説もまた、主観的な要素および客観的要素をそれぞれ補完的に考慮している、といえる。こうした主観と客観両面を併せて介入該当性を審査する手法は、一方では、客観的には――たとえば先のダミーカメラの例のように――情報収集・保存が行われていない場合にも、それと同等の基本権行使への否定的影響が生じることを論証し、介入該当性を拡げる役割を果たす。他方で、介入該当性の判断において主観的要素に依拠する立場では、とりわけ秘密裏の介入措置につき対処を行うことが困難なのではないか、との批判がなされてきた[32]。すなわち、「秘密裏に監視を行えば、個人は萎縮を受けることなく、基本権の行使への否定的影響は生じないはずである」、とする考え方である。こうした考え方は、秘密裏の介入を可能とさせ、個人の権利救済の機会を奪うことになり法の支配にもとるのではないか、とするほか[33]、そのような措置が知らない間に行われているかもしれない、と畏怖する個人がそれによって萎縮する可能性がある、と想定する途がある[34]。こうした前提から、どのような措置が行われているかを予め個人に知らせることが必要とされている。もっとも、そうであるとすれば、萎縮効果論のみによって介入該当性が根拠づけられるのか、論拠としての萎縮効果論に独自の役割が認められるのかは総合的にみて疑問が生じる余地がある。しかしながら、こうした採用手法そのものは、現在ドイツで議論されているように、技術的展開に伴って、監視されていることが必ずしももはや主観的に認識できない現代においては、個人の認識可能性のみに「介入」を依拠させることを回避する手法として評価できよう。

　### おわりに

　本稿では、我が国においても問題となっているビデオ監視を統制しようとする萎縮効果論が、介入の主観化をただちに引き起こさず、主観的側面と客観的側面を併せて判断していること、またそのように判断すべきであると主張されているとした。もっとも、こうした議論もまた、さらなる具体化を要する。本稿ではビデオ監視のうち、「場景撮影」「場景記録」の区別を相対化させることのみを目的としたが、集会におけるその他の技術を用いた監視につきいかなる要素に基づいて介入該当性を判断するか、が問題となる。また、本稿では監視主体を公権力によるものに焦点を当てたが、私的主体による情報提供に基づき監視目的が果たされる場合も想定される。こうした論点についてどのように憲法上統制するか、といった問題

第 2 部　人権論の新展開

はさらなる検討に開かれている。

　※本研究は、科研費（23K18747）および日本学術振興会2023年度特定国派遣事業（スイス ETH）の成果の一部である。

注
（1）大阪地判平成 6 年 4 月27日判時1515号116頁。
（2）大阪高裁令和 5 年 6 月14日令和 4 年（う）第427号判例集未登載 LEX/DB 文献番号25506582。
（3）萎縮効果論のこうした展開につき、小山剛「監視と萎縮：基本権侵害の『水平的加算』序説」憲法研究 6 号（2020年）111頁以下参照。
（4）*Norbert Ullrich,* Das Demonstrationsrecht, 2015, S. 448.
（5）用語につき、大森貴弘「集会の自由に関するドイツ連邦憲法裁判所判例」常葉大学外国語学部紀要31号（2015年）85-109頁参照。
（6）BVerfGE 122, 342. バイエルン集会法決定についての邦語評釈として、大森貴弘「集会の自由とラントによる集会規制立法――2008年バイエルン集会法の一部を停止する仮命令」ドイツ憲法判例研究会編『ドイツの憲法判例 IV』（信山社、2018年）168-171頁。
（7）詳細につき、*Stefan Muckel,* Verfassungsrechtliche Bedenken gegen das bayerische Versammlungsgesetz, JA 2009, 746ほか .
（8）BVerfGE, 122, 342 (368 f.).
（9）BVerfGE 122, 342 (372 f.).
（10）*Ullrich*（Anm. 4 ）, S. 448.
（11）*Christoph Enders,* in: Cornelia Dürig-Friedl/ Christoph Enders, Versammlungsrecht, 2. Aufl., 2022, S. 327 (Rn. 6).
（12）一例として、VerfGH Berlin, NVwZ-RR 2014, 577 (579 f.); OVG NRW, NVwZ-RR 2020, 785 (786) など .
（13）VG Berlin, Urteil vom 05.07.2010- 1 K 905/09; NVwZ 2010, 1442.
（14）BVerfGE 105, 279 (299).
（15）*Christoph Enders,* Grundrechtseingriffe durch Datenerhebung? Am Beispiel der Videobeobachtung insbesondere von Versammlungen, in: Dirk Heckmann/ Ralf P.Schenke/Gernot Sydow, FS Würtenberger, 2013, 655 (657).
（16）*Enders*（Anm. 15）, S. 660.
（17）*Enders*（Anm. 11）, S. 332 (Rn. 16).
（18）*Enders*（Anm. 15）, S. 660.
（19）*Enders*（Anm. 11）, S. 332 (Rn. 16).
（20）*Enders*（Anm. 15）, S. 667.

(21) BVerwG, Urteil v. 25.10.2017- 6 C 46.16.
(22) *Christoph Enders,* Anmerkung, JZ 2018, 464 (466).
(23) *Mario Martini/ Bianca Thiessen/ Jonas Ganter,* Digitale Versammlungsbeobachtung, 2023, S. 56f.
(24) *Wolfgang Neskovic/Daniel Uhlig,* Übersichtsaufnahmen von Versammlungen: Bloßes "Polizeiführerfernsehen" oder verfassungswidriges Abfilmen?, NVwZ 2014, 335 (337).
(25) Ebd.
(26) Ebd.
(27) Ebd.
(28) *VG Berlin* (Anm. 13), NV w Z 2010, 1442 (1443).
(29) *VG Berlin* (Anm. 13), NV w Z 2010, 1442 (1443).
(30) *Svenja Behrendt,* Entzauberung des Rechts auf informationelle Selbstbestimmung, 2023, S. 226.
(31) *Johanna Zanger,* Freiheit von Furcht, 2016, S. 125 ff.
(32) *Johanna Zanger* (Anm. 31), S. 85 f.
(33) 参照、*Thomas Schwabenbauer,* Heimliche Grundrechtseingriffe, 2013, S. 379 ff.
(34) *Johanna Zanger* (Anm. 31), S. 85 f.

プーチン憲法（2020年）下における"世俗国家"と"神への信仰"

柴田　正義

（阪南大学）

はじめに

2020年憲法改正により、ロシア連邦憲法にナショナル・アイデンティティ条項（第67条の1）が追加された。第2項は、以下のように規定する。

第67条の1　②千年の歴史によって統合されたロシア連邦は、理想及び神への信仰を我々に伝えた先祖の記憶並びにロシア国家の発展における継承性を維持し、歴史的に形成された国家の統一を承認する。

一方、第14条は世俗国家について規定する（後述）。規定上、ロシアは政教分離を採用したと理解されるが、その内容は定かでない。しかし、ロシアのナショナル・アイデンティティの中核をなす正教の世俗国家における位置付けを明らかにすることは重要な意味を持つ。

本稿では、ロシアにおける政教関係の変遷を概観した上で、上記課題への第一歩としてロシアにおける世俗国家のモデリングを試みる。その上で、「神への信仰」が世俗国家にどのような影響を及ぼしたのかを考察する。

1　ロシアにおける政教関係の変遷

ロシアにおける国家と宗教は、時勢の中で接近と離反を繰り返しており、本来、時代ごとの区分は適当でない。本章では、詳述を避け、帝政期・ソ連期・現代における政教関係の大まかな様相を取り上げるにとどめる。

モスクワ大公国崩壊後、動乱の時代を経て、1613年にロマノフ朝が成立した。ピョートル1世の治世にロシア帝国は大躍進を遂げた。彼の宗教政策のうち、刮目すべきは1718年の総主教座廃止及び1721年の宗務院設置である。ロシア正教会は国家機構の一部となり、教会組織は俗人の宗務総監により管理・監督された。ロシア正教会は、修道院・教会の監督の他、戸

籍管理や治安維持などの機能を担った。その後の宗教政策は、中央アジアのイスラム教徒に対して信教の自由を保障する、ドイツ系バプテスト派に対して布教の自由を保障する、「有害度の低い宗教団体」に法人格を付与するなど拡大していくが、いずれも国家が臣民を治めるための道具として宗教を利用したとの評価が適当である。例えば、先述した法人格の付与について、竹中は以下のように指摘する。「それまで法的地位を認められていなかった宗教集団に一定の法的地位と権利が付与されたことは、逆に付与された地位からの逸脱を取り締まるという形での規制を容易にした[1]。」

帝政末期に、宗教政策は一変した。帝国政府は相次ぐ大戦の中で求心力を失い、他方で正教会内部は、政府との関係を重視する保守派と、解放と自律を重視する革新派に分裂した。後者は革命勢力と合流した。1917年には総主教座が復活し、1918年国教分離布告により政府から切り離された。

ソ連初期の宗教政策は、帝政期の反省に立ち国家と宗教の癒着を否定する「分離」が特徴であった。しかし、当局が拠り所とする唯物史観と宗教とは相容れず、国家統治の基盤となるイデオロギーを強化するに従い宗教に対する迫害も熾烈を極めた。1929年の「宗教団体に関する」全ロシア中央執行委員会・人民会議決定は、信教の自由の範囲を個人的な礼拝に限定し、一方で反宗教宣伝の自由を保障し、国家から教会の、教会から学校の分離を定めた。この法は、改正を重ねつつ、ソ連当局の宗教政策の軸となった。

ソ連末期、ゴルバチョフ主導で実現した「政教和解」の後、政府は新たな宗教法を制定した。これが、ソ連の良心の自由法及びロシア共和国の信教の自由法である（以下、後者を「1990年法」とする。）。1990年法は、市民の信教の自由及び無神論の自由を全面的に保障し、宗教団体が国家登録し法人格を取得する要件及び手続を簡素化した。当局が諸宗教の信仰と無信仰の問題に対して中立的な立場に立つのがこの時代の特徴である。一方、1990年法は世俗国家に言及しておらず、国家による宗教教育等への介入を禁止するのみであった。その後、1993年に現行憲法が制定され、1990年法の精神に基づく信教の自由保障体制が敷かれた。世俗国家については第14条に規定されたが、その具体的な内容は当時から明らかでなかった。

第14条　ロシア連邦は、世俗国家である。いかなる宗教も、これを国教とし又は義務的なものとしてはならない。
②宗教団体は、国家から分離され、法律の前に平等である。

1990年法・1993年憲法体制下において、全体主義的で資金が潤沢な「セクト」が国内に蔓延した。こうした状況に対処すべく、より「規制的」な宗教法が、1997年に新たに制定された（以下、「1997年法」とする。）。同法の世俗国家に関する条項は以下の通りである。

> 第4条　＜1項は省略：憲法第14条1項、2項と同じ。＞
> ②宗教団体は国家から分離されるという憲法原則に基づき、国家は、
> ―市民が宗教に対する自身の関係及び宗教の帰属を決定すること、両親又は保護者が自身の信仰に基づきかつ子の良心の自由及び信教の自由を考慮した上で子どもを養育することに干渉しない。
> ―宗教団体に対して、国家権力機関その他の国家機関、国の施設及び地方自治機関の権限を委譲しない。
> ―宗教団体の活動が本連邦法に違反しない限りその活動に干渉しない。
> ―国及び地方の教育施設における教育の世俗的性質を保障する。

1997年法が「世俗国家」にもたらした変化は以下の通りである。

第1に、前文において「ロシアの歴史、その精神及び文化の確立及び発展における正教の特別の役割を認め」、正教を首位とする「宗教ヒエラルキー」が設けられた。第2に、「分離」については国家と宗教の政治的不干渉を強調している。第3に、平等については、上記の「宗教ヒエラルキー」が平等違反でないかと一部で指摘されたが、憲法が保障するのは宗教団体の平等でありこの点については沈黙している。

1990年法の下、国家は宗教団体と親密な関係を築き、これを援助してきた。1997年法は、こうした「世俗国家」に対する疑念の中で生じた法であり、その特徴を論じる際には上述の背景を考慮せねばならない[2]。次章では、現代ロシアにおける世俗国家をめぐる議論を整理し、モデリングを試みる。

2　試論：世俗国家をめぐる議論の諸相及びモデリング

「世俗国家」は、国の歴史や経験を反映しており、世界共通の理解があるわけではない。ロシアについても同様であり[3]、多種多様な言説が目立つのが実情である。ここでは、学説のモデリングを試みる。

なお、世俗国家は「国家と宗教の関係」を示す一類型であるが、「国

家」と「宗教」についても整理をしておく必要がある。便宜上、以下では「国家」を公権力の担い手、すなわち国家権力機関又は地方自治機関を指すものとする。「宗教」は、宗教活動の中心となる「宗教団体」と、必ずしも宗教団体の枠に収まることのない「宗教的教義・価値観・文化・信条」とを区別する。なおモデルの名称は筆者が独自に付けたもので、この名称で学説が論じられているわけではない。

(1) 絶対的分離モデル

絶対的分離モデルの代表的な論者は、マルコヴァである(4)。彼女は、国家と宗教団体の結びつきを否定し、公権力から宗教の影響を排除するものとして世俗国家を理解する。学説の主な特徴は以下の通りである。

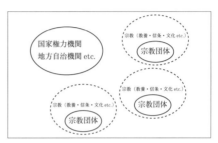

第1に、国家は厳格な宗教的中立性を要求される。宗教的信条を格付けすることは許されない(5)。また、特定宗教の指導者や団体に有利となる措置も禁止される。世俗国家における「分離」は、国家と宗教団体の分離だけでなく、国家と宗教の分離及び宗教間の平等を意味する。

第2に、法文に「伝統的宗教」という語の使用を避けたことの意義を重視する(6)。憲法や1997年法は、法適用実務への影響を配慮し、「伝統」という文言を意図的に避けてきた。別言すれば、世俗国家は歴史や「伝統」に関わらず、宗教間の平等をも保障するものである。

第3に、公権力の世俗性を重視する(7)。国家権力機関や地方自治機関等は、代表を含め特定の宗教行事に出席すべきでない。また、財政的物的支援などを通して、特定宗教を保護すべきでない。

(2) 包摂モデル

包摂モデルの代表的な論者は、クラスノフである(8)。彼は、分離を国家と宗教団体の関係に限定し、伝統的宗教の価値観等が公権力の領域に浸透し、立法や政策に宗教的影響が反映されることを否定しない。学説の主な特徴は、以下の通りである。

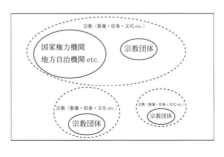

第2部　人権論の新展開

　第1に、世俗と宗教の領域は道徳を通じて結合しており、互恵的なこの結合を重視する[9]。ここでは、宗教団体と宗教とは明確に区別される。伝統宗教の規範や価値観は教会法規範となり、宗教が国家と結びつくことで世俗的な法となる。分離はこの過程を否定するものではなく[10]、むしろ世俗的な法の背景に宗教的な規範や価値観が見られるのは当然である。

　第2に、「宗教団体の国家からの分離」の本質は、国家が宗教団体に対して権限を委譲しない点にある。世俗の権限は国家が保有しなければならないが、国家の淵源が特定の宗教にあることを否定するものではない[11]。

　第3に、宗教に対して、絶えず変化する現代社会や無制限に広がる人権概念の防波堤としての役割を期待する。「教会は、世界とともに変化する必要はない。むしろ反対に、教会は世界、人々、権力が社会的及び学術技術的な新たなものが誤った運用に陥るのを阻止しなければならない。そのためには、高度な道徳的権威を持たなければならない[12]。」

（3）　相対的分離モデル

　相対的分離モデルの代表的論者は、アヴァキャンである[13]。国家が宗教から距離を置く点で絶対的分離モデルと同様であるが、距離の取り方は宗教ごとに異なり、特定宗教の歴史的な役割を否定せず国家の宗教的中立を重視しない

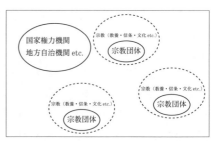

傾向にある。しかし、立法や政策に宗教的価値観が反映されることには否定的であり、この点が包摂モデルと異なる。学説の主な特徴は、以下の通りである。

　第1に、国家と宗教団体の距離の取り方は相対的であり、国家は特定の宗教団体に対して、財政的・物質的支援を行うことができる[14]。一方、公職者は、自らの地位を利用して宗教への関係を形成することはできない。聖職者が立法過程や政策立案等に関わることは避けるべきである。

　第2に、「宗教」は国家から分離され法律の前に平等である。特定の宗教的価値観等を法的に優遇することは許されず、国家は政策を実施する際に全ての宗派と同様に接する。一方、国家は、その国の多数市民を抱える宗教に注意を向け、その歴史的な役割を強調することができる。信教の自由を実現するため物的支援も可能であるが、政治的に関与してはならない[15]。

（4）小括

　上述したモデルは代表的な議論を整理したものに過ぎず、より多くの議論を参照し内容を精緻化させる必要がある。包摂モデルは、宗教領域が国家を包摂する程度に着目し、さらに細かく分類していくことも可能である。
　次章では、これらのモデルを用いつつ、現代ロシアにおける世俗国家の特徴及び傾向を示す。

3　世俗国家と「神への信仰」
（1）ナショナル・アイデンティティ条項の追加に関する議論

　先述した憲法第67条の1は、大統領が発議した憲法改正法案には含まれていなかった。第一読会通過後の2020年1月25日、ロシア正教会総主教キリル1世が、「ロシア連邦国歌において『神に守られた祖国』という表現が存在するならば、我々の憲法が神について言及し得ないことがあろうか？」と言及し[16]、第二読解において修正案として突如浮上したのである。
　この条項について、憲法裁判所は合憲判断を下した。「…ロシア国民が祖先から受け継いだ神への信仰に関する条項を追加しても、憲法第14条が規定する世俗国家としての性質を否定するわけではない。当該規定（第67条の1第2項）は、…政策を実施する際に、宗教的要素がロシア国家の形成と発展において勝ち取った社会的文化的役割の歴史的重要性を考慮する必要性を強調するものにすぎないからである[17]。」
　なお、2011年時点において、憲法裁判所は世俗国家について以下のように述べていた。「…多民族・多宗派からなるロシアにおいて、「正教」「ムスリム」「ロシア」「バシキール」などの概念は、…むしろ特定の宗派や個々の民族と結びつけられている。したがって、民主的で世俗的な国家という憲法上の原則は、ロシアにおいて形成された憲法的・歴史的な現実に従い、民族又は宗派的帰属を特徴とする政党の創設を認めていない[18]。」この記述の要点は、政治の領域において個々の民族・宗派の主張を反映させることを禁止する点にある。この10年間で、世俗国家に関する理解は、政策から個々の民族・宗派の主張を排除するものから、政策実施の際に宗教の意義を考慮する必要を強調するものへと変化しているのである。
　「神への信仰」は、世俗国家の内容を変質させるだけでなく、正教の信仰や文化を重視する内容の法令や、正教の価値観に合致する法令の違憲審査を回避するものとして機能しうる。このように、憲法規範の外にある価値を憲法的価値として承認し、法令の違憲審査を回避する手法を「価値論

的アプローチ」という。価値論的アプローチの代表的論者の一人である元憲法裁判所裁判官のボーンダリによれば、「憲法の価値論的起源を政治的呼びかけや道徳や倫理の変形から守ることが、法学を含む人文科学研究の重大な課題の一つである。最も重要なのは、現代ロシア国家の社会的、政治的、経済的、文化学的、そして法学的性質の豊かさを反映した我々の国家・歴史的、宗教的、精神的なアイデンティティに関わる事項である[19]。」

（2）第67条の1第2項の「進歩的」側面

オサヴェリュークは、第67条の1を「憲法の継承性」を表現する新規定と理解する[20]。憲法の継承性とは、新たな立法や社会関係に対して直接に効果を及ぼし、後代に継承していく事柄を指す。ロシア国家における継承性は、「1000年に渡る祖国の後継者であること」を意味する[21]。「それぞれの国家は、…主要な宗教を選択し、それが国家を形成する宗教となり生活の中心となる。その後、国家と宗教に対する関係に何が起ころうとも、国家の中核は、何世紀にも渡る困難と闘争を経て、一度選択した国家形成宗教を子孫に伝えていく[22]。」ロシアについて言えば、正教を基礎とする国家形成及びその連続性こそが「継承性」の中核ということになる。

同条は、従来の世俗国家に道徳的視点を組み込んだ[23]。国家形成以前に選択された宗教は、「伝統的な信仰」として市民により最も強く要求され、国家形成及び国民統合の礎となる。一方、憲法改正前の「世俗国家」は無神論的アプローチが優勢である。オサヴェリュークは、そこで表現される宗教的平等は不道徳ですらあると述べる[24]。

従来の憲法に第67条の1第2項を補うことで、「家庭、社会、国家の平穏を乱す可能性がある自由」を制約することが可能となった。これは、正教型「人権論」と高い親和性を持つ[25]。「結局、教会が国家から分離され、教会が世俗国家の基盤の一部であるという憲法原則は、形式的なものに過ぎない。…道徳と法の諸原則が密接に相互に作用する場合のみ、国家を政治的、社会的、宗教的制度から分離する事ができるのである[26]。」

（3）世俗国家モデルの選択

先述の通り、ロシアにおける世俗国家の現れ方は法現象ごとに異なる。以下では、第2章で論じたモデルを用いていくつかの例を示し、ロシアにおける世俗国家の大まかな傾向について検討する。

第1に、宗教団体の国家登録に関する問題である。1997年法は、新興宗教団体の国家登録を困難にする目的で登録の際に恒常的かつ合法的な存在の証明を求めた。これは宗教団体ごとに差を設けるものであったが、憲法

裁判所の判断により是正され、国家登録という点では宗教団体間の格差は無くなった。相対的分離モデルから絶対的分離モデルへの変化が見られる。

第2に、宗教団体の解散に関する問題である。2002年制定の過激主義活動対策法の下、「過激派対策」を大義として宗教団体の解散を命じることが容易となった。制定当初は、解散の対象はネオナチ団体やテロリズム団体に限られていた。その後、エホバの証人を筆頭に他宗派に寛容でない宗教団体に矛先が向けられ、2017年連邦最高裁決定においては、正教信仰への侮辱が解散決定の理由に含まれた[27]。絶対的分離モデルから相対的分離モデルへ、さらに現在では包摂モデルへの変化が見られる。

第3に、ソ連時代に収用した教会財産の帰属に関する問題である。2010年制定の教会財産移転法は射程を限定して運用され、ロシア正教会が財産移転の申立人であったとしてもその実現は容易でない[28]。この点では、正教と他の宗教団体の区別はない。しかし現在は、憲法第67条の1第2項と結びついた法改正が進行中である。ここには、「神への信仰」と関係の深いロシア正教会の財産の管理を国家主導で行う趣旨が含まれている。絶対的分離モデルから包摂モデルへ変化が見られる。

その他、モスクワ市郊外に建立された軍主聖堂は、戦争を、信仰を守る「聖戦」として記念する正教的伝統に沿うものである。また、以前は立法過程に宗教的影響を持ち込むことは許されなかったが、2020年憲法改正や宗教法改正等の速記録からは、専門委員会において聖職者の意見を積極的に採用していることがわかる。これらは、包摂モデルの現れといえよう。

このように、近年では包摂モデルが有力であるように思われる。2020年プーチン憲法における「神への信仰」の記述は、実務上も法文上も包摂モデルの世俗国家に舵を切ったものとして結論づけることができよう。

おわりに

現行憲法は、帝政期の政教一致体制、ソ連期の敵対的分離体制を経て、国教の禁止、宗教団体の国家からの分離、宗教団体の平等を要素とする世俗国家を規定した。本稿では、世俗国家に関する主な学説を絶対的分離モデル、包摂モデル、相対的分離モデルに整理して紹介した。1990年代前半から2000年代頃にかけては絶対的分離モデルが優位であり、その後徐々に包摂モデルにシフトチェンジしていった。そして、2020年憲法改正を契機として、明確に包摂モデルに切り替わった。

最後に、道徳と法の問題について付言しておく。ロシアにおける憲法訴願の件数は、2023年で12000件超、決定数は2024年四半期で845件であり、憲法裁判所は活発に活動している。欧州評議会を除名後、正教的価値を核とした「道徳」を重視するゾーリキン憲法裁判所長官の下で、ロシアの人権状況がどのように展開していくか、引き続き注視する必要があろう。

注

（１）竹中浩「近代ロシアにおけるナショナリズムと宗教政策―ロシア帝国における福音主義的セクトの問題をめぐって―」(ロシア史研究第64巻、1999年) 9頁。

（２）Wallance L. Daniel, Christopher Marsh, "Russia's 1997 Law on Freedom of Conscience in Context and Retrospect", Journal of Church and State, vol. 49, 2007, p.11.

（３）Баглай М.В.Конституционное право Российской Федерации.М.: Норма,2023. С. 134-136.

（４）Маркова Е.Н.Принцип светского государства // Основы конституционного строя России:двадцать лет развития.М.: 2013.

（５）Там же.С.189.

（６）Там же.С.192.

（７）Там же.С.199.

（８）Краснов М.А.Введение в конституционное право с разъяснением сложных вопросов.М.: НИУ ВШЭ,2018.

（９）Там же.С.365.

（10）Там же.С.391-399.

（11）Там же.С.390.

（12）Там же.С.379.

（13）Авакьян С.А.Конституционное Право России 5-е издание том 1. М.: Норма.2017.

（14）Там же.С.386.

（15）Там же.С. 387.

（16）Патриарх Кирилл предложил внести упоминания о Боге в Конституцию РФ. URL: https://www.pravda.com.ua/rus/news/2020/02/1/7239132/ (Дата обращения:08.06.2024)

КС разъяснил упоминание Бога в поправке к Конституции.URL: https://ria.ru/20200316/1568683617 (Дата обращения:08.06.2024)

（17）Заключение Конституционного Суда Российской Федерации №. 1-3.

（18）Под ред.Зорькин В.Д.Комментарий к Конституции Российской Ф

едерации 2-е издание.М.: Норма,2011. С.126-127.
(19) Бондарь Н.С.Аксиология судебного конституционализма：конституционные ценности в теории и практике конституционного правосудия.М.: Изд. Юрист,2014. С.50.
(20) Осавелюк А.М.Бог в Конституции России：новые смыслы и акценты о некоторых изменениях в Конституции РФ,одобренных в ходе общероссийского голосования 1 июля 2020 г.∥Государство и право.№.12, 2020. С.57-65.
(21) Эбзеев Б.С.Актуализация Конституции России：собирательный образ поправок Президента РФ Путин В.В.а и новые смыслы Основного Закона∥Государство и право.№4, 2020. С.11.
(22) Указ., 20.С.58.
(23) Там же.С.59-62.
(24) Там же.С.59.
(25) 拙稿「ロシア正教会型『人権論』に関する研究―序章―」（社会体制と法第20号、2023年9月）を参照。
(26) Указ., 20. С.62.
(27) Решение ВСРФ от 20 апреля 2017 г.по делу АКПИ17-238.
(28) 拙稿「現代ロシアにおける教会財産移転法制の意義（1）（2・完）」（名古屋大学法政論集第286号・288号、2020年7月・12月）を参照。

第3部
統治機構論の新展開

最高裁判事入江俊郎の憲法論
―在任後期の判例を中心に

嘉多山　宗
（創価大学）

はじめに

本稿は、入江俊郎最高裁判事の憲法判例の形成への関与について、在任後期を中心として検討することを主題とするが、紙幅の都合上、公務員の労働基本権に関する判例に絞って論じる。

1　全農林警職法判決における判例変更に至る経緯と入江の関与

全農林警職法判決（最大判昭和48・4・25刑集27巻4号547頁）が、公務員の争議行為の一律禁止を合憲とする判例変更を行ったのは、入江が、18年余の在任期間を終えて定年退官した2年後のことであるが[1]、実は、入江は、事件が最高裁に係属した当初の主任裁判官であった。

同事件の二審（東京高判昭和43・9・30高刑集21巻5号365頁）が、一審無罪を覆して被告人ら4名に有罪判決を言い渡したことから被告人らが上告。事件は第一小法廷に係属した。所属する5名の判事のうち、長部、岩田が刑事罰容認、入江、大隅、松田が刑事罰反対であったが、松田の在任中に結論が出ず、1970年7月に任命された藤林益三がキャスティングボードを握る。主任の入江は、分厚い事件記録を持って任命間もない藤林の部屋を訪れ、「これをじっくり読んで、どう思うか、君の意見を聞かせてくれ。とにかく、君（の意見）次第で、小法廷のまま判決を出すか、それとも大法廷へ回すかが、決まることになるんだから」と告げたという。記録を検討した後、藤林が、「どうも残念だけども、あなたの意見とは反対になりました」と伝えると、入江は「しょうがない。大法廷に回すとなると、私の在任中にはとても片付かない」と答えたという[2]。判例変更以降の厳しい流れは、実質的にはこの瞬間に始まったと言って良い[3]。

2　「四・二判決」と入江意見

入江は、18年余の在任中に62件もの判例で個別意見を表したが[4]、公

務員の労働基本権に関する判例で個別意見を書いたのは、1969年4月2日言渡しの2件の判決だけである。入江は、いわゆる「四・二判決」と呼ばれるこの2件のうち、全司法仙台判決に「意見」を表明し[5]、これを都教組判決に援用している[6]。

全司法仙台判決の構成裁判官は14名であり[7]、多数意見に色川幸太郎裁判官を加えた7名では過半数に達せず、「入江裁判官または岩田裁判官の意見のうちこの七裁判官の意見により近いものが、『レイシオ・デシデンダイ』発見の決め手になる。そういう見地に立つと、…入江裁判官の意見の方が七裁判官の意見に近いように思われるので、それをもとに、先例としての意味を定めるべき」[8]、そう位置づけられる「意見」であった。

この「意見」の冒頭で入江は、「ただ一点だけ多数意見と根本的に考え方を異にする。そしてこの点は、…他日、他の類似の事案が問題となった場合には判決の結果を左右することのありうべき問題である」と述べる。多数意見とは根本的な考え方が違う「一点」とは何なのか。「他の類似の事案」として想定していたのは何だったのか。在任中、公務員の労働基本権に関する多くの判例に関与してきた中で、「四・二判決」でのみ個別意見を表したのはなぜなのか。

3　判決が懲戒処分事案に与える影響への着目

（1）入江意見には2つのポイントがある。1つ目は、判決が懲戒処分事案に与える影響に着目していたという点である。

「四・二判決」が前提としていた中郵判決の多数意見は、労働基本権の制限について、いわゆる「四条件」を提示した（最大判昭和41・10・26刑集20巻8号901頁、907～908頁）。争議行為禁止規定に抵触する行為に対する懲戒処分の事案で特に問題となるのは、3番目の条件、すなわち、「労働基本権の制限違反に伴う法律効果、すなわち、違反者に対して課せられる不利益については、必要な限度をこえないように、十分な配慮がなされなければならない。とくに、勤労者の争議行為等に対して刑事制裁を科することは、必要やむを得ない場合に限られるべきであり、同盟罷業、怠業のような単純な不作為を刑罰の対象とするについては、特別に慎重でなければならない。」という比例性の要求である。この点に留意して都教組判決の多数意見と全司法仙台判決の入江意見とを対照すると、次のような違いがある（以下、下線は筆者）。

（2）まず、多数意見は、争議行為の禁止規定（地公法37条）と罰則規定

（同法61条4号）とを併せて検討し、これらの規定が、文字どおりに、すべての地方公務員の一切の争議行為を禁止し、あおり行為等をすべて処罰する趣旨と解すべきものとすれば、それは、比例性の要請を無視し、その限度をこえて刑罰の対象としているものとして、「違憲の疑を免れないであろう」とする（都教組判決310頁）。また、「地方公務員のする争議行為については、それが違法な行為である場合に、<u>公務員としての義務違反を理由として、当該職員を懲戒処分の対象者とし、またはその職員に民事上の責任を負わせることは、もとよりありうべきところであるが</u>、争議行為をしたことそのことを理由として刑事制裁を科することは、同法の認めないところといわなければならない」と述べる（同312～313頁）。そして、「被告人らに対し、<u>懲戒処分をし、また民事上の責任を追及するのはともかくとして</u>、さきに説示した労働基本権尊重の憲法の精神に照らし、さらに、争議行為自体を処罰の対象としていない地公法61条4号の趣旨に徴し、これら被告人のした行為は、<u>刑事罰をもってのぞむ違法性を欠くものといわざるをえない。</u>」としたのである（同316頁）。

　この説示を多数意見が示した争議行為の「違法性の強い場合」「違法性の比較的弱い場合」「争議行為に該当しないと判断すべき場合」を区別する議論（同312頁）と結び付けて読むと、都教組事件について、勤評反対闘争の指令の配布や趣旨の伝達をした被告人らを懲戒処分の対象とすることは否定されておらず、むしろそれが可能であることを示唆するようにも読むことができる。現に、違法性の相対性を強く主張した松田二郎裁判官は補足意見で、「若し、被告人らの行為が刑罰法令違反以外のかかる点において違法であるならば、その責任が追及されるべきは当然であり、或は民事上の責任を負い、或は公務員として懲戒され、免職されることすらあるべきであろう。」と述べているのである（同319頁）。

　（3）これに対し、入江意見は、「単に法文を文字どおりに解すれば、国家公務員の一切の争議行為は禁止され、この法条に違反して争議行為を行った場合にはすべて懲戒処分を受けることとなるがごとくであるが、<u>これらの法条については当然憲法28条の法意に即した適切な解釈が加えらるべく、その限度において争議行為が禁止され、かくして禁止された争議行為であってはじめてこれに懲戒を加えることができるものといわなければならない。</u>」とする（全司法仙台判決703～704頁）。国公法98条5項が「公務員の争議行為を禁止しているからといって、いやしくも争議行為と認められる以上、すべての国家公務員につき一律に一切の争議行為を違法として禁止

しているものではなく、具体的事案に即して公共の福祉の要請を充分勘案した上、同法条によって禁止されている争議行為に該当するか否かを判断すべきであり、もしかような考慮を何ら払うことなく、国家公務員の一切の争議行為を違法として禁止するならば、それは憲法28条違反というほかないことも、前記当裁判所の判例の趣旨とするところである」とし、「ここまでは多数意見と私は意見を異にするわけではない」との理解を示している（同703～704頁）。これは、争議行為の違法性の強弱を認めることの影響で、中郵判決が示していた比例性の要求が懲戒処分の場面で緩んでしまうことを懸念し、多数意見の「二重のしぼり」論を採る場合でも、前提となる争議行為禁止規定該当性については、「憲法28条の法意に即した適切な解釈」が必要となることを強調したものと解することができる。

多数意見が、「刑事罰からの解放」を重視するあまり見落としてしまっている懲戒処分事案への影響を考慮しているのは、行政法を専門分野とする入江らしい問題意識の現れであり、在任期間の長さに裏付けられた視野の広さを示すものと言えよう。

（4）入江がこの意見を記していたのと同じ時期に、第三小法廷では、田中二郎裁判官が、公労法17条の争議行為禁止に違反する行為をした職員について解雇が行われた事例と格闘していた。全電通千代田丸事件（最3小判昭和43・12・24民集22巻13号3050頁）である。

同判決は、公労法18条は、「解雇するかどうか、その他どのような措置をするかは、職員のした違反行為の態様・程度に応じ、公社の合理的な裁量に委ねる趣旨と解するのが相当である」とした上で、「職員の労働基本権を保障した憲法の根本精神に照らし、また、職員の身分を保障している右公社法の趣旨にかんがみると、職員に対する不利益処分は、必要な限度を超えない合理的な範囲にとどめなければならないものと解すべきである」と述べ、当該事案における解雇を合理的な裁量権の範囲を著しく逸脱したものとして無効とした[9]。

中郵判決との関係に明示的に言及してはいないが[10]、問題意識としては「四・二判決」の入江意見と共通する。懲戒処分事案について、入江が「争議行為」を限定解釈する方向性を探ったのに対し、田中は「四・二判決」の評議で反対意見の側に立つ裁判官を説得しながら、裁量統制の道を採ったものとみられる。

4　多数意見の「二重のしぼり」論と入江意見の要点

（1）入江意見のポイントの2つ目は、いわゆる「二重のしぼり」の限定のうち、「あおり行為」の限定については認める一方で、「争議行為の違法性が強いものに限定する」という考え方を否定している点である。

（2）では、多数意見の「二重のしぼり」論との対比において、入江はどのような主張をしているのか。以下の4つが要点である。

①「禁止の対象たる争議行為」該当性の重視[11]

入江が、争議行為禁止規定該当性の判断を重視していることは、懲戒処分事案に与える影響との関係ですでに見たが、多数意見も、争議行為禁止規定に該当するか否かの判断において限定を加えることを否定しているわけではない。都教組判決は、「地方公務員の具体的な行為が禁止の対象たる争議行為に該当するかどうかは、争議行為を禁止することによつて保護しようとする法益と、労働基本権を尊重し保障することによつて実現しようとする法益との比較較量により、両者の要請を適切に調整する見地から判断することが必要である。そして、その結果は、…実質的には、右条項にいう争議行為に該当しないと判断すべき場合もあるであろう。」（312頁）としているのである。

②争議行為の違法性の強度による限定の否定

その上で、多数意見が、「争議行為自体が違法性の強いものであることを前提とし、そのような違法な争議行為等のあおり行為等であつてはじめて、刑事罰をもつてのぞむ違法性を認めようとする趣旨と解すべき」（都教組判決313頁）としている点について、入江は、「このような解釈は、憲法28条、31条の法意に照らしても、また国公法の解釈の上からも、これを是認すべき根拠を欠き、私は到底これに賛同することはできないのである。」と強く批判する（全司法仙台判決704～705頁）[12]。

③「あおり行為等」の態様の明確化

そして、「あおり行為等」の解釈について、入江は、補足意見として、「通常随伴行為」の明確化を試み、「ここに通常随伴するものと認められるものでないというのは、あおり行為等が例えば、組合における争議行為の共同意思に基づかないで争議行為の遂行を煽動するとか、争議行為の際に通常行なわれるような手段、方法、程度をこえた激越なものであるとか、故意に誤った情報を提供し、欺罔、威力、暴力等の手段、方法を用いるとか等、社会通念上争議行為に伴って行なわれるものとしては著しく不当

と認められるような行為による場合をいうものと解するのが相当である」（全司法仙台判決707頁）とする[13]。

④ 「政治スト」に関する括弧書きでの傍論的意見

さらに入江は、「労働争議本来の目的と全く無関係に、例えば専ら政治的目的達成のための政治運動が、争議行為の形態を採ってなされたような場合」について、括弧書きで意見を示し、これを憲法28条の保障領域外に位置づけつつ、そのような行為も国公法上の争議行為には包含されているとし、「あおり行為等のみに刑罰をもって臨むことは、それが右争議行為に通常随伴するものと認められるものである限り、憲法31条の要請から、または現行国公法の妥当な解釈の上から、許されないと解するのが相当ではないかと考える。」とする（全司法仙台判決708～709頁）。

5 「四・二判決」において入江が個別意見を表した狙い

入江は、「四・二判決」の14名の裁判官による評議において、多数意見に色川裁判官を加えると7名であり、そこに自分が加われば過半数となることを認識していたはずである。それまで、公務員の労働基本権に関する判例では一度も個別意見を示したことのなかった入江が、あえて「意見」を示したのは、何らかの理由、狙いがあるはずである。

入江の「意見」のうち、懲戒処分事案に与える影響を視野に争議行為禁止規定該当性を重視する点は、意見を示すとしても補足意見で足りると考えられるし、「あおり行為等」の態様の明確化はもともと補足意見として書かれている。また、「政治スト」に関する括弧書きは傍論として書かれている。そうすると「二重のしぼり」論のうちの「争議行為の違法性の強度による限定」こそが、入江が多数意見に加わらず、個別意見を表した原因であると考えられる。

もっとも、「四・二判決」の二つの事案では、「争議行為の違法性の強度」が実質的な争点になっているわけではない。無罪とされた都教組事件も、組合幹部による指令の配布または趣旨伝達等の行為が「通常随伴する行為」にあたるとして無罪となったのである。

つまり入江は、「四・二判決」の事案の解決のために多数意見に加わらなかったのではなく、「本件においては、判決の結果に影響のない論点のごとくではあるが、他日、他の類似の事案が問題となつた場合には判決の結果を左右することのありうべき問題であるから」（全司法仙台判決702頁）、意見を表示したのである。この時、入江の視野の中に入っていた「他の類

似の事案」とは、いずれも国公法の事案であり、最高裁に係属していた全農林警職法事件と全農林長崎事件(14)であった可能性が高い。このうち、全農林警職法事件のような「政治スト」性の強い事案については、全司法仙台事件と同様、憲法28条論で救済することは難しく、憲法的救済の可能性があるのは憲法31条論であると考えたと推測される。問題は、全農林長崎事件であり、これが大法廷回付となり、「四・二判決」の多数意見が示した「二重のしぼり」による限定解釈を維持できない可能性を危惧し、憲法の保障が及ぶ公務員の争議行為を画定するとともに、国公法・地公法の限定解釈の明晰さを高めることを狙ったのではないかと考えられる。

6　「四・二判決」後

（1）全農林警職法判決は、あおり行為等の処罰について、「いわゆる全司法仙台事件についての当裁判所の判決…は、本判決において判示したところに抵触する限度で、変更を免れない」と判断した。「違法性の強度」による限定については、「いうところの違法性の強弱の区別が元来はなはだ曖昧であるから刑事制裁を科しうる場合と科しえない場合との限界がすこぶる明確性を欠く」、「このように不明確な限定解釈は、かえって犯罪構成要件の保障的機能を失わせることとなり、その明確性を要請する憲法31条に違反する疑いすら存するものといわなければならない」とされた（同判決563～564頁）。入江の危惧は的中したことになる。

同判決の翌年、1974年4月に日教組が行ったストライキについて、地公法61条4号のあおりの罪及びあおりの企ての罪の成否をめぐって3つの事件が最高裁まで争われ(15)、最終的に決着するまでに20年以上を要したが(16)、そこに至るまでの下級審の判断を含めて考えれば、「あおり」等の処罰の合憲性やその適用範囲の限定に関する議論はいまだ決着を見たとは言い得ないように思われる(17)。その意味で、違法性の強弱による限定解釈を否定しつつ、争議行為禁止規定該当性と通常随伴行為の明確化によって処罰範囲を限定しようとした入江の主張が少数意見として示されていることは、今日においても参照されるべき解釈論的意義が認められる(18)。

（2）入江意見のもう一つのポイントである懲戒処分事案について、「四・二判決」から約半年後の神戸税関事件第一審判決（神戸地判昭和44・9・24行集20巻8・9号1063頁）では、「四・二判決」の多数意見と入江意見の狭間で、どのような解釈をすべきかを苦慮したことが窺われる。

もっとも、この事件について1977年に言い渡された第三小法廷判決（最

三小判昭和52・12・20民集31巻7号1101頁）は、「刑事事件に関する全農林判決の判旨を懲戒処分についても確認し、下級審における…東京中郵＝都教組判決に沿った限定解釈論の流れにとどめの一撃を加えた」[19]。これが「全農林警職法事件判決以降の方向性を最終的に確立し…公務員に対する懲戒処分の性格についてのリーディング・ケース」[20]となる。

こうして、争議行為禁止規定に抵触する行為に対する懲戒処分について、中郵判決の趣旨を及ぼして比例的に統制しようという入江の構想は、全農林警職法判決の影響力によって実現することはなかったが、懲戒処分にも憲法28条の統制を及ぼす必要性を認め、争議行為禁止規定の限定解釈という方途を示していた点は、入江意見の先見性を示すものである[21]。

おわりに

公務員の労働基本権判例の展開に関する入江の関与を、中郵判決、都教組判決で多数意見に属していたことを理由に「ハト派」と位置づけるというだけでは分析の「解像度」が低いように思われる。「四・二判決」における入江意見は、自らが積極的に理論を牽引する立場ではない分野において、多数意見が示した合憲限定解釈の弱点を意識しつつ、迫り来る「司法の危機」の足音にも耳を傾けながら、刑事罰、懲戒処分の双方において、中郵判決の基本線を維持するオルタナティブを示すことを試みた、裁判官としての誠実な知的闘争であったと考えられる。

注

（1）入江が定年退官したのは1971年1月9日である。入江は、この1973年の判例変更を目にすることなく、1972年7月18日に逝去している。
（2）藤林は、このエピソードを、野村二郎「全農林判決と地鎮祭判決と　藤林益三元最高裁長官に聞く」法セ289号（1979年）22頁以下等で繰り返し語っている。
（3）入江の後任として最高裁判事となった下田武三は、在米勤務を終えて帰国した1970年9月に、佐藤栄作首相から「君は最高裁へいってもらうことになる」と言われたという（下田武三「戦後日本外交の証言　日本はこうして再生した（第16回）」月刊官界10巻12号（1984年）24頁）。全司法仙台事件の主任弁護人であった竹沢哲夫弁護士は、「反動派がようやく八票を形成し、少数が多数に転ずるにいたった時期は何時であったか。ふりかえると1971年はじめ、ハト派に属していた入江俊郎裁判官の退官に伴って下田前駐米大使が任命された時であることがわかる。」と分析している（同「最高裁判例と司法反動化―労働公安事件を中心にして」前衛430号（1978年）142頁以下、144頁、同『戦後裁判史断章』（光陽出版社、2006年）223頁

所収)。
(4) 公式判例集(最高裁判所判例集、最高裁判所裁判集)登載判例に限る。
(5) 最大判昭和44・4・2刑集23巻5号685頁、702〜709頁。以下、判例の該当箇所の引用については、「全司法仙台判決〇頁」のように判例集の巻号を省略する。
(6) 最大判昭和44・4・2刑集23巻5号305頁、321頁。入江はこの「意見」を翌年の和教組勤評闘争事件判決(最一小判昭和45・7・16集刑177号257頁)に援用しているため、この問題に関する個別意見は、形式的には3件となる。
(7) 長部謹吾裁判官が回避したためである。石田和外裁判官の長官任命(1969年1月11日)より後の言渡しであるが、裁判体は横田正俊長官時代の大法廷である。
(8) 田中英夫「全農林警職法事件における判例変更をめぐる諸問題」ジュリ536号(1973年)56頁。
(9) 雄川一郎=渡部吉隆「日本の最高裁判所—田中二郎先生に聞く(第2回)」ジュリ769号(1982年)74頁参照。渡部吉隆調査官が原審支持の報告書を提出したところ(その後担当調査官は可部恒雄に引継ぎ)、田中二郎が反対し、審議を重ねた結果、全員一致で原判決破棄の結論となったという。横田正俊、田中に、「四・二判決」では反対意見の下村三郎、松本正雄を加えた4名による判断である。
(10) 同判決の調査官解説は、「全逓中郵事件が容易に連想されるが、右判決と本判決との関連は、本判決自身をして語らしめるべきであろう。」と言う。可部恒雄「判解」『最高裁判所判例解説民事篇昭和43年度(下)』(法曹会、1973年)1462頁。
(11) 菅野和夫は、「二重のしぼり」という用語ではなく、(a)争議行為禁止規定該当性、(b)争議行為の違法性の程度、(c)「あおり行為等」の態様の3つを要素として捉えて、「三重絞り」という用語を用いて説明する。これに対し、「四・二判決」の多数意見の説明としてしばしば用いられる「二重のしぼり」という用語は、「禁止の対象たる争議行為」に該当することを前提として、(i)争議行為の違法性の程度、(ii)「あおり行為等」の態様の2つの限定解釈を行うことを指す(同「公共部門労働法(一)」曹時35巻10号(1983年)1頁以下、19頁。)。入江意見を説明するには、「三重絞り」の方が用語としてわかりやすい。
(12) 中郵判決との違いについては、同判決の事案では、争議行為自体が郵便物不取扱罪の構成要件に形式的に該当するので、特に違法性、反社会性の強度のものに限る必要があるのに対し、国公法・地公法違反の場合、争議行為自体に刑罰を科する問題ではないとして、事案を区別する(全司法仙台判決706頁)。
(13) 入江がここで示した通常随伴行為の説明は、都教組事件第一審判決(東京地判昭和37・4・18下刑集4巻3・4号303頁、318〜323頁)と近いが、同判決が挙げる「争議行為の主体となる職員の団体の構成員以外の者が争議行為の遂行を煽動した場合」については、「純然たる第三者のしたあおり行為」として保護範囲外と位置づけている(全司法仙台判決708頁)。
(14) 最大判昭和48・4・25集刑187号361頁。出張旅費に関する労使慣行の維持を求める同盟罷業(坐りこみ)が争議行為であり、あおり行為としては、組合幹部によ

る就業放棄の慫慂が問題となった。無罪の高裁判決（福岡高判昭和43・4・18判時518号29頁）に対して検察官が上告し、第二小法廷に係属した。竹沢哲夫「司法反動でつくられた4・25判決」国公労調査時報120号（1973年）5頁以下（6頁）によれば、大法廷へ回付されたのは「四・二判決」から半年後の1969年秋であり、検察側は、同年10月20日付で上告趣意補充書を提出し、「四・二判決」を全面的に攻撃したという。

(15) 日教組都教組事件（最一小判平成元・12・18刑集43巻13号882頁）、岩教組事件第1次上告審判決（最一小判平成元・12・18刑集43巻13号1223頁）、埼教組事件（最三小判平成2・4・17刑集44巻3号1頁）。

(16) 岩教組事件第2次上告審判決（最一小判平成8・11・18刑集50巻10号745頁）。

(17) 畑尻剛「時の判例　地方公務員法61条4号の『あおり』及び『あおりの企て』の意義」法教117号（1990年）96頁等参照。

(18) 上記埼教組事件において、園部逸夫裁判官は、「東京中郵事件判決…を継承した都教組事件判決…のとる見解の基調に従う」として、「公務員も含めた勤労者に対する憲法上の労働基本権の保障が国民一般の憲法上の諸利益の享受と対立する関係にある場合には、両者の均衡と調和という観点から、具体的な事案に応じ、可能な範囲において、合理的な解釈を施すことが必要である。そして、本件における地方公務員の争議禁止規定及びこれに関連する処罰規定についても、当面は、右のような憲法解釈の見地から、いわゆる制限解釈を施して適用することが望ましいと考える」との反対意見を示した 。

　この反対意見について園部は、「全農林事件の判例は基本的に、ある程度定着しているわけで、私のような意見が多数意見になるのがいいのかどうかは分からない。だから、いますぐ判例を動かすということではなく、こういう反対意見がいまでも出たって不思議ではないという雰囲気ができてくればよいと思って書いたんです。」と語ったという（毎日新聞社会部『検証・最高裁判所 法服の向こうで』（毎日新聞社、1991年）174頁）。

(19) 菅野和夫「公務員の懲戒処分と懲戒権者の裁量権」ジュリ663号（1978年）74頁。

(20) 森稔樹「判批」宇賀克也ほか編『行政法判例百選Ⅰ〔第8版〕』（有斐閣、2022年）156頁。

(21) その後、争議行為禁止規定に抵触する公務員の行為に対する懲戒処分について、中郵判決が示した方向性で検討すべきとする個別意見として、伊藤正己、坂上壽夫裁判官によるものがある（最三小判昭和62・3・20集民150号389頁〔坂上壽夫反対意見〕、最三小判平成元・4・25集民156号615頁〔坂上壽夫補足意見、伊藤正己反対意見及び補足意見〕、最三小判平成5・3・2判時1457号148頁〔坂上壽夫補足意見〕）。全電通千代田丸事件が採った裁量権濫用論を含め、全農林警職法判決以降の判例、学説の展開については、最三小判昭和53・7・18民集32巻5号1030頁（全逓東北地本事件）の調査官解説である矢崎秀一「判解」『最高裁判所判例解説民事篇昭和53年度』（法曹会、1982年）379頁（392頁以下）参照。

1930年のライヒ議会選挙制度改革案

小林　宇宙
(沖縄国際大学)

はじめに

2023年の連邦選挙法改正[1]を以って、ドイツ連邦選挙法は大きな転換を遂げた。本改正のポイントは、何といっても超過議席の廃止にあるが、そもそも超過議席を発生させる選挙制度が採用された背景には、ヴァイマル期の反省があるとされてきた[2]。このことからすれば、本改正の意義を正確に捉えるためには、ヴァイマル期の選挙法を論じることが重要であろう。この点につき、本稿筆者は、1924年のJarres案及び1926年のKülz案を検討したことがある[3]。しかしながら、紙幅の制限もあり、これらの論稿では、以降の改革案を検討することができなかった。そこで、本稿は1930年のWirth案 (Nr. 151, Reichsrat, Tagung 1930：以下、頁数のみ記載)[4]の解明を課題として設定する。このWirth案は、先に挙げた2つの政府改革案に続く、ヴァイマル期最後の具体的な政府改革案であった。

1　Wirth案の背景

1928年5月20日の選挙では、前回の1924年12月7日の選挙に引き続きSPD (社会民主党) が躍進し、KPD (共産党) も支持をやや回復した一方、中道ブルジョワ諸政党はやや後退し、とりわけDNVP (国家人民党) は大きく議席を減らした。このような状況下で6月28日に成立したのが、第2次Müller内閣であった。Müller首相は、組閣後まもなくの7月3日に選挙制度改革に関する見通しを議会で表明したが[5]、実際には具体的な改革案の作成は進まなかった。約1年後の1929年の6月8日に、Severing内務大臣は、政府改革案の作成がこの年の秋頃に本格化することを議会で示唆していたが[6]、結局は提出に至らなかった。1930年の3月31日に第2次Müller内閣は崩壊した。

改革案の作成が進まなかった理由としては、選挙制度改革が、諸小政党との対立を必然的に引き起こすものであったことが挙げられる[7]。つまり、改革目的が小党分裂の回避、議員数の削減であったことからすれば、

第3部　統治機構論の新展開

　このような改革の困難は、ある意味当たり前の帰結であった。また、第2次Müller内閣がいくつかの小政党も含む大連立内閣であったことも、改革の困難性を基礎づけるものと解される。
　第2次Müller内閣の崩壊を受け、3月31日に成立したのは、第1次Brüning内閣であった。7月18日に議会が解散、9月14日に選挙が予定されたが、これに向けて選挙制度改革も争点化した[8]。このような状況下で改革案に着手したのが、Wirth[9]内務大臣であった。彼は、8月15日に改革草案を閣僚に回付した[10]。先の8月6日には未だ改革草案が形になっていなかったことを考えると[11]、これは驚異的なスピードであった。草案は、8月19日に閣議で議論され[12]、早くも翌日の8月20日には閣議にて採択[13]、ライヒ参議院に回付された。

2　Wirth案の目的　(S. 29)

　第一に、「選挙法の改革は、長い名簿と大きな選挙区を取り除くという目的を持たねばならない」。この第一の目的は、先立つJarres案及びKülz案の目的と基本的に一致する。実際、Jarres案が援用されつつ、現行選挙法に対する批判が「一般的」であるとともに、「長年にわたって強まっている」とされる。批判はまず、有権者が候補者選択に何ら影響力を有さないことに向けられる。これは、巨大な選挙区と拘束名簿に起因する。有権者は候補者と何ら関係（Fühlung）を持たず、選挙が非人格的（unpersönlich）なものとなっている。有権者はもはや人格を選挙しているのではない。選挙という行為は、ある政党政治的原理、ある政党への信仰告白を意味する。
　第二に、「議会における明確な多数派状況の創出することにも努めねばならない」。この第二の目的も、Külz案の目的と基本的に一致する。非常に小さな有権者団が投じた投票さえ数学的に正しく評価するまでに自動システムを完全に適用するのであれば、もはや甘受し難いほどの政党分裂に至る。議会制を規定した憲法を有する国家における議会の任務とは、国家に指導（Führung）をもたらすことである。政党分裂が蔓延してしまっては、議会はこの任務を果たせない。

3　Wirth案の具体的制度

　①従来35であった選挙区は、人口38万5千人につき1選挙区になるように細分化される。その結果162の選挙区が誕生することになった（§2）。

また、Jarres案が人口38万人につき1選挙区とし、計156の選挙区を想定していたことと比して、選挙区のより細分化を行っている。もっとも、Külz案が人口27万人5千人につき1選挙区とし、計227の選挙区を想定していたこととよりは、緩やかな細分化になっている。

　有権者は従来と同様、各政党が提出した区候補者名簿に票を投じる。もっとも、各政党が区候補者名簿に記載することができる選挙区候補者の数は、従来は無制限だったところ、3名までに制限される（§17 IV）。この点については、Jarres案が2名まで、Külz案が1名までという制限をしていたことと比して、緩やかな制限を行っている。人口38万5千人で計162の選挙区を設定し、先立つ1928年5月の選挙結果を基に選挙結果を予測すると、各政党の選挙区当選者はせいぜい3人に留まると考えられていた。

　②各政党が①で獲得した票は、従来と同様、選挙区連合においてそれぞれ合算される。もっとも、従来16であった選挙区連合は31へと細分化された。これは、基本的に従来の選挙区の規模に対応する。

　また、1議席あたりに要する得票数も、従来の6万票から引き上げられた。各政党の連合候補者名簿には、7万票の得票毎に1議席が配分される（§20 IV）。これもJarres案が7万5千票の得票毎に1議席としていたことと若干異なる。しかし、ライヒ議会議員数の削減という目的自体は変わっていない。むしろ、既存政党の維持というKülz案で登場した目的は、ここで登場していない。そして、得票率の高い順にドント式で選挙区に議席が配分される（§20 V）。ここも、Jarres案が得票「数」を基準にしていたのとは異なるが、逆に、Külz案とは継続性が見られる。

　③①及び②の手続で考慮されなかった残余票は、さらに上位のレベルで合算される。もっとも、①または②の手続で議席を獲得することのできなかった政党は、この手続に参加することができない。また、従来一定の得票数（従来：6万票、Jarres案：7万5千票）毎に議席が配分されていたライヒ候補者名簿は削除され、新たに12のラントグループ（Ländergruppe）が導入される。各政党には7万票毎に1議席が配分されるが、このとき、残余票の多い順に選挙区連合、次いで得票率の高い順に選挙区に議席が配分される（§21 II）。このようなライヒ候補者名簿の削除についても、Külz案との継続性が見られる。ラントグループを超えた残余票の調整は、有権者と議員間の地域的な結合を破壊してしまうとともに、政党分裂を防ぐという選挙改革の基本方針に反するとも指摘される。

4 分 析
(1) 選挙の「人物化」とKülz案からの後退

 Wirth案はこのように、①従来35であった選挙区を162へと増加させて選挙区の規模を縮小すること、②選挙区での選挙結果を31の選挙区連合レベルで合算し、それに基づいた議席配分を行うこと、③選挙区連合での選挙結果を12のラントグループで合算し、それに基づいた議席配分を行うことで、ここでもより有権者と候補者の距離を近づけて選挙を「人物化」しつつ、ヴァイマル憲法が規定する比例代表制の要請を満たそうとしたものと評価することができる。また、Jarres案と比して、より選挙区及び選挙区連合を細分化し、以前から評判が悪かったライヒ候補者名簿をラントグループに転換したという点では、より徹底した「人物化」を図ろうとしたものと理解することができる。

 もっとも、Külz案のような一人区の選挙区制は採用されておらず、選挙区数もKülz案と比して穏やかな増加に留まっている。その理由として興味深いのは、以下の2点である。第一に、一人区の選挙区制は多数代表制に属するが、これと比例代表制は互いに排他的なものと解されていた点である。ヴァイマル憲法22条1項第1文の比例代表制条項を改正しない限り、このような一人区の選挙区制への移行は不可能であるとともに、一人区の選挙区制と比例代表制を結びつける試みは、有益な結果をもたらしていないものと理解されていた (S. 29)。例えば、多数代表制と比例代表制を組み合わせた選挙制度を構想する際には、選挙区数をどのように設定するかという問題がしばしば発生する。まさにその最たる例が戦後の超過議席の問題であり、このような問題が生じ得ることをKülz案も認識していた。故に、Külz案は比例代表制の多数代表制化という、本質的にあくまで比例代表制の改革案を構想したのであった。

 第二に、一人区の選挙区制の下では、もちろん各選挙区は1人の候補者によって代表される。他方、複数人区の選挙区制の下では、各選挙区は複数の候補者によって代表され、同一政党内にある様々な傾向の考慮が可能になると解されていた点である (S. 29)。とりわけ、ここで女性候補者の擁立が観念されていたことは、現代的課題を先取りしていた感もある。

(2) 限定的な阻止効果

 他方、議会における安定した多数派状況の形成、政党分裂的傾向の阻止という目的については、さしあたり以下の2点検討の余地がある。第一

に、③でライヒ候補者名簿を放棄し、新たに12のラントグループへと転換した点である。従来はライヒ全土で残余票を考慮していたところ、Wirth案はライヒを12に割った上でこれを考慮するため、必然的に考慮されない残余票は増加する。そして、考慮されない残余票が増加すると、従来ライヒ全土で残余票を合算することで議席を獲得していたような小政党が、Wirth案の下では議席を獲得することができなくなる。その意味で、ライヒ候補者名簿からラントグループへの転換は、阻止効果を有するものと見ることができる。実際、Wirth案は選挙改革が大政党に重点を置き、政党政治的集中効果をもたらすことを望んでいた。そして、ラントグループを超えた残余票の合算は、有権者と議員の地域的な結合の破壊や、政党分裂を防ぐという選挙改革の基本的な考え方に反するとしていたことも (S. 29)、このことを裏づけるものと見ることができる。

第二に、①ないし②で議席を獲得することができなかった政党は、③の手続に参加できない点である。Jarres案及びKülz案で維持されていたような従来のライヒ選挙法32条と類似の規定が、ここでも維持されている。この規定によって、ライヒ全体で薄く広く支持層を有しているものの、特定の選挙区ないし選挙区連合で議席を獲得するほどの力はないような小政党が、ライヒ議会から締め出される。そして、この阻止効果は、選挙区ないし選挙区連合の規模が小さければ小さいほど大きくなる。さらに、1議席あたりに要する得票数の引き上げがここでも効いてくる。

このように見ていくと、Wirth案も、議会における安定した多数派状況の形成、政党分裂的傾向の阻止という目的を一見達成するものであるように見えるかもしれない。しかしながら、その阻止効果はかなり限定的なものであることに留意しなければならない。すなわち、Külz案と同様に、このような規定は、局地的な支持基盤を有する小政党が議会に参入することを妨げることはできない。また、このような規定は、1、2議席といった僅かな議席数しか持たない小政党が議会に参入することを妨げることもできない。この意味で、Wirth案の阻止効果もまた、戦後に導入された5％阻止条項のそれとは大きく異なるものであった[14]。

(3) 他の施策が採用されなかった理由

より阻止効果の高い施策としては、戦後のような5％阻止条項のほかにも、供託金条項や、署名条項の引き上げ、残余票の利用をより制限するなどが考えられる。しかしながら、このような施策がWirth案で採用されなかったのはなぜだろうか。これには、先立つKülz案と軌を一にする理

由と、更なる理由の2つが考えられる。

　第一に、Külz案と軌を一にする理由である。すなわち、より高い阻止効果を持つ施策の採用は、ライヒ選挙法制定当初の構想と衝突すること、他方で、Wirth案の阻止効果は、選挙制度とある程度の連続性を有していたことが挙げられる。つまり、より阻止効果の高い制度を採用するのであれば、死票の数は増大する。これは、できるだけ多くの有権者の意見を正確に議会に代表させるという、ライヒ選挙法制定当初の比例代表制の構想と相容れない。また、制憲議会選挙制度が局地的な支持基盤を有する政党を利する一方、ライヒ全土に薄く広く地盤を有する政党を不利に扱ったことが問題視されていたこととも整合しない[15]。他方、先に見たように、Wirth案の阻止条項もまた、従来のライヒ選挙法32条（及びJarres案、Külz案）と連続性を有していた。その意味で、これもそこまで新規性のあるものではなかった。選挙区ないし選挙区連合レベルで議席を獲得できないような政党が、ライヒレベルで議席を獲得するようなことがあってはならないことは、ライヒ選挙法制定当初から認識されていた[16]。故に、限定的な阻止効果とはいえ、Wirth案は阻止条項を採用することができたものと解される。

　第二に、Külz案等に還元され切らない、更なる理由である。すなわち、より高い阻止効果を持つ施策の採用に対しては、裁判所（とりわけライヒ国事裁判所）が否定的な態度を採っていたことが挙げられる。

　確かに、名簿提出や候補者の擁立に際して一定の供託金を要求することは、小党分裂の回避、安定多数派形成に資する部分がある。つまり、資金の潤沢でない小政党を選挙から排除する効果があるからである。実際、このような供託金条項は、諸ラントの選挙制度改革でも採用されたとともに、Jarres案に関する閣議でも主張された。しかし、1927年のヘッセン判決、ハンブルク判決、メクレンブルク・シュトレリッツ判決[17]は、このような条項が、普通選挙原則に反する旨判示した。このような状況下では、何らかの金銭負担を課す規定を、Wirth案に盛り込むことは困難であった。

　また、名簿提出や候補者の擁立に際して一定数の署名を要求することも、小党分裂の回避、安定多数派形成に資する。というのも、署名と投票には一定の相関関係があるからである。先の3判決もこのような関係を指摘するとともに、署名条項が「選挙の秩序だった遂行」に資することも承認していた。実際、このような署名条項も、諸ラントの選挙制度改革でも

採用された。しかしながら、3判決は、ライヒ選挙法15条3項の500という署名数が、平等、普通、秘密選挙原則に反しない上限である旨判示した。このような状況下では、Wirth案が従来の署名条項の署名数から引き上げるような内容を採用することも、困難であった。

さらに、ここまで見てきたように、残余票利用の制限は、もちろん小政党に不利な効果をもたらすため、結果として小党分裂の回避、安定多数派形成に資する。故に、このような残余票利用制限条項は、諸ラントの選挙制度改革でも採用された。しかしながら、1928年のヴュルテンベルク判決[18]は、先の3判決の厳格かつ形式的な平等選挙原則理解を踏襲した上で、結果価値の平等が要請される旨判示した。そして、ヴュルテンベルクラント選挙法の残余票利用制限規定が平等選挙原則に反するとしただけでなく、ライヒ選挙法の類似規定も平等選挙原則に反する可能性も示唆した。

確かに、ヴュルテンベルク判決の判示は1930年のプロイセン判決[19]で修正され、ライヒ選挙法の該当規定はライヒ憲法に反しないとされた。しかしながら、このような状況下では、Wirth案が残余票の利用をより制限する規定を採用することは、現実的ではなかった[20]。実際、Wirth案のライヒ参議院回付後約1週間後、1930年8月26日にWirthが発表した選挙制度改革に関する包括的な覚書は、このような事情を示唆していた[21]。

5 Wirth案の顛末

1930年9月14日の選挙では、NSDAP（ナチ党）の大躍進とKPDの伸長の一方、Zentrum（中央党）とBVP（バイエルン人民党）が持ち堪えたほか、SPD及び中道ブルジョワ諸政党は議席を減らし、更にDNVPが前回選挙に続いて大きく支持を落とした。1931年2月19日に、Wirth案はライヒ参議院を通過した。1議席あたりに要する得票数が7万5千票に高められたほかは、大きな修正を受けなかった。1931年2月24日に首相官邸国務長官に送付された文書で、Wirthは、法案が通過する見込みは薄いとしながらも、これをライヒ議会に回付した方が良い旨主張していた[22]。

しかしながら、結局Wirth案がライヒ議会に回付、可決されることはなかった。その理由としては、Wirth案を用いると、中道ブルジョワ諸政党の崩壊が予見されたことが挙げられる。つまり、Brüning内閣の支持基盤が崩壊するため、Wirth案の採用は現実的ではなかった[23]。実際、Wirth案に対する批判の文脈でも、改革が裏目になるとしばしば指摘さ

第 3 部　統治機構論の新展開

れていた[24]。

おわりに

　最後に、ここまでの検討が明らかにしたことを確認した上で、残された課題を提示して本稿を閉じることにする。第一に、Wirth 案の改革目的の一つとして選挙の「人物化」が挙げられ、この目的を達成すべく、選挙区の縮小といった手段が採用されたことである。この意味で、ヴァイマル期の 3 つの政府改革案において、この目的は通底していたことが明らかにされた。ヴァイマル選挙法の課題としては、小党分裂による政権不安定が従来しばしば着目されてきた。しかし、時代を下り、共和国の危機が進行してなお、選挙の「人物化」という目的は維持され続けたことが確認された。

　第二に、Wirth 案は限定的な阻止効果に留まったとともに、それには様々な理由が存在したことである。Külz 案と軌を一にする理由もあったが、それ以外の要因も存在した。すなわち、ライヒ国事裁判所の判断である。同裁判所によって、厳格かつ形式的な平等ともに、結果価値の平等までもが要請されるような状況下では、ヴァイマル憲法の枠内で政治的、法的に構想可能な対処法は、非常に限られていたことが明らかにされた。

　もっとも、本稿は Wirth 案につき論じたに留まり、ヴァイマル期の学説等による多様な改革案を論じることはできていない。また、戦後の平等選挙原則に影響を与えた裁判所の諸判決についても、比較的簡潔な言及に留まった。これらの検討も、ヴァイマル期の選挙制度改革の全容を明らかにする上で必要と思われるため、別稿を期することにしたい。

　※本稿は JSPS 科研費 21J10256 による助成を受けた研究成果の一部である。

注

（1）BWahlGuaÄndG v. 8. Juni 2023 (BGBl. 2023 I Nr. 147).
（2）最新の議論でも、このような認識が一般的である。例えば、vgl. Thomas Wischmeyer, Erststimmensieger ohne Direktmandat?, JZ 2023, S. 106. また、超過議席の問題については、さしあたり、小林宇宙「超過議席と選挙の平等」一橋法学 20 巻 3 号（2021 年）249 頁以下参照。
（3）小林宇宙「1924 年のライヒ議会選挙制度改革」一橋法学 22 巻 1 号（2023 年）233 頁、同「1926 年のライヒ議会選挙制度改革」一橋法学 22 巻 2 号（2023 年）67 頁以下。本稿は、Wirth 案との比較で従来の選挙法や Jarres 案、Külz 案にも言及す

るが、これらにつき詳しくは上記の諸論稿を参照されたい。
（4） Wirth 案を扱うものとして、例えば、Georg Kaisenberg, Wahlreform, ZgS 90 (1930), S. 465 ff.; Hans Nawiasky, Wahlrechtsfragen im heutigen Deutschland, AöR 59 (1931), S. 164 f.; Eberhard Schanbacher, Parlamentarische Wahlen und Wahlsystem in der Weimarer Republik, 1982, S. 144 f.
（5） Vgl. Hermann Müller, 4. Sitzung 3. 7. 1928, Verhandlungen des Reichstags, 4. Wahlperiode 1928, Bd. 423 (1929) S. 44.
（6） Vgl. Carl Severing, 80. Sitzung 8. 6. 1929, Verhandlungen des Reichstags, 4. Wahlperiode 1928, Bd. 425 (1929) S. 2209 f.
（7） Vgl. Schanbacher, (Fn. 4) S. 143.
（8） Vgl. Theodor Heuss, Verhältniswahl und Parlamentarismus, ZfP 20 (1930), S. 312 Fn. 1.
（9） Karl Joseph Wirth（1879年～1956年）は主に Zentrum に所属した政治家。フライブルクで数学、自然科学、国民経済学を学び、1906年に数学で博士号を取得。1919年の制憲議会に参加した後、第1次 Müller 内閣及び Fehrenbach 内閣で財務大臣を務めた。さらに1921年5月には、41歳という驚異的な若さで第1次内閣、10月には第2次内閣を組閣した。その後、第2次 Müller 内閣で占領地域大臣、Brüning 内閣では内務大臣を務めた。
（10） Vgl. Bundesarchiv, R 43 I/1446, Nr. 51 ff.
（11） Vgl. Bundesarchiv, R 43 I/1446, Nr. 47.
（12） Vgl. Bundesarchiv, R 43 I/1000, Nr. 145 f.
（13） Vgl. Bundesarchiv, R 43 I/1446, Nr. 82 f.
（14） ヴァイマル期と戦後の阻止条項の違いを強調するものとして、vgl. Ulrich Wenner, Sperrklauseln im Wahlrecht der Bundesrepublik Deutschland, 1986, S. 12 ff., 51 ff.
（15） Vgl. Schanbacher, (Fn. 4), S. 67 f.; Karin Schauff, Die Entwicklung zum Proportionalwahlsystem in Deutschland, in: Schauff (Hrsg.), Neues Wahlrecht, 1929, S. 138; Wenner, (Fn. 14) S. 8. 河崎健「ドイツ連邦議会選挙法成立過程の一考察」選挙研究29巻1号（2013年）19頁、渡辺重範『ドイツ近代選挙制度史』（成文堂、2000年）176頁以下も参照。
（16） Vgl. Erich Koch, 168. Sitzung 22. 4. 1920, Verhandlungen der verfassunggebenden Deutschen Nationalversammlung, Bd. 333 (1920), S. 5335 f. 他方、このような認識に懐疑的なものとして、vgl. Walter Jellinek, Verhältniswahl und Führerauslese, AöR 50 (1926), S. 98.
（17） Hans Heinrich Lammers/Walter Simons (Hrsg.), Die Rechtsprechung des Staatsgerichtshofes für das Deutschen Reich und des Reichsgerichts auf Grund Artikel 13 Absatz 2 der Reichsverfassung, Bd. I, 1929, S. 329 ff., 341 ff., 398 ff.
（18） Lammers/Simons, (Fn. 17), Bd. II, 1930, S. 136 ff.

(19) Lammers/Simons, (Fn. 17), Bd. IV, 1932, S. 131 ff.
(20) 例えば、Wenner は、5％どころか3％の阻止条項の導入すら正当化できなかったであろう旨指摘する。Vgl .Wenner, (Fn. 14) S. 55 f.
(21) Vgl. Zu Nr. 151, Reichsrat, Tagung 1930, S. 31.
(22) Vgl. Bundesarchiv, R 43 I/1000, Nr. 353.
(23) Vgl. Schanbacher, (Fn. 4) S. 145; Wenner, (Fn. 14) S. 53 Fn. 59.
(24) 例えば、vgl. Nawiasky, (Fn. 4), S. 173 ff.

フランス第五共和制憲法の法律事項と対抗権力

高橋　勇人
（仙台青葉学院大学非常勤講師）

はじめに

　近時、憲法学において「対抗権力」を主題とする論考が相次いで公表されている[1]。また、政治学などの憲法学と隣接する分野においても「対抗権力」が重要なキーワードとなっている。「対抗権力」が議論の主要な概念となっている背景には、これまでの権力分立論では現在の憲法政治が直面する課題について十分対処できていないという事情がある。政党を媒介とした代表民主制に対する不信と不満、その不信と不満を直接吸い上げるという手法で台頭したポピュリズムに対して、これまでの憲法学の蓄積では十分に答えを出しきれていないという問題がある。近時の対抗権力に関するプロジェクトは、まさにこのような政治状況に対する憲法学からの応答として位置付けられよう。

　ところで、「対抗権力」研究において、フランスの憲法学や政治学の議論が多く参照される傾向にある。このような傾向の要因は、フランス第五共和制憲法が2008年に改正されたことによって、大統領や内閣、議会多数派に対する対抗権力が強化されたことにあると考えられる。その一方で、2008年の憲法改正以前の第五共和制憲法において、対抗権力はどのような状況であったのか。第五共和制憲法を素材に対抗権力を議論するのであれば、憲法制定当初に遡って、憲法が規定する対抗権力の諸相を明らかにしなければならないのではないか。本稿では、このような関心から以下において第五共和制憲法制定当初の対抗権力を分析・検討する。

　まず、「対抗権力」とはどのようなものであるのかを明らかにしたうえで（→1）、第五共和制憲法における法律事項の限定列挙と法律の留保が対抗権力としての機能を期待されていたことを明らかにする（→2）。

1　「対抗権力」とは何か

（1）「対抗権力」の定義

　対抗権力という概念は近年、日本の憲法学において積極的に言及される

ようになってきたが、必ずしも「対抗権力」概念を明確に定義して使用するといったことはなかったように思われる[2]。また、定義されていても論者によってその範囲に違いがあるように考えられる[3]。このような日本の学説状況に対して、早くから対抗権力を主題として取り上げ、憲法の分析枠組みとして用いてきたのがフランス憲法学であった。とりわけ、以下に紹介するウルクビー（Fabrice Hourquebie）の一連の業績は、対抗権力の明確な定義を提示するだけではなく、権力の対抗権力的側面を明らかにするとともに、司法権（司法機関）や憲法院（Conseil constitutionnel）など憲法上の様々な諸制度に対抗権力としての契機を見出すものであった。

ウルクビーは対抗権力を、国家の統治機構においてある機関が「自由で快適な方法で諸権限を完全な形で行使するのを困難にし、または、妨げる」[4]権力、また、ある権力が「自らの意志を最後まで貫徹しようとするのを妨げる」[5]権力と定義する。そして、対抗権力によって「中庸な統治」（gouvernement modéré）[6]を実現する、と述べる。敷衍すれば、対抗権力とは、ある機関による権力行使の行き過ぎを他の機関が抑制し、それによって中庸な統治を実現しようとする権力であり、対抗権力を「権力を中庸化する権力」と言い換えることができよう。

ウルクビーの議論の特徴は、モンテスキュー（Charles-Louis de Montesquieu）の理論を下敷きにして対抗権力を明確に定義し、「中庸な統治」の実現のための相互コントロールと権力構造のシステムを提示したところにある。ここには、権力分立をポストモダン的に再構成する[7]という意義がある。また、司法権や憲法院の作用を対抗権力として位置付けて理論化したことで、司法権や憲法院が対抗権力の担い手であることを示した。かつては権力的作用を担わないとされてきた司法権や憲法院をこのように位置付けたことは、他の機関も憲法上の諸制度によって対抗権力の担い手となることを意味する点で重要である。

この「対抗権力」概念を利用して第五共和制憲法を分析することで、それまで対抗権力やその担い手として注目されてこなかった作用や機関を対抗権力として再定位することが可能であると考えられる。そこで以下では、ウルクビーの「対抗権力」概念の本質に迫るため、その下敷きとなっているモンテスキューの理論について立ち入って検討する。

（2）「対抗権力」としての立法権

モンテスキューは『法の精神』において「対抗権力」という表現を用いていない。しかし、「権力を濫用しえないようにするためには、事物の配

置によって、権力が権力を抑止する」[8]と述べている点が対抗権力論の出発点であり、対抗権力を「権力を抑止する権力」と位置付けていると理解できる。このようなモンテスキューによる対抗権力の基本的位置づけは、立法権を説明する部分で以下のように具体的に説明される。人民の代表者団体は、「法律を作るために、または作った法律がよく執行されたかどうかを見るために選ばれるべきである」[9]。「自由な国家においては、立法権力は執行権力を抑止する権利をもつべきではないにしても、自分が作った法律がどのような仕方で執行されたかを審査する権能をもっているし、またもつべきである」[10]。このように、人民が自身の自由を保障するためには、人民が直接ではなく人民の代表（機関としての人民）が立法権を行使し、法律の執行を監視しなければならないとモンテスキューはいうのである。

『法の精神』は、モンテスキューのイギリス観察をもとにした著作であることはよく知られている。元来、立法作用は最も重要な支配的権力であり、その当時のフランスでは、君主がそのような性格を持つ立法権を専有していた[11]。立法権という君主の重要かつ主要な権力を人民の代表に移すという発想は、民主的正統性を持たず、専ら神という正統性に依拠する君主に対して人民が対抗できることを意味する。そのためフランスでは、立法権こそが君主に向けられた対抗権力であった[12]。換言すれば、執行権力に立法権力を対置させて、執行権の抑制、統治の中庸化を実現しようとしていたのである。

ウルクビーの対抗権力論とモンテスキューの立法権の見方を踏まえれば、立法権そのものや立法機関に留保された権限は、執行権の行き過ぎを防ぎ、中庸な統治をもたらす対抗権力であると位置付けることができる。

2 対抗権力としての法律の留保

上記1で明らかにした対抗権力の観点から、第五共和制憲法の法律事項の限定列挙と命令事項の拡張について、それらがどのような意図の下で、どのようなメカニズムを成しているのかを分析する。具体的な検討の前に、第五共和制憲法制定当初の立法権の状況と法律事項を規定した34条の文言を確認しておく。

第五共和制憲法では、これまでの憲法の規定とは異なり、法律で定めることのできる事項が限定列挙され、それ以外の事項は政府の命令事項に属することになった（34条、37条）。この命令事項は憲法によって政府に直接

授権され、法律によって当該命令を改廃することができない。また、可決された法律が法律事項に留まっているかどうかの判断を憲法院が行う。議員提出法律案が法律事項に属していない場合、政府または提出された議院の議長は不受理の抗弁（exception d'irrecevabilité）をすることができる（41条）。

　政府は議会による授権があれば、オルドナンス（ordonnance）[13]で法律事項について定めることができる（38条）。オルドナンスは期限付きであるが、その期限内に追認の政府提出法律案が提出されれば失効しない。また、一定の法律案については、大統領は議会の議決を経ることなく直接、レフェレンダムによる国民の承認を求めることができる（11条）[14]。

　第五共和制憲法制定当初の34条は以下のとおりである。

〔第五共和制憲法34条〕
①法律は議会によって議決される。
②法律は、次の事項に関する規定を定める。
——公民権、および公的自由の行使のために市民に認められる基本的保障。国防のため、市民に対し、その身体および財産に課される義務。
——国籍、人の身分および能力、夫婦財産制、相続および無償譲与。
——重罪および軽罪の決定、並びにそれらに適用される刑罰。刑事訴訟手続。大赦、新たな裁判制度の創設および司法官の身分。
——あらゆる性格の租税の基礎、税率および徴収の態様。通貨発行制度。
③法律は、同様に、次の事項に関する規律も定める。
——両議院および地方議会の選挙制度。
——各種の公共施設の創設。
——文官および武官に認められる基本的保障。
——企業の国営化および公企業より私企業への所有権の移転。
④法律は、次の基本原理を定める。
——国防の一般組織。
——地方公共団体の自由な行政、その権限および財源。
——教育。
——所有権、物権ならびに民法および商法上の債務の制度。
——勤労の権利、労働組合加盟権および社会保障。
⑤予算法律は、組織法律により定める要件および留保の下で、国の歳入と歳出を定める。

⑥計画法律は、国家の経済的社会的活動の対象を定める。
⑦本条の規定は、組織法律によってこれを明確にし、かつ補充することができる。

(1) ドゥブレの問題意識

法律事項限定列挙と命令事項の拡張は、第五共和制で初代首相を務め、主要な制憲者の1人であるドゥブレ（Michel Debré）の構想に基づく。ドゥブレは、重要政策の決定について議会が機能不全であったにもかかわらず、議会がもともと立法の権限としていなかった領域に議会が介入するようになり、そのことが議事日程を悩ませていたと指摘する[15]。このような議会の振る舞いによって議会自身が苦しめられるようになった一方で、政府は国家の重大な問題について議会の介入なく処理するようになった[16]。このことから必然的に、政府構成員となった支持者の一団（une coalition partisane placée au gouvernement）は、事前に入念な調査を受けることなく政治の重大な決定事項に関与するようになった[17]。

このような議会の無責任な振る舞いに対処するため、ドゥブレは一定事項を法律に留保し、それ以外の事項は命令事項とした。法律事項を限定列挙することでそれ以外の事項への議会の介入を阻止することができるからである。

それでは、このようなドゥブレの構想がどのようにして上記34条として結実したのか。憲法制定過程を手掛かりに確認していく。

(2) 法律事項限定列挙の意味と「法律の留保」

①34条制定過程の概観

ドゥブレが作成した当初の憲法草案において列挙された法律事項は、公権力の組織、司法官の地位、人の身分および安全、刑事手続、重罪の定義とそれに対する刑罰であった[18]。ここでの列挙事項はかなり限定されているが、政府内部では法律の最小限の領域であり、憲法で列挙されていない他の事項も法律で規律できると考えられていた[19]。つまり、列挙事項は議会に排他的に留保された事項であり、命令制定権に対する制約だったのである[20]。そのため、37条のような広範な命令制定権を認めた条文は、ドゥブレの当初の構想にはなかった。これに対して、ドゴール内閣の国務大臣で首相経験者でもあるモレ（Guy Mollet）は、内閣が議会に対して提示した政府綱領を議会が承認することで、その綱領の実現の範囲内で内閣に命令制定権を認めるという構想を提示し、ドゥブレ構想に反対した[21]。

（モレの提案は後に撤回された[22]）。

そこで政府内で採用されたのが、憲法37条と同旨の「31条〔現34条——筆者注〕で提示された事項以外の事項は、命令の性格を有する」[23]とする条文であった。法律事項の限定列挙は内閣の命令制定権を保護し、内閣の安定性を確保するためのものと位置付けた。このことについて、第五共和制憲法の起草段階において政府委員（commissaire du Gouvernement）として憲法起草に関わったジャノ（Raymond Janot）は次のように説明する[24]。すなわち、「政府の安定性を保障することが十分ではなかったが、政府の権威を保障することも必要であった」。「言い換えれば、政府に統治の手段を与える必要がある」。「立法委任を明示的に認めるという単純な事実それだけで、政府の権威を保障することはできないと制憲者には思われる。このことは、政府に立法権を委任するよう議会に要求せざるを得ないよう義務付けられるという厄介な状況に政府を位置付ける」。「このことはまた、政府が議会に対して統治の権威を要求することを義務付けられることを意味する。そういうわけで、憲法が法律の領域を定義する必要があるように政府には思われる」。ジャノは、政府が議会に対して立法権の委任を要請することは、政府の権威を傷つけることであると理解していたのである。逆に、法律の領域を明確化し、その領域に属する事項は委任できないと憲法で規定して、残る広範な事項は命令に属するとすれば、政府は議会の委任なしで統治を行うことが可能となり、議会の政府に対する委任によって政府の権威は傷つけられないと考えたのである。ジャノはこのような考えに基づいて、内閣安定化と委任の減少のために、広範な命令制定権を内閣に与えることを求めた。

第五共和制憲法は委任の煩雑さを避け、内閣の安定性を実現するために命令事項を拡大したが、ジャノの説明は新たに命令に属することになった事項が元来、命令への委任を想定されていた事項であったということを示す。逆に、限定列挙された法律事項は、命令への委任が想定されていない事項だということになる。ドゥブレが当初に構想していたような、列挙事項は議会に排他的に留保された事項であり、命令による介入は認められないというのは維持されたことになる。

②対抗権力としての「法律の留保」

第五共和制憲法は、法律の命令事項への介入を原則として認めていない。法律事項と命令事項は水平的に完全に区分され、両者はお互いに介入することができないことを規定する。ただし、第五共和制でも、法律を執

行するための命令（執行命令）は維持されたため、命令の範囲は大幅に拡張されることになり、また、オルドナンスによる執行権の法律事項への介入という手段がある。

ところで、「法律の留保」（réserve de loi）は本来、執行権の議会に対する干渉を防ぐための理論であった。法律事項の限定列挙も執行権の命令による介入を防ぐためのものであり、その意味で法律の留保が第五共和制憲法に導入されたということができよう。しかし、ジャノの説明からも分かるように、憲法は列挙事項の命令への委任を想定していない。つまり、議会が自発的に自らの権限を命令制定権に明け渡すことを認めていないのである。言い換えれば、憲法は、自らが議会に付与した権限を議会が実質的に行使することを求めるのである[25]。法律を執行するための執行命令を政府が制定する予定だとしても、法律の実質的部分は議会が制定しなければならず、執行命令に委ねるような形であってはならない。34条の法律事項は、議会の権限を確保して執行権からの介入を防ぐという意義を持ちつつ、議会が立法権を実質的に行使することを規定するという意義を持つものである。「法律の留保」は、議会による安易な政府への委任を禁止し、立法権を実質的に行使させるという意味で議会に向けられた対抗権力であるといえる。それと同時に、執行権の法律事項への安易な介入を認めないという意味で、「法律の留保」は執行権に向けられた対抗権力ともいうことができる[26]。

おわりに

本稿では、ウルクビーの「対抗権力」論を手掛かりに、フランス第五共和制憲法における法律事項の限定列挙の意義を明らかにすることを試みた。これまでは、議会の権限を縮小し、政府の権限を強化することで政府の安定化を図るために、法律事項の限定列挙を行ったと理解されてきた。これと同時に、フランスは第五共和制憲法の定礎によって、フランスの伝統であった「法律＝一般意思の表明」というテーゼを放擲したと理解されてきた。しかしながら、対抗権力という観点から法律事項限定列挙の意味を考えてみると、第五共和制憲法34条は、議会に対して自らの権限を実質的に行使することを要請する一方で、政府に対して議会権限への介入を差し控えるよう要請するものでもあり、政府の権限を縮小する意味合いを持つ規定と評価することができる。

ところで、ウルクビーの「対抗権力」論は、司法権（司法機関）や憲法

第 3 部　統治機構論の新展開

院が対抗権力の担い手であることを明らかにするのを主眼とするものである。本稿では、司法機関や憲法院の対抗権力的契機の部分を分析することができなかった。また、法律事項限定列挙以外の権限についても対抗権力的契機を持つはずであり、その点についても検討する必要がある。これらの点については、今後の課題としたい。

注
（1）例えば、只野雅人＝佐々木雅寿＝木下和朗編著『統治機構と対抗権力』（日本評論社、2023年）がある。
（2）例えば、和氣原「フランス二院制がもたらす立法手続と元老院のイメージ：両院間の合意形成と『対抗権力（contre-pouvoir）』としての元老院」茨城大学人文科学研究 7 号（2015年）1 頁は、対抗権力を主題にした論考ではあるが、管見の限り、対抗権力の定義を明確に述べているわけではない。
（3）只野他・前掲注 1 ）ⅰ頁は、「『対抗』には権力分立における抑制・均衡や、議会の重要な機能である統制・コントロールなどの概念では必ずしも十分に把握しきれない、権力行使に対する掣肘、修正、阻止といった、より強い含意が込められている。また、必ずしも制度化された制度行使の主体だけでなく社会的対抗の主体をも包含するものとして、『権力』という表現を用いている」と対抗権力を説明しており、制度上の権力にとらわれない定義を採用している。
（4）Fabrice Hourquebie, *Sur l'émergence du contre-pouvoir juridictionnel sous la Vème République*, Bruylant, 2004, p.48.
（5）*Ibid.*, p.61.
（6）Fabrice Hourquebie, « De la séparation des pouvoirs aux contre-pouvoirs : « l'esprit » de la théorie de Montesquieu », https://www.umk.ro/images/documente/publicatii/masarotunda2007/4_de_la_separation.pdf, p.1.（2024年 6 月 8 日最終閲覧）
（7）Slobodan Milacic, « Préface », Hourquebie, *supra* note. 4, p. Ⅶ.
（8）Montesquieu, *De l'Esprit des Lois*, Gallimard, 1995, p.326. 邦訳として、モンテスキュー（野田良之他訳）『法の精神　上』第11編 4 章（岩波書店、1989年）289頁。ただし、本文の邦訳は本書と同じではない（以下同じ）。
（9）*Ibid.*, p. 333. 邦訳297頁（第 2 部第11編第 6 章、以下同じ）。
（10）*Ibid.*, p. 336. 邦訳301頁。
（11）Milacic, *supra* note. 7, p. 678.
（12）*Ibid.*
（13）オルドナンスは執行権が発する命令の一種である。時代や体制によって性質や適用範囲が異なる。
（14）第五共和制憲法は通常法律のほかに、組織法律（loi organique）という特別な

法律形式を用意した。組織法律の詳細については、高野真澄「フランス憲法における《Loi organique》についての覚え書き」研究紀要（尾道短期大学）17集（1968年）を参照のこと。
(15) Allocution de M. Michel Debré, garde des Sceaux, ministre de la Justice, *Documents pour servir à L'histoire de l'élaboration de la constitution du 4 octobre 1958, volume III*, La Documentation Française, 1991, p.257.（以下、「*DPS III*」とする）Michel Debré, "La Nouvelle Constitution", *Revue française de science politique*, vol.9-n° 1, 1959, p.11.
(16) *Ibid*.
(17) *Ibid*.
(18) Projet d'articles relatifs au Gouvernement soumis au Conseil interministériel du 7 juillet 1958, *Documents pour servir à L'histoire de l'élaboration de la constitution du 4 octobre 1958, volume I*, La Documentation Française, 1987, p.365.（以下、「*DPS I*」とする）
(19) Compte rendu de la réunion du groupe de travail, du 2 juillet 1958, *DPS I*, p.327.
(20) 塚本俊之「フランス1958年憲法制定過程の研究（5・完）」香川法学37巻1・2号（2017年）28頁。
(21) Notes rédigées en vue du Conseil interministériel du 7 juillet 1958, *DPS I*, p.373.
(22) Raymond Janot, L'origine des articles 34 et 37, *Le domaine de la loi et du règlement*, Presses universitaires d'Aix-Marseille, 1978, p.66.
(23) Avant-projet de Constitution du 19 juillet 1958, *DPS I*, p.463.
(24) Conseil d'État, Assemblée Générale, séance du 28 août 1958 (matin), *DPS III*, p.395.
(25) Jérôme Tremeau, *La réserve de loi compétence législative et constitution*, Economica, 1997, p.37.
(26) ただし、列挙されている法律事項によっては基本原理にとどまっている事項もあるため、「実質的」というものがどの程度のものを指すのか判然としない。この点については、憲法の具体的運用を通して検討する必要がある。

公選上院とウェストミンスター・モデルとの接合可能性
――二院制の日英比較

田中　嘉彦
（白鷗大学）

　　はじめに
　二院制（両院制）は、議会政治の在り方を規定する重要要素である。その祖国は英国であり、日本の帝国議会、そして国会も二院制であるが、公選上院である参議院の存在意義はその創設以来問われて続けている。さらに、1990年代の政治改革により、日本の統治機構には英国をプロトタイプとするウェストミンスター・モデル（多数派型デモクラシー）[1]の要素が導入されている。
　他方、英国では、ウェストミンスター・モデルのプロトタイプとされつつ、近年その特徴に動揺が見られる。その例として、連立政権の出現、二大政党制の揺らぎ、選挙制度改革レファレンダム、権限委譲改革などがあるが、とりわけ上院公選化の動きは、英国の議院内閣制の在り方をも変容させる可能性を秘めるものであった。
　本稿では、公選上院の存在の中でウェストミンスター・モデルの要素の導入を試みた日本と、ウェストミンスター・モデルの中で上院公選化構想が頓挫した英国を比較しつつ、ウェストミンスター・モデルを鍵概念として、このモデルと公選上院との接合可能性を検討する。

1　参議院の構成と権限に係る制度設計
（1）日本国憲法制定過程
　明治憲法下の帝国議会は、貴族院と衆議院から構成され、衆議院の予算先議権を除き両院対等であった。これは、公選の衆議院への反政府的勢力伸張を警戒し、貴族院による抑制を図るものであったが、日本国憲法の制定過程で抜本的な改正を受ける。
　連合国軍最高司令官総司令部（GHQ/SCAP）政治顧問ジョージ・アチソン Jr. による憲法改正の基礎的項目の説明には、貴族院の拒否権の撤廃、貴族院の民主化等が含まれ、マイロ・E. ラウエル GHQ 民政局法規課長

のレポートでは、立法部は一院でも二院でも全議員公選と示された。さらに、「日本の統治体制の改革」(SWNCC228)においても、立法部は全議員公選とされた。

他方、日本政府の憲法問題調査委員会(松本委員会)では、二院制維持、貴族院の権限制限・構成民主化という意見が支配的であり、名称は「参議院アタリガ無難」ということとなった。これらは、「憲法改正私案」「甲案」に反映された。

昭和21年2月5日のGHQ民政局会合では、一院制を提案するとの結論に達し、チャールズ・L.ケーディス民政局次長からは、一院制か二院制かは日本政府との交渉で譲歩材料となるとの意見が述べられた。2月13日のGHQ草案では、貴族制度廃止、非連邦国家、第一院と第二院の争いのおそれから、国会は300人以上500人以下の公選議員から成る一院制とされた。これに対して、憲法問題調査委員長の松本烝治は、議会運営の安定性、極端な政権交代の回避、政策の安定性と継続性という二院制の長所を説明し、結局コートニー・ホイットニー民政局長は、GHQ草案の基本原則の下での二院制検討を容認した。

日本側の松本甲案(2月8日GHQ提出)では、法律案の議決は衆議院の優越(衆議院の総議員3分の2以上による3回可決)とし、3月2日案では、当時の英国の1911年議会法の停止的拒否権を踏襲した規定(衆議院の3回可決・2年経過)が置かれた。しかし、3月4日の徹夜の交渉を経て、日本政府の憲法改正草案要綱では、両議院は選挙された全国民代表の議員で組織し、衆議院の法律案再議決に出席議員の3分の2以上という特別多数の要件を置いたため、停止的拒否権よりも強い権限を参議院にもたらした。

帝国憲法改正案の議会審議では、金森徳次郎憲法担当国務大臣が、「新タナル見地」から二院制が妥当であると述べ、参議院設置の理念は衆議院に対する抑制的機能、慎重練熟の士を求めることにあるとした。しかし、参議院の構成は具体化するに至らず、衆議院の委員会附帯決議で、衆議院と重複せず、社会各部門・各職域の知識経験者が議員となるよう考慮する方針とされた。

(2) 日本国憲法下の参議院制度

このような経緯により制定された日本国憲法において、両議院は選挙で選出され、衆議院議員の任期は4年(解散あり)、参議院議員の任期は6年(3年ごとに半数改選)で、議員定数、議員資格・選挙人資格、選挙区、投票方法等は法律事項とされ、両院直接公選制とされている。

当初の参議院は、参議院議員選挙法（昭和22年法律第11号）により、被選挙権満30歳以上の者、議員定数250人（全国区100人・地方区150人）とされた。全国区制は、学識経験者・全国的有名有為人材を簡抜、職能代表制の長所を採り入れようとするものであったが、公選制の枠内での窮余の策として捨鉢的に考案されたものであった(2)。その後、公職選挙法（昭和25年法律第100号）による選挙関係規定の統合を経て、参議院選挙区の定数是正等が行われてきた。また、昭和57年に全国区制に代えて拘束名簿式比例代表制が導入され、平成12年には、顔の見える候補者とし、当選者を国民が決定するため非拘束名簿式比例代表制への改正が行われた。平成27年には合同選挙区が設置され（鳥取県・島根県、徳島県・高知県を合区）、平成30年に比例区に特定枠制度が導入された。現在の参議院は、小選挙区又は中選挙区（改選定数1～6名で148名）と基本的に非拘束名簿式比例代表（100名）の組合せ型となっている。ただし、参議院選挙区の1人区増加もあり、衆議院の小選挙区比例代表並立制の選挙制度との類似性がしばしば指摘されている。

　両議院は、同時に、独立して、活動することが二院制の当然の原則として認められている(3)。憲法上、衆議院が優越する二院制が採用されているのは、衆議院がより民意に密着し、国会の意思形成が容易で、国会と内閣の関係が単純化されるからである。衆議院の優越事項としては、法律案議決、予算議決、条約承認、内閣総理大臣指名があるが、ここで注意すべきは、法律案の再議決には衆議院の特別多数が必要であり、かかる要件のない他の事項より優越の程度が相対的に弱いことである。

　また、参議院にのみ認められた権能に、衆議院解散後の閉会中における参議院の緊急集会がある(4)。なお、憲法改正の発議は両院対等であるが、国会法（昭和22年法律第79号）上、臨時会・特別会の会期決定、常会・臨時会・特別会の会期延長の議決は衆議院が優越する。

2　参議院改革と政治改革

（1）参議院制度の運用状況

　第1回参議院議員通常選挙では、全国区から文化人・知識人が多数当選し、参議院の院内会派「緑風会」は、非政党的立場から参議院独自の役割を発揮した。しかし、第2回通常選挙以降、55年体制の確立で議席を減らし、昭和40年に解散した。その背景には、緑風会所属議員の政策選好の保守性、組織の脆弱性などがあり、緑風会の偶然性と一回性は歴史の示すところとなっている。

両院協議会は、初期の国会において頻繁に開催されたが、両院で与党が多数を占めるようになってからは開催されなくなった。ただし、平成元年の通常選挙で与野党勢力が参議院において逆転し、55年体制が崩壊すると、政党状況の流動化などから開催されるようになった。

　法律案の衆議院再議決も、初期の国会に集中しており、おおむね55年体制確立前に多く行われている。ただし、衆議院に小選挙区制が導入されて政権与党が圧倒的多数を占め得るようになり、平成19年の通常選挙後から、再議決がなされるようになってきている。

　参議院の緊急集会は、2度の実績（①昭和27年8月28日の衆議院解散後、中央選挙管理会の委員及び同予備員の指名、②昭和28年3月14日の衆議院解散後、暫定予算3件及び特別会召集までに期限切れとなる法律の期間延長など4件）があるが、これも初期の国会においてである。

　初期の国会は、参議院の緑風会時代に当たり、ねじれ状態が生じていた。その後、55年体制の確立を経て、平成元年の通常選挙で日本社会党が大幅に議席を増やし、自由民主党が参議院で過半数割れして再度ねじれ状態となり、平成5年に細川護熙連立政権樹立に至る。さらに、平成10年の通常選挙で、橋本龍太郎政権の自民党が敗北、後継の小渕恵三政権以降、自自公連立などで参議院の過半数確保を図った。

　平成19年の通常選挙では、第一次安倍晋三政権の自民党が敗北、続く福田康夫政権以降もねじれ状態となった。平成21年の政権交代で一旦ねじれは解消するが、平成22年の通常選挙で、菅直人政権の民主党が敗北、野田佳彦政権までねじれ状態が続く。平成24年の再度の政権交代後もねじれは続いていたが、平成25年の通常選挙でねじれは解消した。このような形でねじれ国会が生ずると、政治改革と行政改革で強力な存在となったはずの内閣が政権運営に苦慮するという逆説的な状況が生じている。

（2）参議院改革論

　昭和32年に内閣に設置された憲法調査会の報告書では、「一院制を主張する委員は一名、他の委員はすべて両院制を維持すべき」とされ、参議院の組織をいかになすべきかが中心となった。

　そして55年体制下、参議院の独自性の希薄化・存在自体への疑問が提起されるようになり、昭和46年以降、河野謙三議長時代から歴代参議院議長による参議院改革の取組がなされた。改革の実施例としては、常会の1月召集、正副議長の党籍離脱、参議院の調査会の設置、本会議押しボタン式投票の導入、予算の委嘱審査、決算審査などがあり、平成16年以降は参

議院選挙制度改革が焦点となった。参議院議長の私的諮問機関（有識者懇談会）のうち、斎藤十朗議長時代の「参議院の将来像を考える有識者懇談会」の意見書（平成12年4月26日）は、憲法改正の要否を記した上で、衆参両院の機能分担、参議院の自主性及び独自性の確保、議員個人中心の活動の促進、審議及び運営の改革、選挙制度の改革の各事項について具体案を提示し、政治改革以降の改革論として特に注目に値する。

平成12年には衆議院と参議院に憲法調査会が設置されたが、二院制について、衆議院憲法調査会報告書では、二院制維持、参議院の政党化、参議院議員の大臣就任の是非、一院制の採用等がまとめられた。また、参議院憲法調査会では、「二院制と参議院のあり方に関する小委員会」の調査が中心となり、二院制の堅持で一致した。

それ以外にも、超党派の議員連盟が衆参両院統合一院制国会を提唱したほか、現在の衆議院と参議院の憲法審査会でも議論は継続している。

(3) 政治改革と参議院制度

1990年代の政治改革は、ウェストミンスター・モデルへの接近をもたらしたが、その理論を体系化したのが高橋和之の「国民内閣制」論である[5]。これは、議院内閣制の直接民主政的な運用形態（モーリス・デュベルジェにより「媒介民主政」と対置される「直接民主政」）である。そして、問題解決のための発想の転換として、小選挙区制、政党二極化、選挙を通じて国民の多数派が事実上直接内閣を選出、内閣が直接国民に責任を負う政治、政権交代可能な強い野党による監視を提言するものであった。

他方、高見勝利は、穏健な多党制、合意型の有効性から「国民内閣制」論に対して疑問を提示した[6]。すなわち、「国民内閣制」は、内閣中心の発想で、従来の議会政とは少なからず緊張関係にあるとする。そして、国民内閣制が国民に責任をより負うとも言えず、小選挙区制は少数派切り捨てで議席を誇張し、多党制でも多極共存・穏健化・安定化もあり得るところ、官僚統制の有効性も首相ないし大臣による統制・指導次第であり、日本国憲法の規範構造は「合意型」が理念型であると指摘する。

高見からの批判に対する高橋の応答[7]では、国民内閣制論は日本国憲法の定める議院内閣制の運用の仕方についての提言であり、レイプハルトの分類枠組みで日本国憲法の型を論じても噛み合わないとされる。また、国民内閣制提唱の趣旨は、55年体制の派閥「談合政治」の克服の処方箋であり、当時において直接民主政の方が優れたデモクラシーの在り方としたものであり、55年体制が崩壊した現在では媒介民主政的運用を目指すこと

も選択肢であるとする。そして、政治改革後の振り返りとして、政治改革と行政改革により国民内閣制的な政治枠組み・官邸主導政治体制が整備された（高見）、国民内閣制を唱えて政治改革が進展した側面がある（高橋）と総括されている(8)。

1990年代以降の政治改革・行政改革を受け、確かに、衆議院の選挙制度改革、政党助成法制定、政治資金規正法改正、内閣機能の強化、党首討論の実施、マニフェスト選挙の導入等が行われ、2009年と2012年には二度の政権交代がなされた。ただし、衆議院の選挙制度においても比例的要素があるほか、強い民主的正統性と法案審議権を有する公選上院たる参議院で過半数を確保するために連立政権が不可避となっており、少数政党も分立しているという点でも政治改革は未完となっている。

3　英国議会の上院公選化構想とその蹉跌
（1）貴族院改革の経緯

イングランドにおける二院制の成立は、偶然の所産にして「歴史的叡智の産物」(9)である。英国の貴族院改革(10)は、20世紀前半に権限の改革、20世紀後半に構成の改革、21世紀に未完の改革が行われてきた。

1909年「人民予算」の貴族院否決に端を発し、1911年議会法により貴族院の立法権限縮減（金銭法案は1か月、その他の公法律案は約2年の停止的拒否権）が行われた。1945年の労働党政権誕生後には、政府与党が総選挙公約で明確に予告した法案を貴族院が第二読会及び第三読会で否決することは誤りとする「ソールズベリー・ドクトリン」という憲法慣行が確立されたほか、1949年議会法により、金銭法案以外の公法律案の停止的拒否権を約1年に短縮するという改革が行われた。1911年議会法の前文は、人民を基礎とする第二院を直ちに実現できないため貴族院の権限を制限する規定を設けると宣言したが、現実にもそのように推移したのである。

次いで、日常的に出席しない貴族院議員への対応のため、1958年の貴族院規則改正により請暇手続が導入された。また、1958年一代貴族法は上院の政党別構成の変化と幅広い人材の登用を可能とし、1963年貴族法により世襲貴族が一代に限り爵位放棄を行うことが可能となった。

そして、トニー・ブレア労働党政権下の改革では、1999年貴族院法により、92名以外の世襲貴族の貴族院議席を喪失させ、貴族院は一代貴族中心の任命制の第二院となった。さらに、2000年の「貴族院改革王立委員会」報告書は、任命議員と公選議員から成る上院、貴族院任命委員会の設置等

を提言した。

（2） 21世紀の未完の貴族院改革

2002年に設置された上下両院合同委員会は、貴族院の構成について公選制・任命制の比率を変えた組合せ7案を提示したが、庶民院で全案否決、貴族院では全員任命制が支持された。ここで上院への公選制導入は一時棚上げされ、2005年憲法改革法より、貴族院議長を兼ねていた大法官の職の改革、最高裁判所の設置等が行われた後、2006年には初の互選による貴族院議長が選出された。そして、2007年政府白書では、貴族院の構成について15年任期の公選議員と任命議員の組合せが提示され、上下各院での自由投票では、庶民院が全員公選制又は80％公選制を支持、貴族院が全員任命制を支持し、ここから大部分公選化の流れとなる。

続くゴードン・ブラウン労働党政権の憲法改革構想では、2008年政府白書において、全員公選制又は80％公選制・20％任命制（12〜15年任期、3分の1ずつ選出、再選・再任不可）を提言した。その後、2009年の議員経費問題を受けて、2010年憲法改革及び統治法が成立したが、総選挙前の議事一掃期間で法案中の貴族院改革関係規定は削られた。

2010年発足のデービッド・キャメロン保守党・自由民主党連立政権下では、連立合意に比例代表制の上院設置構想、超党派委員会の検討、貴族院改革法案草案の議会提出（庶民院の優越維持と貴族院の大部分公選化）が盛り込まれた。ニック・クレッグ副首相が主導した貴族院改革法案は、貴族院を、構成面では、三段階で最終的に360名の公選議員、90名の任命議員、12名以下の聖職議員のほか、数名の閣僚議員とし、約80％の議員を公選化するものであった（公選議員は、欧州連合離脱前の欧州議会と同じ12選挙区、原則として庶民院総選挙と同時に3分の1ずつ比例代表制で部分改選）。貴族院任命委員会を法定機関化し（任命議員は、公正かつ公開の競争により推薦）、公選議員及び任命議員は再選・再任不可で貴族院の3選挙期（原則15年）を任期とするものであった。また、同法案は、権限面では、1911年議会法及び1949年議会法による公法律案の貴族院による停止的拒否権（庶民院の優越）を維持するものとする一方、両院協議会の規定も、上院解散制度も伴わないものであった。

しかし、庶民院保守党議員の造反を受けて、貴族院改革法案は撤回され、以後、議員立法等による穏当かつ部分的な改革（引退、失職、除名、登院停止、女性聖職貴族の優先登用など）がなされるにとどまった。ここでは、政党内部での意思統一、主要政党間の調整、上下両院間での合意形成の必

要性が教訓となっている。

貴族院改革法案の核心部分は、貴族院の大部分を公選化し（15年任期で再選禁止、比例代表制による5年ごとの部分改選）、庶民院（5年任期、単純小選挙区制による総選挙）の優越を維持するという制度設計であり、多数派型の下院に合意型の上院を移植するということにあった。この貴族院改革法案の頓挫は、保守党議員の造反、その背景として、下院に基礎を置く議院内閣制における両院公選化と下院の優越の維持の困難性への懸念があったことが大きい。貴族院改革法案草案に関する上下両院合同委員会における証言及び提出文書においても、上院への公選制導入により上院が権限強化を主張する可能性（下院優越維持の困難性への懸念）、第二院の構成と権限の相関関係（民主的正統性とこれに随伴する強力な権限）に関する指摘がなされている。

4　英国議会における修正権と解散権
（1）貴族院の修正権の領分

英国議会の上院公選化構想は頓挫したものの、その前後を通じて、貴族院による「政府敗北」（法案審議における政府が望まない貴族院修正）は頻繁に行われており、庶民院及び内閣に対する一定の抑制機能が果たされている。第一次立法（法律案）に係る政府敗北は、1999年の貴族院改革以前は労働党政権や少数政権の場合に多く行われていたが、世襲貴族の大多数が排除されて以降もむしろ増加しており、ブレグジット論争期の少数政権でも多くの政府敗北がなされている。貴族院の憲法保障機能を示す政府敗北の例としては、市民的自由、憲法的妥当性等の観点（陪審裁判、テロ対策立法、IDカード制度など）について実績があり[11]、庶民院も一定程度貴族院修正を受け容れている。

英国では、非公選の上院と直接公選の下院の組合せの中で、活発な貴族院修正が行われているが、法案審議において、ソールズベリー・ドクトリンがあるほか、1911年議会法及び1949年議会法により庶民院議決が優越するため、最終決定権はあくまで下院が有している点は、民主的正統性と権限の相関関係の平仄が合うところとなっている。

（2）英国議会の解散権の射程

英国では、上院公選化構想と機を一にして、議会期改革もなされた。2011年議会期固定法は、首相の助言により国王大権をもって行う議会解散権を廃止し、原則として議会期を5年に固定した。ただし、庶民院の議員定数3分の2以上で早期総選挙動議が可決、又は内閣不信任案可決後に次

の内閣の信任決議案が可決されず14日経過した場合に早期総選挙を行うという例外を認めるものであった。

同法制定後、2015年は任期満了総選挙で保守党単独政権となったが、2017年にテリーザ・メイ首相が早期総選挙動議を提出したところ、早期総選挙で保守党は少数与党に転落した。次いで、ブレグジットの議会承認に苦慮するボリス・ジョンソン首相は、2019年に3度早期総選挙動議が否決されたため、2019年早期議会総選挙法を制定して議会解散を行ったところ、保守党が地滑り的に勝利するという経緯をたどった。このような中、議会期固定法の見直しの機運が高まり、2022年議会解散及び召集法が制定され、2011年議会期固定法は廃止、議会解散及び新議会召集のための国王大権が復活し、首相の裁量的解散権も従前に復した。

この解散制度の変遷は一貫して貴族院との均衡関係に及ぶものではなかったが、2011年議会期固定法の選挙サイクルと貴族院改革法案の貴族院公選サイクルの同期という制度設計がダブル選挙を図る想定であったところ、貴族院改革法案の撤回と議会期固定の廃止により、英国の二院制改革も蹉跌を見た。

おわりに

これまで見てきたように、公選上院にウェストミンスター・モデルを移植し不適合に陥っているのが日本であり、ウェストミンスター・モデルに公選上院を移植しようとして不適合が懸念されたのが英国であると対比することができる。

英国の上院改革の特徴としては、ウェストミンスター・モデルの基本構造を維持しようとしつつ、貴族院公選化に伴う上院の民主的正統性の獲得による両院間の対立への懸念があった点が重要である。他方、日本では、戦後改革で急遽上院が公選化されて参議院が創設され、1990年代以降の政治改革・行政改革で英国型の政治行政制度を摂取したものの完全に定着していない。

以上を要するに、ウェストミンスター・モデルへの公選上院の接合、公選上院へのウェストミンスター・モデルの接合にはともに困難性があるということになる。日本における今後の課題は、政治改革による衆議院の変化と抜本的改正を受けていない参議院との接合をいかに図るか、政治改革そのものを見直すかということである。その底流においては「二院制改革」という視点が必要であり、各議院の選挙制度改革の一体的検討のほ

か、両院の構成と権限の相関関係に係る憲法論議、さらにはデモクラシーの在り方の立憲的再構想が求められよう。

注
（1）Arend Lijphart, *Patterns of Democracy: Government Forms and Performance in Thirty-Six Countries*, 2nd edn., New Haven: Yale University Press, 2012, pp.3-4.
（2）高見勝利「参議院全国区制改革の沿革―諸案の由来と問題点を中心に―」『ジュリスト』776号（1982年10月15日）13頁。
（3）ただし、同時活動の原則の例外に参議院の緊急集会が、独立活動の原則の例外に両院協議会、合同審査会等がある。
（4）参議院の緊急集会での措置に対する次国会開会後10日以内の同意権は、衆議院にのみ認められた権能である。
（5）高橋和之『国民内閣制の理念と運用』（有斐閣、1994年）17～43頁、同『現代立憲主義の制度構想』（有斐閣、2006年）63～92頁等を参照。
（6）高見勝利「国民内閣制論についての覚え書き」『ジュリスト』1145号（1998年11月15日）40～51頁等を参照。
（7）高橋和之「日本国憲法は『合意形成型』と適合的か―高見教授の批判への応答―」高見勝利先生古稀記念『憲法の基底と憲法論―思想・制度・運用―』（信山社、2015年）338～339頁。
（8）宍戸常寿ほか編著『戦後憲法学の70年を語る―高橋和之・高見勝利憲法学との対話―』（日本評論社、2020年）292～293頁。
（9）岡田信弘「二院制研究の今日的課題」『政治変動と憲法理論』憲法理論叢書19（敬文堂、2011年）73頁。
（10）Nicolas Besly and Tom Goldsmith, *How Parliament Works*, 9th edn., Oxon: Routledge, pp.377-385.
（11）Meg Russell, *The Contemporary House of the Lords: Westminster Bicameralism Revived*, Oxford: Oxford University Press, 2013, pp.144-159.

対抗権力としての発案 (initiative)
――フランスにおける合同発案レファレンダムの経験から

古木　凌
（明治大学・院）

はじめに

　代表民主制の危機が叫ばれ続けて久しいが、ピエール・ロザンヴァロンは、その危機ないし代表民主制への不信がそもそも近代民主主義を構成する本質的な要素であると指摘している[1]。行政国家・福祉国家現象として、国家が対象とする活動は広範にわたり、膨大かつ複雑になっている。そして、科学技術の進展は予測しがたい大きなリスクをもたらしており、マクロ経済も予測が困難であり、また社会における個人同士の信頼関係も基盤を失っている[2]。このような状況を現代民主主義は前提とする。そうした中で、国家意思の形成過程が錯綜した場合、国家機関の間の紛争の解決をレファレンダムに求めるのは古典的であるが、しかし、このような期待には国民自身の決定という正統性によってレファレンダムの結果を無謬の覆しがたいものとする傾向があり、危険性も大きい。また、代表制において代表されない排除された人々の存在を可視化する機能を持つ一方、しばしば排外主義的な主張を伴いつつ、自分たちこそが「真の人民」であると称するポピュリズムも、レファレンダムを要求するが、同様の危険がある[3]。現代民主主義の問題状況に対して真のオルタナティヴを探さなければならない。そこで注目されるのが、レファレンダムの手続きのうちの発案である。

　フランスでは合同発案レファレンダム (référendum d'initiative partagé : RIPという) が、2008年の憲法改正で制度化された[4]が、その適用のための法律および組織法律が施行された2015年にようやくその運用が現実的なものとなった。近年では、パリ空港民営化や年金改革の問題をめぐってRIPは、反対派の対抗手段として活用されている。RIPとは、レファレンダムの発案権が（一定数の）国会議員と人民の合同によって行使されるものということができる[5]。これに対して、人民発案レファレンダムは、その発案権が人民のみにあるものとして、RIPと区別される。RIPは、完全な「下から」のレファレンダムではないが、あるいはむしろ完全

な人民発案ではないからこそ、合同発案は代表制と直接制の接合のあり方に関して示唆に富む豊かな経験を提供している。

本稿では、レファレンダムの機能を整理し、その中で発案に帰される対抗権力 contre-pouvoir 機能が、現代民主主義において重要であることを指摘し、それから近年のフランスでの RIP の経験から対抗権力としての発案が具体的にどのように機能しうるのか、その可能性を検討する。

1　レファレンダムの機能分類と対抗権力としての発案
（1）国家権力の正当化および国家意思の統一の作用

フランシス・アモンによれば、レファレンダムの機能は、世論に熟議的性格を与える一般的な機能に加えて、個別の4つの機能に整理できる[6]。第一に正当化機能である。これは代表者は限られた委任しか受けていないという考えと結びついている。すなわち、通常政治において決定を下すために代表者が選ばれるとしても、最も重要な、特に代表者の権力の基礎、またはその権力行使の一般的な枠組みに関する問題——憲法制定の場面が典型——を最終的に解決する権限は、レファレンダムによって決定を下す人民に残されている。人民による基本的な正当化は重要だが、国家元首から「人民への訴え」という「上から下へ」の手続きで、実質的に国家元首への信任を問題とすることに争点がずらされ、その権力を強化ないし無制約に承認するプレビシットとなる危険がある。そうした統治権力、為政者を信任するか否かのレファレンダムは、第二の信任投票機能と整理される。

第三に、国家機関同士の間で紛争が起き膠着状態に陥った場合に、その紛争を終局的に解決するために人民自身に訴えるという裁定機能である。これはすべての権力が人民に由来するという民主主義の定式から当然に導かれる。第三共和制期において、カレ・ド・マルベールが議会での合意形成が困難な状況を打破するものとして期待したのはレファレンダムであったが、それはこの裁定機能に期待してのことであった[7]。

（2）国家権力をコントロールする対抗権力機能

以上の3つの機能は、国民＝被代表と統治権力＝代表との意思の一致を創出する作用であり、それ以前に代表と被代表に不一致があればそれを解消して国家権力を機能させる、いわば国家におけるエンジンである。他方で、正当化した権力の行き過ぎを抑制するように、レファレンダムがブレーキとして作用する場合もある。それが第四の対抗権力機能である。

これは当然、レファレンダムが統治権力のコントロールを受けないよう、一定数の市民や議会少数派などの権力から独立した発案権を前提とする。こうした市民や議会少数派は、発案のために組織される非恒常的なものだが、貴族制的第二院や憲法院のように選挙された代表者の権力に対抗する自律的な機関であり、さらにそうした非公選制機関が主張しえない民主的正当性を有する点でより力を持つものである。アモンは自覚的にはっきりと書いているわけではないが、この対抗権力機能は、レファレンダムそのものの機能というよりも発案の機能だといえる。なぜなら、カール・シュミットが表決と発案を適切に区別しているように[8]、表決は国家意思の統一のための作用であるが、発案は立法機関に対して一部の国民が競合するものであるからだ。つまり、発案は定義上、対抗権力なのである。

初めにロザンヴァロンに依拠して指摘した現代民主主義の問題状況に照らせば、他の機能よりも対抗権力を重視すべきである。広範かつ膨大で複雑な国家活動のすべてを一挙に正当化することは不可能であり、ありえたとすれば白紙委任とならざるを得ないだろう。そこで必要なのは「不信への備え」を定式化することである。ロザンヴァロンは、民主主義的な不信表明の方法として、監視・阻止・審判という三つの様態を挙げている。発案を対抗権力として捉えるに当たっては、阻止に注目したい[9]。

阻止は、モンテスキュー『法の精神』における、行動する能力と阻止する能力という区別に由来する。政府になんらかの行動や決定をとらせることが委任によっては難しいことが明らかになると、市民は権力に対する制裁を増やすという有効な手段を見出したのである。このようにして、肯定的民主主義、つまり選挙による意思表明と合法的制度に対して「否定的社会主権」といえるものが、徐々に確立されたという。阻止（否定ともいわれる）の利点は組織化が容易であり、その意図が明確であることだ。複雑化した社会の中で、阻止・否定の形での対抗権力は効果的な役割を発揮するだろう。そして、ロザンヴァロンは「人民主権は実際に、ますます拒絶の力として示されるようになって」おり、元来の民主主義に加えて、「新たな拒絶の民主主義」、「拒否権としての人民」の主権が重ねられるようになっていると述べている[10]。

対抗権力としての発案は、そのような阻止の手段として機能しうると考えられる。次にその可能性を近年のフランスの経験から検討する。

2　フランスにおける対抗権力としての発案の試み[11]
(1) 対抗権力の勝利？——パリ空港民営化反対のための合同発案
①2019年5月9日判決の経緯と論点

　パリの空港は、長らくパリ空港公団によって管理されてきたが、2005年から株式会社パリ空港会社（Société aéroports de Paris：ADPという）に移行していた。国にはADPの株式の過半数を保有する義務があったため（本RIP法案提出時の国の株式保有率は50.63%）、2019年4月11日にフランス政府は、Pacte法という当該義務を廃止する条項を含む法律を採択した。このPacte法の可決の前日、「パリ＝シャルル・ド・ゴール、パリ＝オルリーおよびパリ＝ル・ブルジェ空港の整備、運営、開発は、1946年10月27日憲法の前文9項の意味における、国の公役務の性格を有する」とする一条のみからRIP法案が、国民議会の理事部に提出された。1946年憲法前文9項は、国の公役務の性格を持つ事業は公共の所有に属さなければならないとしているため、本法案はADPの民営化を法的に阻止することを目的としていると解される。

　本法案はRIPの第一の要件である国会議員の5分の1の署名を集め、RIPの手続きが初めて開始された。2019年5月9日には、本法案の憲法適合性を確認する憲法院の判決が下され[12]、第二の要件である有権者の10分の1の賛同の収集の手続きも行われたが、この要件を満たさなかったため、そこで手続きは終了した。本判決において、対抗権力としての発案という観点から問題となったのは、議事妨害目的のレファレンダムとして排除すべきか否か、という論点だ[13]。この点は具体的には、憲法11条3項後段および6項の消極的要件に該当しないかの審査で問題となる。憲法院は、付託の登録日を基準として、本RIP法案が「過去1年以内に審署された法律の規定の廃止を対象とするものではな」く（11条3項後段）、「同一の事項を対象とするいかなる議員提出法案も過去2年間に国民投票に付されていない」（同条6項）ことを確認し、憲法適合性を認めた。これに対しては、形式的な憲法条文の適用ではなく「憲法の精神」を尊重すべきだという批判も多くなされた。

②2019年5月9日判決の評価の対立

　オリヴィエ・デュアメルとニコラ・モルフェシは、本判決が「法的および民主的に二重の過失」であるとし、そしてRIP法案は「Pacte法を阻止することを唯一の目的とするため、それが公布された場合、本法律案は

まさに憲法11条の精神に違反することになる」としている(14)。またアンヌ・ルヴァドも、「憲法院は確かに憲法の文言は尊重したといえるが、その精神を裏切った」、そして、「政治に関わろうとしないということは、民主主義の原則を疎かにしてよいということではない」と批判している(15)。さらに元憲法院事務総長のジャン＝エリック・ショッテルも「条文の精神を文言に優越させるべき」だと述べている(16)。

　これらの論者が依拠する憲法11条の精神とは何か。2008年憲法改正の際、RIP法案は「過去１年以内に審署された法律規定を廃止することができない」との規定が提案され、元老院第一読会の報告者ジャン＝リュック・ワルスマンは「この制約の目的は、審議の際に議会グループの反対があっても、国会で最終的に可決が見込まれる条文を、国民投票を通じて、直ちに再問題化しようとすることを、本手続きが可能にすることを避けること」だと述べた(17)。この議事妨害のためのRIPの禁止こそが、制憲者の意図であり、すなわち憲法11条の精神だと主張されているのである。

　今回のRIPは、可決の見込まれるPacte法の採択の前日に、その内容に真っ向から反対するADPの民営化を禁止する法律案を提出することで、徒に民営化法案の可決を遅らせる議事妨害の効果を狙うものであったと評価できる。しかし、たとえ議事妨害の目的にRIPが用いられたといえるとしても、RIPを認めた憲法院に対して肯定的な見解も存在している。

　ベルトラン・マチウは、「直接民主主義のメカニズムと代表民主主義のそれとの間の望ましい均衡を確立するのは、憲法制定者〔たる国民〕の役割であり、裁判官が自らの評価で取って代えたり、あるいは諸制度に関する自らの見解に照らして、憲法上の誤りであると考えたものを修正したりすることはできない」とする。議会＝代表制の機能不全を是正する役割を国民＝直接民主制に求め、憲法11条の文言通りの適用によりレファレンダムの手続きを開くことを肯定的に評価している。

　また、ポール・カッシアとパトリック・ワイルは、デュアメルとモルフェシの議論がRIPの妥当性を認めると、議会が可決したADP民営化を妨げ、248名の議員の策略を支持したことになると主張しているとした上で、「RIP法案を付託された憲法院は、幸いにもそのような党派的評価を行う権限を持たない」という。「憲法院が専らしなければならないのは、法律案が憲法に適合するか否か〔……〕を確認することである」。そして、RIPの賛同の収集手続きが開始されれば、「公的な議論と市民参加の時間が始まり、我々の民主的および共和主義的諸制度が強化されるだろ

う」と述べ、RIPの手続きを民主主義の観点から好意的に評価している[18]。

　RIPを認めるか否かについての見解の対立において見られるのは、対抗民主主義ないし対抗権力の次元を認めるか否かという民主主義観の対立であるといえよう。有権者の10分の1の賛同という非常に高いハードルなど、レファレンダムの実現そのものは非常に困難である。しかし、国民投票の表決により国民の意思を統一することはできなくとも、議会多数派に反対する少数派が民意を味方につけることにより、あるいはこの問題に世論の関心を集めることにより、議会多数派に再考を迫る余地はある。

　そもそも「実際上議事妨害は、議会意志形成をそもそも不可能にする手段としてではなく、多数派と少数派の間の妥協をもたらそうとして遂行されることも稀でない」とハンス・ケルゼンが積極的に評価しているように[19]、議事妨害的にRIPが用いられるとしても、より慎重な審議を行わせるためのRIPは、対抗権力の一手段として評価することができよう。

（2）RIPの範囲を狭める厳密な解釈

　2023年1月19日、エリザベット・ボルヌ首相は、年金支給開始年齢を現在の62歳から64歳に引き上げる年金改革法案を提出した。フランスでは黄色いベスト運動が生じるまでの庶民階級の困窮状況があり、その経済的な圧迫は失業不安などに加えて年金不安ももたらしていた。年金受給開始年齢の引き上げは長年の課題である一方、年金生活者をさらに苦しい状況に追い込むものであり、年金改革に激しい反対が起こるのは当然のことであった。実際に国民の多くの反発が引き起こされ大規模なストも行われたが、3月16日には国会での最終審議が行われ、元老院では賛成多数で可決、与党が過半数を割る国民議会では否決のリスクを回避して憲法49条3項により採決なしで採択が強行された。4月14日に憲法院は、本法律案の憲法適合性を確認したが、同日、3月20日に提出されていた年金支給開始の法定年齢を62歳を超えて定めることができないと確認することを目的とするRIP法案についての憲法適合性審査も行われた[20]。

　本判決で争点となったのは、本RIP法案が憲法11条1項の挙げるレファレンダムの対象にかかわるかという点である。本RIP法案は、年金受給開始年齢を62歳を超えては定めることはできないとする単一の条文から成っている。法律上の年金受給開始年齢は62歳に設定されており、「したがって、付託日において、本法律案は法状況（l'état du droit）の変更をもたらすものではない」と憲法院は判示した。そして、「立法者は、議会の採択によるかレファレンダムでの採択によるかにかかわらず、つねに立法

規定を修正、補足または廃止することができるのであるから、本法律案がレファレンダムによって採択されるという状況も、本法律案が立法者を拘束する上限を定めているということも、法状況の変更をもたらすと考えることを可能にするものではない」とも確認されている。

　本判決に対して、サミー・ベンジーナは、憲法院が法案の採択手続の欠陥を回避するためには文言通りの解釈をとる一方で、レファレンダムの手続きの濫用を防ぐためには「注釈的な解釈」をとっており、ご都合主義的だと批判している(21)。この注釈的解釈とはどのようなものであったか。

　レファレンダムの対象に「国の経済または社会政策およびそれにかかわる公役務をめぐる諸改革に関する法律案」を加えた1995年の憲法的法律の元になった法律案の提出理由書では、「改革」という語は、レファレンダムの諮問に参加するよう求められる市民にとって一定程度の範囲の重大な変化をもたらす立法計画を指すものと考えられるとされていた(22)。

　本判決に先立つ2022年10月25日判決で憲法院は、単なる増税は「税制の大幅な変更」には当たらず、憲法11条の意味での「改革」に当たらないとした(23)。このような法律の大幅な変更に「改革」が限定され、本判決も年金改革反対のRIPは憲法11条の対象にならないと判断した。しかし、どれだけの幅があれば「改革」に当たるのかは不明であり、「改革」の範囲は曖昧である。ベンジーナは、本件に関して、年金支給開始の法定年齢を「61歳11か月」とするRIP法案であれば認められただろうかと皮肉混じりに問題提起している(24)。また、政府の提案または両議院の共同の提案による大統領の発案の場合には、当該法律案に対する憲法院の事前の合憲性審査が存在しないこととの非対称性も問題であろう。

　ベンジーナは、年金改革法案をめぐって特筆すべきものとして、改革反対派のある期待を指摘している。それは、合同発案レファレンダムを通じて市民が年金支給開始年齢の引き上げについて判断を下すこと、つまり合同発案レファレンダム法案の憲法適合性を憲法院が認めることで、市民が「真の対抗権力」となるというものである。この期待は大きく裏切られたということになる(25)。RIPは対抗権力として期待されつつも、極めて不明瞭な形で憲法11条1項の「改革」の意味に注釈が加えられることでRIPの範囲が狭められ、対抗権力としての運用も限定されてしまった。

おわりに

　レファレンダム、特にその発案の対抗権力機能に注目し、対抗権力とし

ての発案の可能性について、近年のフランスの経験から検討してきた。フランスでは、議会の法案審議の加速が図られてきたところであり、そして年金改革でも用いられた憲法49条3項では議会の迂回が可能になっている。このような状況において、RIPに関しては、可決の見込まれる法案の採択を遅らせようとする議事妨害として用いることへの反発は強く、廃止型レファレンダムのような用い方にも強い抵抗があるが、そのような阻止のための、対抗権力としての発案には、代表制の機能不全を是正する重要な意義があるといえよう。この点、「RIPは今後、野党が用いることのできる新たな形態の停止的拒否権となりうるかもしれない」とも言われている⁽²⁶⁾。RIPは運用されはじめて間もない発展途上の制度である。期待される役割、また果たしうる役割もまだはっきりとはしていない。今後の活用の動向を注視するとともに、主権論など理論的な観点からRIPがどのように位置づけられるのかについても考察を深めていくことが必要である。

注

（1）Pierre Rosanvallon, *La Contre-Démocratie : La politique à l'âge de la defiance*, Paris, Seuil, 2006（嶋崎正樹 訳『カウンター・デモクラシー 不信の時代の政治』岩波書店、2017）.

（2）*Ibid.*, pp.15-18（同上8-10頁）。

（3）Pierre Rosanvallon, *Le siècle du populisme : Histoire, théorie, critique*, Paris, Seuil, 2020は、ポピュリズムの歴史、理論を紹介・整理し、批判する中でレファレンダムについても論じている。

（4）RIPの制定過程については、古木凌「フランス第五共和制における合同発案レファレンダムの導入とその意義――さらなる民主化とその抑制――」法学研究論集56号（2022年）141-160頁参照。

（5）現在のRIPは、国会議員の法律案の提出が有権者の賛同の収集に先立つ手続きとなっており、RIPを開始しうるのは国会議員に限られるため、真に「合同」発案と呼ばれるには不十分であるとの批判は多い。

（6）Francis Hamon, *Le Référendum* : *Étude comparative*, 2e éd., L.G.D.J., 2012, pp. 57-71. なお、アモンによる分類は、すでに糠塚康江『現代代表制と民主主義』（日本評論社、2010年）108-112頁に紹介がある。ただし、本稿ではアモンの整理の順とは異なり、正当化機能、信任投票機能、裁定機能の三機能とは区別される形で対抗権力機能が位置づけられると解し、特に後者に注目することを意図して再構成している。

（7）Voir, Raymond Carré de Malberg, « Considérations théoriques sur la question de la combinaison du référendum avec le parlementarisme », RDP, 1931.

（8）カール・シュミット（仲正昌樹 監訳、松島裕一 訳）『国民票決と国民発案』（作品社、2018）70-77頁参照。

（9）只野雅人「統治機構と対抗権力――日仏の比較に基づく総論的考察――」只野雅人、佐々木雅寿、木下和朗 編『統治機構と対抗権力』（日本評論社、2023）1-20頁もロザンヴァロンのカウンター・デモクラシー論を念頭に統治機構における対抗権力について総論的に論じている。同書はさまざまな対抗権力について比較法的に分析・検討している。本稿は発案に着目するが、他の諸（対抗）権力との関係も考慮する必要があるだろう。

（10）Rosanvallon, supra note 1, pp. 20-21（12-14頁）。

（11）本節ではパリ空港民営化と年金改革をめぐる RIP に関する憲法院判決を扱うが、いずれも古木凌「マクロン政権下の合同発案レファレンダムをめぐる諸動向――憲法院判決を中心に――」法学研究論集60号（2024年）121-134頁で扱っている。記述が重複する部分があるが、「対抗権力としての発案」という観点から整理し、加筆・再構成している。

（12）Decision no2019-1 RIP du 9 mai 2019. 本判決については、井口秀作「『合同発案による国民投票』と2019年５月９日フランス憲法院判決」愛媛法学会雑誌46巻１・２合併号（2020）117-126頁に紹介がある。また、Pacte法の憲法適合性に関する同月16日の憲法院判決が下されている。両判決の関係については、古木・前掲註11）参照。

（13）他の論点についての議論は、古木・前掲註11）参照。

（14）Olivier Duhamel et Nicolas Molfessis, « Avec le RIP, le Conseil constitutionnel joue avec le feu », Le Monde, 14 mai 2019.

（15）Anne Levade, « le Conseil constitutionnel comme si de rien n'était ! », L'Express, 23 mai 2019.

（16）Jean-Éric Schoettl, « De quelques questions épineuses sur le RIP "Aéroports de Paris" », Petites affiches, n° 114, p.4.

（17）SÉNAT RAPPORT, N° 387, pp. 66-67.

（18）Paul Cassia et Patrick Weil, « Le Conseil constitutionnel n'a commis ni faute juridique, ni faute politique », Le Monde, 16 mai 2019.

（19）ハンス・ケルゼン（長尾龍一、植田俊太郎 訳）『民主主義の本質と価値　他一篇』（岩波文庫、2015）84-85頁。

（20）Decision n° 2023-4 RIP du 14 avril 2023.

（21）Samy Benzina, « Une illustration de la conception française du contrôle de constitutionnalité : les décisions sur la réforme des retraites », Jus Politicum, n° 30, 2023.

（22）Loi constitutionnelle n° 95-880 du 4 août 1995, n° 2120, Assemblée nationale.

(23) Decision n° 2022-3 RIP du 25 octobre 2022.
(24) Benzina, supra note 21, p. 40.
(25) オリヴィエ・ボーは、年金改革反対派の期待がそもそも憲法に関する無知によると批判する（Olivier Beaud, « Quelques réflexions sur l'inculture constitutionnelle française révélée par l'épisode de la réforme des retraites », Jus Politicum, n° 30, 2023）。
(26) Marthe Fatin-Rouge Stefanini, « Le RIP pourrait devenir une nouvelle forme de veto suspensif », *Le monde*, 17 mai 2019.

「行政府内における権力分立」論の誕生
—政治(政党)・対・行政(職業公務員制)の分化・均衡

佐藤　太樹
(慶應義塾大学・院)

はじめに

　近年アメリカの憲法学では、官僚機構の政治化（政治任用の拡大と政策形成過程の集権化）が進行する状況の中で、改めて官僚機構の専門的自律性を再評価する学説が登場している。この学説は、憲法学者のマイケルズやメッツガーによって提唱され、「行政府内における権力分立（administrative separation of powers）」論[1]と呼ばれている。同学説は、執行府内部の分権的組織構造（大統領及び政治任用職・対・職業公務員）を規範的に再評価する見解であるが、この学説によると、職業公務員は、専門性の観点から内部的チェックを行い、大統領の独断主義を牽制する憲法的アクターとして位置付けられている。本稿では、この新しい学説が生まれた背景を確認しながら（→1）、マイケルズ及びメッツガーの所説を紹介し（→2）、その上で日本の憲法学説への示唆を導く（→3）。

1　2つの背景——職業公務員制の誕生と官僚機構の政治化

　「行政府内における権力分立」論が主張された背景には、20世紀中盤以降の行政改革によって大統領の指揮監督権が強化された結果、その反動として、執行府内部の専門的チェックを迂回し独断的に政治主導を断行する大統領の専制性が次第に顕在化してきたことが関係している。こうした状況を受けて憲法学説では、職業公務員制の創設理念に立ち返りながら、政治と行政の役割分担を見直し、憲法学の観点から、官僚機構の専門的自律性を再評価する動きが進んでいる（→2）。本節では、マイケルズ・メッツガーの検討に先立ち、この新しい理論潮流が生まれた2つの背景（①19世紀後半の職業公務員制の誕生と②20世紀中盤以降の行政改革）を確認する。

(1) 職業公務員制の創設と行政の誕生

　アメリカの職業公務員制は、1883年のペンドルトン法[2]によってはじめて整備されたものであるが、その特徴は、スポイルズ・システムからの脱却を出発点としながら、政党組織と行政組織の機能分化を実現するた

の仕組みとして発展してきた点にある。

　ペンドルトン法の制定以前、行政官職は、選挙戦に協力したことの見返りとして政党構成員に配分されており、そのため、大統領の政権政党が変わるたびに、大半の官職が更迭・交替されていた。

　もっとも、かかる人事慣行は、職員の専従を不可能にする制度であったため、職員の専門分化を妨げる最大の要因となっていた。そのため19世紀中盤以降、スポイルズ・システムの刷新が唱えられるようになったが、この運動に理論的基盤を与えたのが、政治行政二分論であった。この潮流の中で、公法学者のグットナウは、「行政（administration）は、政党組織のコントロールから、完全ではないにせよ、大きく切り離されるべきだ」と指摘した上で、行政機関を政党員によって組織するのではなく、競争試験で採用される専従の公務員によって組織すべきだと主張していた[3]。

　こうした歴史的背景の下に制定されたのが、先述のペンドルトン法であり、以下の２つの規定が設けられた。

　第１に、大統領の指定する分類職につき競争採用試験を実施すべきことが定められた。その後、1900年には全連邦職員の約50％が、1930年には全体の約80％が、競争採用試験の適用対象に切り替わった[4]。第２に、上官が公務員に対して政治献金を拠出するように強要することを禁ずるとともに、献金拠出を拒んだことを理由とする解任が禁止された。さらに1912年法[5]では、公務の能率以外の理由で公務員（分類職）を解任できない規定が追加された。

　このように、この時期の公務員法制は、主に採用と解任の局面で「人事システムの運用から政治及び政治家の影響を締め出し」[6]、人事任用の場面で政治家による党派的介入を遮断する仕組みを確立した。長くスポイルズ・システムの下に置かれたアメリカでは、公務員の採用や解任の場面で政治家からの党派的影響を締め出すことによってはじめて、近代的な公務員制度を立ち上げることができたのである。

（２）行政改革と官僚機構の政治化

　アメリカでは20世紀中盤までに職業公務員制が確立されたが、今度はこれに対する民主的コントロールという新しい課題が生ずるに至った。特に1930年代以降の一連の行政改革の中で、大統領の行政管理能力を強化すべきことが勧告されるようになり、それが実際の法制改革へと結実した。

　こうした動きの契機となったのが、1937年のブラウンロー委員会報告書[7]である。同報告書は、①大統領が憲法上行政各部に対する指揮監督

権を持つことに留意した上で、②かかる憲法上の権限を実質的に強化するために、大統領が、組織・人事管理・予算・政策調整の各局面でコントロールを強化すべきだと勧告した。

この報告書を受けて、20世紀後半までに次の2点の改革が実現された。

第1に、政策形成プロセスを集権化するための仕組みとして、OMB審査が新設された。この審査の下で「OMB（大統領府の行政管理予算局）は、各行政機関の提出する規制影響分析の適否を判断し、審査手続が完了するまで、場合によっては永久に、提案された最終的な規則の発行を停止する権限を有する」点で、「規則制定手続に対する実質的なコントロール」を行うことができ、レーガン政権以降、「大統領の政策アジェンダを実現するための手段」として定着した[8]。

第2に、政治任用の拡大が挙げられる。まず、各省の長官・副長官・次官・次官補などの上院承認職は、1933年から1989年までに73人から573人に増員された[9]。また、1978年の公務員制度改革法で、各省の課長級から構成されるSESが新設され、政府全体のSESのうち10％を限度に政治任用を行うことが可能となった（5 U.S.C. § §3134 (c)-(d)）。

こうした一連の改革の結果、大統領を頂点とする集権的な行政システムが整備された。そして、こうした統治構造の変化については、公法学説では、官僚機構に対する民主的コントロールを確保する観点からこれを肯定的に評価する見解が現在でも有力である[10]。

もっとも、2000年代以降、官僚機構の政治化によって行政の中立性が歪曲される事態が顕在化するようになると、憲法学説においても、「行政の政治化（politicization of administration）」[11]の懸念が共有されるに至り、官僚機構の専門的自律性を再評価する動きが模索されるようになった。

2　「行政府内における権力分立」論の誕生

(1) マイケルズの所説

「行政府内における権力分立」論の提唱者であるマイケルズは、職業公務員制の創設理念に立ち返りながら、職業公務員制の憲法的意義を、執行府内部の抑制均衡の確保に見出そうと試みている。

彼によれば、ペンドルトン法は、政治を行政から切り離すことによって、執行府内部の抑制均衡（＝大統領及び政治任用職だけではなく、これに職業公務員が対峙している組織構造）を確保してきたという。ペンドルトン法を嚆矢とする一連の公務員法制は、競争採用試験を導入し、また党派的な理由

に基づく解任からの保護措置を整備したものであるが、マイケルズによれば、同法制によって公務員は、「政党のマシーンや特定の大統領のために僅かな期間勤務するのではなく、国家のために職業公務員（career）として勤務する」(12)ようになったとされる。そのため、公務員に「執務知識を身に付けるインセンティブと機会」(13)が担保されるに至り、その結果、行政の専門性を支える人的基盤が確保されるようになった。

こうして職業公務員制の自律性が確保されるに至ると、その結果、執行府内部では、大統領及び政治任用職と職業公務員との間に「相互抑制、均衡、協働」(14)のメカニズムが働くようになったとされる。すなわち、マイケルズによれば、第1に、職業公務員は、政治任用職に執務知識を供給することで、政官の円滑な情報コミュニケーションを確保する（協働の契機）(15)。第2に、職業公務員は、専門職としての見識と良心に基づいて上官に対し忠言し、強権的な政治主導を抑え込むことができる（牽制の契機）。

このようにマイケルズの所説は、ペンドルトン法によって執行府内部の抑制均衡が定礎されてきた実態に着目した上で、そうした実態観察の中から、職業公務員が実際に立憲的な権力牽制の機能を果たしてきた点を再評価する議論である。もっとも、マイケルズは、職業公務員の果たすべき憲法的役割を、憲法条文の解釈と結び付けて議論をしておらず、この点で憲法解釈論として不十分さを残すものであった。これに対して、次に紹介するメッツガーは、マイケルズの「行政府内における権力分立」論を引き継ぎつつも、これを解釈論（条文解釈及び司法審査）として精緻化する形で議論を進展させている。

（2）メッツガーの所説

まず、メッツガーは、マイケルズと同様、職業公務員が、法執行の合理性や適正さを担保する役割を果たしてきた点に注目した上で、その働きを抑制均衡の確保と結び付けて再評価しようと試みている。彼女によれば、職業公務員は、「大統領によって駆り立てられた行政の単独主義と権力増大の可能性」を抑え込み、「行政権が政治的に濫用されることを抑制」する働きを果たしてきたとされる(16)。

その上でメッツガーは、こうした職業公務員の規範的機能を確保するために、憲法上、職業公務員制の創設が義務付けられるとの見解を提示している。つまり、メッツガーは、①行政プロセスの専門性を確保するためには職員の専門分化が必要不可欠だと述べたランディスの所説(17)を引用した上で、②このランディスの議論を補助線としながら、誠実執行条項（＝

「大統領は法が誠実に（faithfully）執行されるように留意しなければならない。」合衆国憲法2条3節）を次のように再解釈する。すなわち、「誠実な法執行に留意すべき義務を果たすためには」大統領は適格な行政能力（administrative capacity）、つまり官僚機構を備えなければならず、また、特に「高度の不確実性と複雑性の伴う状況で委任権限を誠実に執行できるようにするためには、十分な行政資源と人員、とりわけその執行に見合う的確な専門性と専門分化が要請されている。つまり、今日では専門職能を備えた専門職員が憲法上要請されるのであり、また、行政機関内部での専門性と組織としての持続性が必要とされる限りで職業公務員（civil service）が憲法上要請されている。」[18]

このように、メッツガーによれば、誠実執行条項は、職業公務員制の創設を要請しており、同法制の下で職業公務員は、憲法上、大統領による党派的な政治主導を牽制することで法執行の合理性や中立性を確保する役割を担うものと解される。

もっとも、こうした職業公務員の機能や役割は、大統領による独断的な政治主導によって骨抜きにされる場合があり得る。そこで、メッツガーは、①トランプの入国制限令に係る裁判例を参考にしながら、②裁判所が執行府内部の抑制均衡を復元させるような司法審査を行うべきとの見解を提示している。以下では、入国制限令に係る裁判例の骨子を確認した上で、その裁判例からメッツガーがどのような司法審査論を汲み出そうと試みているのかを検討する。

まず裁判例の概要を確認する。2017年にトランプ大統領は就任早々、中東諸国からの入国を制限する大統領令を発出した。この大統領令に対しては、下級審レベルでその仮差止命令の発給が相次いだが、ここでは、Aziz v. Trump 234 F. Supp. 3d 724（E. D. Va. 2017）を紹介するにとどめる。同事件では、上記大統領令が、ムスリムの排除を目的とした差別的措置によるものだとして、国教樹立条項違反などを理由とする仮差止命令の発給が申し立てられた。裁判所は、次のように説示して仮差止命令の発給を認めた。

「安全保障上の行政措置は、通常、大統領令で提案された事項について幅広い経験を備えている専門家たる行政官からの種々の見識を得て、これに基づいて行われる。しかし本件では、そのような熟慮検討のプロセスが踏まれたとする証拠が存在しない。」またトランプ大統領は選挙期間中、ムスリムに対する攻撃的発言を繰り返していた。これらの証拠資料に照ら

してみると、本件大統領令は、安全保障上の合理的な動機に基づくことなく、一宗教集団を劣遇する意図から出たものである。従って、国教樹立条項違反につき本案での勝訴可能性があるため、仮差止命令の発給が認められる。

他の下級審裁判例でも上記と同様の論旨と結論が示されていたが、その特徴を要約すると、「一連の下級審では、執行府内部での専門家との協議がスキップされ、大統領のみで独断的に政策決定が断行されたという事実が敢えて強調されることで、一連の入国禁止措置が、安全保障に関わる真摯な検討から由来したものではなく、むしろ大統領個人のイスラム教排除のプロパガンダによって動機付けられたものであることが炙り出されており、これが決め手となって仮差止命令が発給され」[19]たといえる。

次いで、メッツガーの司法審査再定位論を確認すると、メッツガーは、同種の下級審裁判例を参考としながら、「裁判所は、身分の保障された職業公務員スタッフの反対を飛び越えて——または行政内部での協議や審査なしで——なされた決定には高められた司法審査が適用されるというシグナルを送ることで、内的チェックを促進強化」[20]すべきだと主張している。

3　日本への示唆——誠実執行条項と15条 2 項の再解釈へ向けて

このように、「行政府内における権力分立」論は、政治と行政の人的分離を確保することで、政党政治の党派性を抑制し、行政の合理性を温存しようと試みる学説である。特に同学説は、職業公務員が独断的な政治主導を牽制し得る点に注目した上で、そうした役割が、立憲主義的な効用（抑制均衡）と結び付き得る点を再評価する見解であった。

この学説は、アメリカの憲法学説であるため、種々の制度的前提を異にするわが国の憲法解釈論に直ちに影響を与えるものではない。もっとも、以下で見るように、同学説が、官僚制の果たす立憲主義的効用に着目した点については、日本の憲法学説にも重要な示唆を与える可能性がある。

すなわち、従来日本の憲法学では、官僚機構の民主的コントロールを確保するために内閣の機能強化を積極的に推進していく立場が主流であり、90年代の統治構造改革についても肯定的な態度を採る見解が有力であったと思われる[21]。しかし、近年、強権的な政治主導の結果として行政システムの合理性が歪められる事態が顕在化しており、そうした状況を受けて、一部の憲法学説では、官僚機構の専門的自律性を再評価する兆しが生

じている[22]。こうした状況の中で、「行政府内における権力分立」論は、官僚制の立憲主義的な効用を活かしながら、政官の適正な均衡を再構築するための理論的視座を提示し得る可能性がある。そして、日本国憲法の解釈論としては、誠実執行条項（憲法73条1号）と憲法15条2項の再解釈が改めて重要論点として浮上してくるものと思われる。

　既にメッツガーの議論を紹介する中で見たように、合衆国憲法の誠実執行条項は、職業公務員制の根拠規定と解釈され、行政の合理性や専門性を支える根拠条文として再評価されつつある。そこで日本でもこの議論を参考に、誠実執行条項の再解釈確を試みる可能性が考えられる[23]。確かに日本国憲法の行政権（65条）の中には、「国務の総理」（73条1号）のように国政全体の舵取りに関わる高度の執政作用が含まれている[24]。しかし、適正な政官関係の均衡を確保するためには、行政の合理性や法治行政を支える憲法的基盤として、誠実執行条項を再評価することが求められるものと思われる。

　他方、憲法15条2項については、既に樋口陽一が指摘しているように、「日本国憲法のもとでも、公務員を『全体の奉仕者であって一部の奉仕者ではない』（一五条二項）とする条項を、『政』…に対する『官』の自立性——その効果としての権力分立——を支える手がかりとする可能性」[25]がある。

　この樋口の着眼点は、日本国憲法の当初構想の中に内蔵された原理だった可能性がある。つまり、憲法制定と同時に職業公務員制を定めた国家公務員法は、元々憲法15条2項の具体化立法として制定され、政党組織と行政官僚制の分化・均衡を確保するための仕組みとして創設された。国家公務員法の調査・立案を担当した行政調査部によれば、国家公務員法は、日本国憲法の下で新たに政党政治が再建されることを念頭に、定期的に政権交替が生じても安定的に持続可能な行政組織の自律性を確保するために、スポイルズ・システムを排し、能力の実証に基づく職業公務員制度を確立する趣旨で制定されたものであった[26]。

　こうした背景に留意して今一度憲法15条2項を読み直せば、「全体の奉仕者」たる職業公務員には、大衆民主政の〈数〉の論理からは独立して、（これに補完・対抗する形で）客観性や合理性などの〈理〉を実現する役割が期待されていた可能性がある[27]。そうであるとすれば、今後の検討課題としては、法の支配と行政の関係性[28]に関わる基本論点にも留意しながら、統治構造の中で職業公務員が果たすべき役割や機能を、憲法学の観点

から再検討していくことが考えられよう。

　また、こうした基礎理論的な論点を考察するに際しても、政官関係を規律するより具体的な実定制度との接点にも留意する必要がある。例えば、イギリスの憲法習律では、公務員に政治的中立性や客観性を体現する役割が期待されている（Civil Service Code）一方、大臣等の政治家の側にも公務員からの助言を適切に尊重する義務が課せられている（Ministerial Code para. 5.2)[(29)]。日本の政策形成のあり方を再考する上でも、政と官の〈協働〉の契機に留意して憲法理論を再構築していく可能性が考えられる[(30)]。

　残された課題は多いが、今後は、「行政府内における権力分立」論の立憲主義的志向を基軸としながら、誠実執行条項や憲法15条２項の再解釈を試みつつ、「政治（政党）と行政（官僚）」という古典的主題に立脚しながら、あわせて各論的検討も掘り下げていく必要があるものと思われる。

注

（１）山本龍彦「政官関係についての覚書」『統治構造において司法権が果たすべき役割　第１部』（判例時報2475号、2021）29頁、拙稿「『行政府内における権力分立』論の憲法的意義」法学政治学論究135号（2022）177頁、同「職業公務員制の憲法的機能」法学政治学論究138号（2023）１頁。訳語選択は以下の通りである。合衆国憲法は大統領に執行権（executive power）を授権しており、大統領を頂点とする行政全体は、執行府（executive branch）と呼ばれる。一方、行政（administration）は、法執行作用のうち、政治とは区別された専門性の領域を括り出した概念であり、元々は一九世紀後半の公務員制度改革の際に職業公務員制を正当化する文脈のなかで援用されてきた。ただし、大統領の執行権のなかには行政をコントロールする権限も含まれているため、大統領は行政府の首長（Administrative Chief）と表現されることも多い。なお、「行政府内における権力分立」論という場合の「行政府」は「執行府」と同義であるが、混同を避けるため可能な限り「執行府」の語を用いる。

（２）Civil Service Act of 1883, ch.27, 22 Stat. 403.

（３）FRANK J. GOODNOW, POLITICS AND ADMINISTRATION 85, 87 (1900).

（４）DAVID E. LEWIS, THE POLITICS OF PRESIDENTIAL APPOINTMENTS 20 (2008).

（５）Act of Aug. 24, 1912, ch.389 §6, 37 Stat. 539, 555.

（６）LEWIS MAYERS, THE FEDERAL SERVICE 19 (1922).

（７）THE PRESIDENT'S COMMITTEE ON ADMINISTRATIVE MANAGEMENT, ADMINISTRATIVE MANAGEMENT IN THE GOVERNMENT OF THE UNITED STATES (1937).

（８）Elena Kagan, *Presidential Administration*, 114 HARV. L. REV. 2245, 2278, 2282 (2001).

（9）Lewis, *supra* note 4, at 97.
（10）*See* Kagan, *supra* note 8; Cass R. Sunstein, *Constitutionalism after the New Deal*, 101 Harv. L. Rev. 421 (1987).
（11）Gillian E. Metzger, *The Interdependent Relationship between Internal and External Separation of Powers*, 59 Emory. L.J. 423, 423 (2009). *See* Neal Kumar Katyal, *Internal Separation of Powers*, 115 Yale L.J. 2314 (2006).
（12）Jon D. Michaels, Constitutional Coup 44 (2017).
（13）*Id.*
（14）Jon D. Michaels, *Of Constitutional Custodians and Regulatory Rivals*, 91 N.Y.U. L. Rev. 227, 243 (2016).
（15）Jon D. Michaels, *An Enduring, Evolving Separation of Powers*, 115 Colum. L. Rev. 515, 541-543 (2015).
（16）Gillian E. Metzger, *Foreword: 1930s Redux: The Administrative State Under Siege*, 131 Harv. L. Rev. 1, 77, 81 (2017).
（17）James M. Landis, The Administrative Process (1938).
（18）Metzger, *supra* note 16, at 89-90.
（19）佐藤2023・前掲注1）27頁。
（20）Metzger, *supra* note 16, at 82.
（21）佐藤幸治『日本国憲法と「法の支配」』（有斐閣、2002）75～83, 222～236頁、上田健介『首相権限と憲法』（成文堂、2013）を参照。
（22）「行政府内における権力分立」論を日本国憲法の解釈論に再構成する試みとして、山本・前掲注1）参照。また、高橋雅人「執政と行政」只野編『統治機構Ⅰ』（信山社、2023）291頁、奥忠憲「公務員制度改革30年」（有斐閣オンライン、2024）、（YOLJ-L2404010）。
（23）独立行政委員会につき、誠実執行条項から執行適格の要請を導き出す見解として、駒村圭吾『権力分立の諸相』（南窓社、1999）、沼本裕太「独立行政委員会制度の日独仏比較研究」同志社法学74巻6号（2022）51頁。これらの見解の検討は他日を期したい。
（24）前掲注21）参照。
（25）樋口陽一『憲法〔第4版〕』（勁草書房、2021）322～323頁。
（26）総理府行政調査部『国家公務員法の解説』（時事通信社、1947）。なお、憲法15条2項と国公法の関係性については、別稿を用意している。
（27）立憲的官僚制の役割を、大衆民主政を補完する合理性（rightness）の確保に見出す見解として、Carl J. Friedrich, Constitutional Government 409 (rev. ed., 1950). 〈数〉の政治とは対置された〈理〉の政治を体現する機関として、天皇に着目する見解として、尾高朝雄『国民主権と天皇制』（講談社、2019）。しかし、日本国憲法は、統治権の総覧者であった天皇から国政に関する権能を一切剝奪しており、その観点を重視すれば、〈理〉の体現者は、天皇というよりも、（政党の部分性

を超越する)「全体の奉仕者」たる地位を与えられた公務員のはずである。
(28) 法の支配の論理(恣意専断性の排除)は、党派性を排した合理的かつ中立的な行政を確保するために、職業公務員制の創設を要請しているものと解される(佐藤2023・前掲注1))。他方、英米法系で法の支配は、専断的な官僚支配を排するために、司法審査や行政手続法などの法的規律を設けるべきとの文脈で援用されてきた(鵜飼信成『行政法の歴史的展開』(有斐閣、1952))。
(29) 嶋田博子『政治主導下の官僚の中立性』(慈学社、2020) 179～180頁。
(30) 藤田宙靖『行政組織法〔第2版〕』(有斐閣、2022) 96～97, 401～402頁。

第 4 部
安全保障の新展開と憲法
―経済安全保障と地経学の登場に関して―

経済安全保障
― 日本国憲法のもとのそもそも論

永山　茂樹
（東海大学）

はじめに

本報告のおもな役割は、日本国憲法との関わりを意識しつつ、経済安全保障（以下、経済安保）概念の全体をスケッチすることであろう。そのことを意識しつつ、結論めいたことからはじめる。

経済安保という概念があることじたいが、現代国家における、軍事と経済との密接な関係を示唆している。だから、特に国家が軍事的権力を保有・行使することを徹底して否定した日本国憲法のもとで、経済安保の言葉で経済や政治を論じるにはそうとうの覚悟が必要だ。

本研究総会の趣旨説明でも「懸念すべきは」として、「経済目的によって安全保障概念が形成され、外交や自衛、治安維持といった諸要素がそこに組み込まれ、国民を巻き込んだ総動員体制が構築される可能性」を指摘している。

そこで経済安保から軍事の要素を注意深く取り除く試みが推奨される。しかしそれは、経済と軍事は切り離せるという前提にもとづいている。もし両者が切り離せないなら―経済安保は必然的に軍事的性質をもつとしたら―、その意図と反対に、軍事容認論につながる危険がある。

以下では、日本国憲法のもとで経済安保の概念をたてることの妥当性が疑わしいということを述べよう。議論の名宛人は、その概念をつかいはじめた国家、そしてその概念をつかおうとしている私たちである。

1　系譜からみる経済安保論

（1）西側世界の経済安保

自然権・社会契約思想に、国家が各人の権利、とりわけ財産の安全を保障するという考え方がある。ホッブズは、安全のために、各人は主権者に自然権を譲渡したと、またジョン・ロックは、自然状態にあるプロパティを保全するために統治契約が結ばれたと述べた。

実定憲法でも、個人の権利と、国家による安全の保障の関係を確認でき

る。ヴァージニア権利章典は生命、財産、それに幸福と安全を追求する権利をかかげたのち（1条）、国家は「安全と幸福」のために制度化されたとする（3条）。またフランス人権宣言第2条は「人の自然かつ侵すことのできない諸権利を保全すること」は、国家を設立する目的であるとした。

しかし20世紀の現代国家における経済安保概念は、それとは異なる様相を示しはじめる。

現代国家が経済安保を国家目標に掲げるのは、ニューディール時代のアメリカをもって嚆矢とする。F・ルーズベルトのもとで設立された大統領経済安全保障委員会（1934年）は、「より大きな経済安全保障（greater economic security）を促進すると判断される提案に関する勧告」をおこなう権限についての検討に入った。それをうけて雇用、老齢・児童福祉、公衆衛生サービスなどが社会保障法として結実した。つまりここで経済安保は、社会権や生存権を保障する制度の構築を意味した。

しかし第二次大戦後の経済安保は、アメリカ中心の国際政治・経済体制の維持と展開という意味に置き換えられるようになる。

大西洋憲章は「各国の、経済的繁栄（economic prosperity）に必要な貿易および資源へのアクセスの享受を促進」（第4条）すること、「すべての人々のために、労働基準の改善、経済的発展（economic advancement）、社会保障を確保すること」（第5条）を規定する。国連憲章前文は「いっそう大きな自由の中で社会的進歩と生活水準の向上とを促進すること」と規定する。さらにNATO条約は「締約国は、その自由な諸制度を強化することにより、これらの制度の基礎をなす原則の理解を促進することにより、並びに安定及び福祉の条件を助長することによつて、平和的かつ友好的な国際関係の一層の発展に貢献する。」（2条）と規定する。

このように〈社会保障としての経済安保〉から、〈冷戦構造の中で、アメリカを頂点とする資本主義経済・自由貿易体制の維持を意味する経済安保〉へと、意味転換が生じている。

念のためにいうと、〈社会保障としての経済安保〉と〈資本主義経済・自由貿易体制の維持としての経済安保〉は無関係ではない。世界資本主義システムの中心や半中心に暮らす人々の多くにとって、両者はそれなりにリンクしていた。しかし周辺地域の民衆にとって、そうではなかった。

（2）戦後日本の経済安保

日米安保条約では「それぞれの国における経済的安定（economic stability）及び福祉の条件を助長」（前文）、「自由な諸制度…の基礎をなす安定及び福

祉の条件を助長すること（promoting conditions of stability and well-being）」（2条）と、「経済的安定」の語句が用いられた。とくに「国際経済政策におけるくい違いを除くことに努め（る）」とする第2条は、アメリカが日本に貿易の自由化を求め（貿易摩擦）、新自由主義政策を押し付ける（構造協議）法的根拠となった。個人の権利保障との関連性は希薄である[1]。

　この概念が一般的に使われるようになるには、ドルと石油の危機以降である。

　1980年、総合安全保障関係閣僚会議が発足した。また「総合安全保障研究グループ報告書」（大平・総合安保構想）が発表された。

　報告書は「国際関係は、軍事的手段と非軍事的手段との総合的な組合せによって動かされるものであり、軍事的安全保障の課題に対しては、どの国も軍事的手段を、当然重要な手段の一つとしているからである。このことは、昔も今も同じである。ただ、軍事的手段が、過去におけるほど表面に現れなくなったということに過ぎない。軍事力は、各国の外交政策を動かす大きな要因なのである。」とする。この構想は、軍事的手段の行使を否定しないが、同時に「エネルギーや食料など、国民生活の確保を重視」し、「軍事だけによる」ことも否定した。

　しかし陽の沈まぬ国が「繁栄」を謳歌するなか、政権党があえて「安全」を語る必要もなく、また安保体制下の日本が、主体的に国家戦略を構築・具体化する条件もなかった。そういったこともあり、以降の現実政治において、大平・総合安保構想の具体化はすすまなかった。

（3）経済安保論の現在

　しかし現在、西側諸国では経済安保の立法化が急速にすすんでいる。その背景には①中国などの政治的・経済的・軍事的台頭、② COVID-19などのパンデミック、③ロシアによるウクライナ侵攻などがある。

　バイデン政権の国家安全保障戦略（NSS）は、中国を「国際秩序を再構築する意図と、ますます、それを実現する経済力や外交力、軍事力、技術力を持つ唯一の競争相手（the only competitor）」とみなし、それに対抗するための同盟国・パートナーのはたらきを重視した（22年10月）。

　23年には、「経済的強靱性及び経済安全保障に関するG7首脳声明」（5月）が発表された。またEU「経済安全保障戦略」（6月）は、サプライチェーンに関するリスク、重要インフラに関するリスク、技術流出に関するリスク、経済的依存・威圧に関するリスクを念頭に、投資や輸出の規制をおこなことをうたう。EU諸国はこれにあわせて、国内法上の対応をすす

めている。

　日本も例外ではない。第3次日米ガイドライン（15年）は「日米両国は、アジア太平洋地域及びこれを越えた地域の平和、安全、安定及び経済的な繁栄の基盤を提供するため、パートナーと協力しつつ、主導的役割を果たす」ことをうたった。さらに大平・総合安保構想を軍事面に傾斜させた自民党提言「経済安全保障戦略の策定に向けて」（20年）を経て、経済安保法が成立する（22年5月）。

　経済安保法は「…安全保障の確保に関する経済施策として、特定重要物資の安定的な供給の確保及び特定社会基盤役務の安定的な提供の確保に関する制度並びに特定重要技術の開発支援及び特許出願の非公開に関する制度を創設することにより、安全保障の確保に関する経済施策を総合的かつ効果的に推進することを目的とする」（第1条）。①サプライチェーンの強靱化、②基幹インフラ役務の安定的提供の確保、③先端的な重要技術の開発支援、④特許出願の非公開を4本柱とした同法は"世界最初の包括的な経済安保法"ともいわれる[2]。これは同年12月に制定される「国家安全保障戦略」（安保三文書）への橋渡しとなった。

　24年5月には、後回しにされた情報クリアランス法が成立し、また施行に準備を要した基幹インフラ安保制度も運用を開始した。こうして経済安保の4本柱がすべて稼働をはじめた。

　近代自然権思想における安全（人権保障としてのそれ）と、現代国家における経済安保の間には大きな隔たりがうまれているのだ。

2　経済安保概念の整理と問題
（1）軍事／経済を評価軸にして

　経済安保の基本的性質のとらえ方については、いまなお百家争鳴の状況にある。一つには、目的としての経済と手段としての経済とが、また目的としての軍事と手段としての軍事とが、錯綜しているからでもある。

　経済安保を網羅的に扱うために、まずはそれを広い意味でとりあげよう。ここでは国家の行為を、目的における「軍事の安全」「経済の安全」、手段における「軍事」「経済」の4つの組合せで整理した（図1）。このうち①②④が経済安保論のなかで扱われる。

　①は、経済を手段に、軍事の安全をはかる国家の行為である。国が、先端的な軍事技術の開発を支援すること、関連した情報の秘密保持を強制すること、経済援助の代償に軍事関係を結ぶことを他国に強要することなど

図1

手段＼目的	軍事の安全	経済の安全
軍事	③	②
経済	①	④

がこれにあたる。

②は、軍事を手段に、経済の安全をはかる国家の行為である。たとえば軍事支配あるいは脅しを通じて他国から資源を獲得したり、貿易経路の港湾使用権を確保することがあたる。また軍事技術のサプライチェーンから競合国を排除（デカップリング）して経済的権益を確保することも、この一例である。

④は、経済を手段に、経済の安全をはかる国家の行為である（狭義の経済安保）。経済をつかう経済の安全ならば、あえて「安保」といわなくてもよいはずだが、しばしばそれも経済安保にふくめて論じられる。①と④は「経済ツールを使う政治」としてeconomic statecraftとまとめられることがある。

広義の経済安保は、図1の①②④で構成される。経済の安全という目的のため、あるいは経済という手段を用いる国家の行為という点で共通する。他方、軍事の安全を目的に、軍事を手段とした③は、伝統的な「国防」概念にあたり、広義の経済安保①②④と区別される。もっとも実際の場面でこういった区別がはたして成り立つのか。そのことは後でふれる。

（2）「人間の安全保障」との関わり

経済安保は、災害や紛争などから人間の生命・安全・財産などを守ることをうたう「人間の安全保障」（human security）とどう関わるのか。

国連「人間開発報告」（1994年）は、人間の安全にたいする脅威として、食料・健康・環境・個人（戦争や暴力の脅威）・地域社会・政治の安全保障とともに、経済安保（economic security）を列記した。そして経済安保の課題として、個々人にたいする就労機会と収入の保障、社会保障などをとりあげた。第二次大戦後の経済安保は「国家の安全」に取り込まれてしまったが、それを個人の安全へと回帰させるものといえよう。

だがその後に普及する人間の安全保障論には、武力の行使を排除しないものもある。その立場をとるなら、軍事を手段に、経済の安全をはかる経済安保（図1①）は、人間の安全保障と両立しうる可能性がある。

だとしても人間の安全保障の場合、安全が保障される客体が「人間」だという特徴がある。その点で伝統的な「国家にとっての安全」とは異なる。国家にとっての経済安保は、個人にとっての経済安保と（そしてもちろん、all peoples に保障される平和的生存「権」とも）区別される。

また国家の軍事的安全は、人間の安全と結果的に両立する場合がある。としても、国家の軍事的安全を追求すれば、軍事クーデターや軍拡など、そこで暮らす人間の安全にとって大きな負担が生まれることも、経験的にあきらかだ。したがって、国家の軍事的安全と人間の安全保障の二つは、区別されなければならない。

（3）経済安保法・戦略という形式

日本における経済安保は、自民党による経済安保戦略制定の提唱（20年）、経済安保法の制定（22年5月）、現・国家安保戦略への組入れ（22年12月）という「法化・戦略化」の過程をたどった。ここにどのような意味があるか。

第一に、法化・戦略化により、諸法（軍事・産業・情報・科学・自治法など）は、アメリカの国家安保戦略（対中戦略をふくむ）と日米安保条約法にもとづく法体系（二つの法体系）に組み入れられていく。法および国家戦略としての経済安保は、日本の主権制限に直結するという逆説的役割を果たしている。

第二に、法化・経済安保を組み入れた国家安保戦略は法律ではなく、また憲法に根拠のない形式である。このような国家戦略は、「国権の最高機関」である国会こそが、定立の権限と責任をもつものではないか。また国会は、戦略をたてるのに必要な情報の提供を内閣に要求し（62条）、その執行において、内閣にたいする厳格な監視・統制をおこなうべきではないか（66条3項）。

第三に、法化した経済安保は、重要な部分の多くを政令に委任した[3]。しかし国会は「国の唯一の立法機関である」という憲法41条に立ち返り、経済安保の領域において立法権を実質的に行使するべきであった。

第四に、国家安保戦略に「憲法」の語はわずか2回しか登場しない。しかもそれは「敵地攻撃能力の保有は憲法に違反しない」という結論だけを述べた文中である。このことが象徴するように、国家安保戦略は、最高法

規である憲法との関係が希薄である。
　第五に、国家安保戦略については、政府が従来の憲法解釈を変更し、「反撃能力」（敵地攻撃能力）の保有を正当化する点がとくに注目された[4]。しかしそれだけでなく、少子化・デジタル化・グローバル化・財政危機・パンデミックなども重要課題のはずだ。国家安保戦略には法的効力のないことから、裁判所による違憲審査には多くを期待できない。とすれば、憲法問題の検討において、国会の果たすべき役割は重要であった。

3　経済安保を語ることへのためらい—憲法との関係で

　法律や戦略に登場する経済安保を批判的に検討するという課題とべつに、この概念をあえて積極的に立てる必要はあるのだろうか。私はそれについて、消極的に考えている。その理由はおもに以下の三つである。

（1）九条平和主義との関係

　経済安保は、かつてはアメリカの支配＝世界資本主義システムの安全を意味し、そしていま中国の台頭をうけて危うくなった構造を持続させるため、各国に押しつけられている（1（3））。
　この歴史的概念は、日本においては、平和的生存権の普遍的保障（前文）・主権国家の平等（前文・98条）・国家権力の徹底的な非軍事化（前文・9条）を内実とする九条平和主義と矛盾するおそれがある。経済安保の憲法的検討には、この視点が不可欠である。
　とくに9条2項は、いかなる用途かを問わず、戦力の保有を禁じる。戦力の開発・生産・利用・譲渡は、保有に含まれる―保有しえないものは開発・生産・利用・譲渡できない―から、同項は、戦力の生産・利用・譲渡も禁じたと解される。したがって軍事的な目的の経済安保（図1①③）はいうまでもなく、経済的な目的での軍事的手段の利用（②）も、九条平和主義に抵触する。
　九条平和主義の立場からすると、図1の枠組でかろうじて正当化されるのは④、すなわち経済的目的のための、経済的手段の利用に限られる。

（2）軍事／非軍事、攻撃／防衛の峻別困難

　では④はすべて憲法上許容されるのだろうか。だが関連して、二つのことを考えなければならない。
　第一に、多くの技術は民生にも軍事にも用いることができるという問題である（デュアル・ユース）。たとえば半導体は、民生・軍事のいずれにとっても重要である。その生産に必要なレアメタルなどの原料をはじめとし

たサプライチェーンの確保、製造の国内化のための国内企業への支援や海外企業の誘致など、先端技術の秘匿体制などは、軍事／経済のいずれにもあてはまる。どちらを目的としたものかを峻別するのは困難である。

第二に、軍事を攻撃と防衛とにわけ、後者の技術を開発・保有することは9条が容認するという議論である。これは「自衛のための必要最小限の実力行使は、9条2項が禁止しない」という政府の憲法解釈にも適合する。

しかしドローンやミサイル防衛システムは、攻撃側・防衛側の双方にとって有益であろう。それが攻撃／防衛いずれを意味するのかは、行使主体と場面によって決まる。また国家安保戦略は、他国からサイバー攻撃があった場合にそれを排除する受動的サイバー防護にとどまらず、攻撃者のサーバーを探知し（しかしこれは、21条2項の保障する「通信の秘密」を侵害するおそれ）、「侵入・無害化」すること（その「無害化」は、9条1項の禁じる戦争や武力行使に該当するおそれ）などをふくむ能動的サイバー防護まで想定する。

そうすると一般的には、経済安保における図1の①と③、②と④はそれぞれ区別できない。③を否定して①を肯定したり、②を否定して④を肯定したりすることもできないのではないか。

（3）「なんでも安保」現象

リスク社会に生きる私たちは、エネルギー・気候・サイバー・テロ・パンデミックなどの諸課題をかかえる。それに対応して、実定法の「なんでも安保」化（エネルギー政策基本法2条「エネルギーの分野における安全保障」、食料・農業・農村基本法19条見出し「不測時における食料安全保障」など）がおきている。諸課題の解決には課題ごとの各論が必要だが、安保の大風呂敷は問題解決に有効だろうか。この疑問は経済安保にもあてはまる。

故・森英樹会員は「根拠薄弱な（時には政治的・意図的に醸成された）「不安」を理由に、過剰な「安心」を求めて、非合理的な（別の政治目的にとっては有効な）securityシステムが追求される」と、安全のイデオロギー批判をおこなった[5]。とすれば、経済安保は私たちを「別の政治的目的」実現に駆り立てるイデオロギーの一つではないのか。

おわりに

本稿は、経済安保概念の歴史的性質をふまえたうえで、現代の世界と日本において概念が拡張し、国家の軍事的目的・軍事的手段をふくめたものへと転換したことを指摘した。そのうえで、法や戦略にある経済安保概念の批判的検討が必要であること、しかし私たちはあえて経済安保概念を積

極的に用いることなく、国会主導で、非軍事的手段によって個人の安全という課題を実現すべきことを述べてきた。

ところで経済安保の目的と手段から、軍事的要素の一切を取り除いたと空想しよう。その暁に顕現する「安全な経済」は、どのようなものだろう。

もしそれがなお構造的暴力を内在化しているなら、それもまた日本国憲法の平和概念（構造的暴力を否認する積極的平和）の立場から批判を受けるはずだ。つまり経済安保批判は、第一に軍事性批判であるが、第二に暴力性批判でなければならない。

経済安保批判は、国家と社会の非軍事化にとどまるわけにはいかない。収奪も搾取もない「きれいな経済」は、おそらく無いのだから。

注
（1）アメリカは近年、アジア諸国との間で、経済安保宣言や協定を積極的に締結している（23年9月、中央アジア諸国との「ニューヨーク宣言」、同月のバーレーン政府との「包括的安全保障統合繁栄協定」）
（2）同法の網羅的・批判的検討として、永山「経済安全保障戦略・経済安全保障法の憲法的検討」前衛1011号（2022年）
（3）経済安保法では、特定重要物資や事前審査対象になる設備の指定など138カ所が政令・省令に委任された。
（4）戦略の網羅的・批判的検討として、永山「国防三文書とその批判的検討」井原聡ほか『国家安全保障と地方自治』自治体研究社（2023年）
（5）森英樹「憲法学における「安全」と「安心」」森編『現代憲法における安全』日本評論社（2009年）12頁

経済安全保障と人権
―憲法・国際人権法・人権法の観点からの検討

江島　晶子
（明治大学）

はじめに

本稿は、経済安全保障という政策のもとに進行中の現象について、企画趣旨が示唆した「国民を巻き込んだ総動員体制が構築される可能性」[1]を念頭に置きながら、憲法はいかなる対応ができるのかを検討する。その際に、憲法に国際人権法も加えて、「人権法」の観点から検討する。

近年、急速に経済安全保障という言葉が政府の政策において多用されるだけでなく（経済安全保障は過去に何度も浮上）、経済安全保障推進法の制定、セキュリティ・クリアランス制度の導入等、法整備が一気に進められた。こうした政策・法律に対する憲法的制御として、「制約の合憲性は、かかる規制措置が正当化されるのかを個別の権利ごとに具体的検討」[2]を行うのが憲法の常道であり、それを行うのは裁判所と考えられている。しかし、それで十分なのか検討する必要がある（これが企画趣旨の狙いと解した）。なぜならば、それだけで問題となる現象を効果的に捕捉しうるのか、裁判所はそれを行うのに向いているのか疑問だからである。経済安全保障という概念の多義性、広範性、予防性が内容を捕捉しにくくするだけでなく、経済活動という私人の行為を国家が規制・促進することによって実現しようとするため、いつの間にか巻き込まれ身動きが取れなくなる状態が創出される可能性がある[3]。経済安全保障という概念が不可視にするものを検討する必要がある。

では、これに対してどのような応答が考えられるか。筆者の基本スタンスは、憲法学を「開く」＋「接続する」である。すなわち、人権は憲法の専売特許ではなく、国際人権法を筆頭としてさまざまな形で諸法に広がっている（人権＝憲法＋国際人権法＋α）。そして、それを反映して人権を救済する仕組みも、国内の統治機構に加え、国際機関が存在し、さらには非国家主体が人権実現プロセスにコミットし始めている。そこで、統治機構全体を、人権を実現する多元的・非階層的・循環型的保障システムに再構築することが可能かつ必要である[4]。

本稿では、最初に経済安全保障という概念の内実を、伝統的安全保障および人間の安全保障との比較において検討した上、推進されようとする経済安全保障を人権の観点から具体例も交えつつ検討する。

1 経済安全保障の何が問題か
（1）国家の安全保障と経済安全保障
伝統的な安全保障は、国家による防衛活動（国家の行為）によって国民の生命・自由・財産・安全を守ることであり、それは国家の存立理由でもある。そして、実力を伴う国家の行為だからこそ、国家権力をしばる仕組み（狭義の立憲主義）は不可欠である。これに対して、経済安全保障は、私人（企業）による経済活動（私人の行為）に対する国家の規制・促進（国家の行為）によって、（国家および）国民の安全を守ることである。地経学者は、「経済安全保障の中心的な主体は国家であると同時に、企業」であるとさらに一歩進める[5]。

本稿では、企業の経済活動に対する国家の規制・促進にフォーカスするが、①国家による規制という点では、憲法上の権利に対する制約の問題となり、②企業による経済活動が規制の主たる対象となるので、経済的自由（憲法22条、29条）の問題となる可能性が高く、そして、国家または国民の安全という目的ゆえに広い立法裁量が認められやすくなる問題であり[6]、③国家による促進という点では、それを憲法的制御の対象にできるのか等が問題となる[7]。本稿では、とりわけ③に焦点を当てる。

（2）国家の安全保障と人間の安全保障
安全保障の概念自体はそもそも多義的である。他方、憲法学では、安全保障の問題を「平和主義」として議論し、その「平和主義」自体も多義的である[8]。平和主義という点について、憲法は9条だけでなく、前文が「平和を愛する諸国民の公正と信義に信頼して、われらの安全と生存を保持しようと決意した」と規定し、「国際的に中立の立場からの平和外交、および国際連合による安全保障を考えている」と解されてきた[9]。

強調したいのは、安全保障の問題については、国家の安全保障（state security）だけでなく、1990年代以降、人間を中心に据えた人間中心型の安全保障としての人間の安全保障（human security）という概念が発展したことである[10]。人間の安全保障は、国連開発計画（UNDP）が1994年の『人間開発報告書』の中で提唱した概念で、国連を中心とした国際社会で規範的な概念として発展し、2012年には人間の安全保障に関する総会決議が採

択された(11)。人間中心の普遍的な開発目標として2015年に採択された持続可能な開発目標（SDGs）にも連なる(12)。日本政府も日本の外交の重要な視点として掲げ(13)、「人間の安全保障委員会」（共同議長として緒方貞子とアマルティア・セン）の設置を呼びかけ、同委員会による報告書の作成を支援してきた。日本政府として、「グローバル化，相互依存が深まる今日の世界においては，・貧・困，・環・境・破・壊，・自・然・災・害，・感・染・症，・テ・ロ，・突・然・の・経・済・・・金・融・危・機といった問題は国境を越え相互に関連しあう形で，人々の生命・生活に深刻な影響を及ぼしています。このような今日の国際課題に対処していくためには，…「人間」に焦点を当て，様々な主体及び分野間の関係性をより横断的・包括的に捉えることが必要となっています（令和3年3月31日）」（傍点筆者）という認識を示す(14)。国家の安全保障と人間の安全保障は相互補完の関係にある。

（3）人間の安全保障と経済安全保障

では、人間の安全保障と経済安全保障はどのような関係にあるのか。両者の取り組む課題には、感染症、テロ、突然の経済・金融危機、武力紛争等、重なりがある。違いはその課題に取り組む手段、その背後にある世界観・国家観である。

人間の安全保障は、国家中心アプローチの限界から人間に焦点を当て，様々な主体及び分野間の関係性をより横断的・包括的に捉える。パンデミック、地政学的緊張、格差の拡大、民主主義の後退、気候変動関連災害の多発、デジタル技術の脅威に対する人々の不安や恐怖に対峙して、国際的連帯の必要性を強調する(15)。

他方、経済安全保障は、定義の仕方にもよるが、サプライチェーンの強靭化にせよ、重要インフラの防護にせよ、データや情報の保護にせよ、まずは自国による自国のための実現（自助）である(16)。やらないと「同盟国」に迷惑がかかる・遅れをとることが誘引力となる。単純化すれば、人間の安全保障と経済安全保障は、国際協調主義 v 自国優先主義、多国間主義 v 保護主義、連帯 v 分断という対比ができる（前者が人間の安全保障、後者が経済安全保障）。だが、実際は複雑である。たとえば、自由主義陣営が、「人権・民主主義・市場経済といったリベラルな諸価値を支持する国を増やすことが安全保障の強化にもつながるという認識」から、「人権侵害を助長するような物品やサービスに対しての輸入制限を発動したり、サプライチェーン上の人権侵害・腐敗・環境汚染等の問題に関するデュー・ディリジェンス義務を企業に課したりする動き」もあり、「個人レベルの

「人間の安全保障」の実現を追求するものであるが、巨視的に見れば、リベラルな価値観を経済的手段に依拠しつつ普及させることで、権威主義陣営の拡大を抑止させる戦略だ」との指摘がある[17]。

(4) 経済安全保障推進法

「経済施策を一体的に講ずることにより安全保障の確保の推進に関する法律」(経済安全保障推進法)にいう「経済活動に関して行われる国家及び国民の安全を害する行為を未然に防止する重要性が増大」(1条)とは何を意味するのか[18]。まず、経済活動とは何か。経済活動とそれ以外の活動の線引きは可能か。また、経済活動のグローバル性や経済活動の相互性に着目すれば、日本の領土内で完結する問題ではない。そして、経済活動に関して行われる国家および国民の安全を害する行為とは何か。伝統的安全保障における国家および国民の安全を害する行為は、その中心に物理的暴力が存在するが、経済安全保障はより広範な行為が対象となる。そして、国家の安全と国民の安全はどのような関係にあるのか。これらの問題を考える上で、安全と自由に関する過去の議論を振り返っておく。「9/11」を契機に「安全と自由」に関する議論が行われた。そこでは、安全と自由のバランスという設定が不適切であることが指摘された[19]。抽象的自由と具体的安全の衡量では後者が重く評価されやすく、マイノリティの自由の制約のもとにマジョリティの安全が確保される。そして、自由に対する制約の強化は、緊急事態下の例外であって例外状況が解消されれば従来のバランスに戻るという前提で受け入れられたはずが、例外状況が「常態化」し解消される気配はない。空港における身体・荷物チェックの強化、指紋採取等は日常風景となり、技術開発によって時間と手間を省く方向（ナッジ）に発展する一方で、採取された指紋・肖像の管理・保管方法も不明である。国家の安全を守ることが必ずしも国民の安全を守ることにならない可能性があるが、それを問う手段がないのが日本の現状である。こうした問題は経済安全保障の問題においても同様に該当する。

(5) 経済安全保障と「冤罪」―具体例による検討―

以上のような問題、そして、そもそも日本の人権を取り巻く構造的問題（たとえば「人質司法」、メディアの犯罪報道、国内人権機関の不在）を組み合わせると人権が侵害されやすい構造、人権侵害を不可視化させる構造が成立しやすい。具体例として大川原化工機事件を用いて検証する[20]。本件では、軍事転用のおそれがある機械を不正輸出した容疑で中小企業（以下、O社）の社長ら3人が逮捕され、約11カ月に及ぶ勾留（拘留中に1人病死

後、起訴が突如取り消された。生命に対する権利、黙秘権、拘留中の医療アクセス、経済活動の自由、名誉・プライバシー、犯罪報道のあり方、救済へのアクセス等、様々な人権問題が指摘できる。

　詳細な検討は別稿に期すが、幾つか疑問を提起する。第一に、今回、捜査機関が行った法解釈を通常の判断能力を有する一般人が行うことが可能だろうか。本件で問題となったのは、外国為替及び外国貿易法（外為法）違反であるが、外為法は輸出貿易管理令（輸出令）によって具体化され、輸出令の別表第1・3の2の項（2）が、輸出規制の対象となる貨物について「次に掲げる貨物であって、軍用の細菌製剤の開発、製造若しくは散布に用いられる装置又はその部分品であるもののうち経済産業省令で定める仕様のもの」と規定し、その5の2において「噴霧乾燥機」を列挙し、その対象となる仕向地を「全地域」と規定する。そして、この噴霧乾燥機は、「輸出貿易管理令別表第一及び外国為替令別表の規定に基づき貨物又は技術を定める省令」（貨物等省令）（平成三年通商産業省令第四十九号）第2条の2第2項の5の2のイ～ハの全てに該当する必要がある。そのうち本件で問題になった「ハ　定置した状態で内部の滅菌又は殺菌をすることができるもの」については、通達である「輸出貿易管理令の運用について」（昭和62年11月6日付け62貿局第322号・輸出注意事項62第11号）が、輸出令別表第1・3の2の「滅菌又は殺菌をすることができるもの」とは、「物理的手法（例えば、蒸気の使用）あるいは化学物質の使用により当該装置から全ての生きている微生物を除去あるいは当該装置中の潜在的な微生物の伝染能力を破壊することができるものをいう」と定め、AG合意とは異なる解釈である[21]。

　第二に、何をきっかけとして警視庁公安部は捜査を開始し、何を根拠として捜査・勾留を継続し続けたのか（捜査開始から逮捕まで約3年、起訴取下まで約4年）。2013年の貨物等省令改正によって、一定の噴霧乾燥機は兵器転用が可能になるため輸出時に経産省の許可が必要になった。他方、本件の乾燥噴霧器は10年来販売してきた汎用モデル（目新しい技術ではない）であり、O社側は細菌を滅菌・殺菌できる温度に到達しない箇所があるので兵器転用は不可能と考え、従来通り許可を申請せずに輸出を行った。2017年から捜査が開始され、2018年および2019年に会社および代表取締役らの自宅の捜索・差押えを行った。この間、代表取締役ら3人および社員に対する任意取調が延べ291回行われ、O社は滅菌・殺菌できる温度に至らない箇所の存在を捜査側に伝えている。しかし2020年3月11日に逮捕・勾留さ

れ、翌年2月1日に6回目の保釈請求が認められるまで勾留された。同年7月30日に検察官による公訴取消しの申立があり（理由の説明なし）、同年8月2日に裁判所は公訴棄却の決定を行った。O社および取締役らは国および東京都に対して国賠訴訟を提起し、2023年12月27日に東京地裁は1億6200万円の支払いを命じた（原告・被告とも控訴）。

　代表取締役ら3名の強い意志と弁護士に相談できたからこそ11カ月に及ぶ勾留を黙秘で貫き通したが、それがなければどのような結果に至っただろうか（現在の刑事手続の下では問題が不可視化されやすい構造がある）。検察は地裁での争点整理の際に製品の性能水準に疑義が生じたというが、O社の技術者の声に耳を傾けていればこの疑義はもっと早くに生じえた。そして、5回に及ぶ保釈請求が認められなかった点では、裁判所の役割についても疑問が生じる。現在、国賠訴訟を提起しているが、国家の責任を問うには非常に時間がかかる。これほどの時間と費用とマンパワーをかけ、強度の人権制約を行うに値する複雑かつ重大な案件だったのか検証が必要である。従来からの構造的な人権問題と経済安全保障の曖昧性に、経済安全保障を推進させたいという国家の意図が拍車をかけたといえないか。経済安全保障推進法の規定は、防衛関連産業の利益を実現するために、公正な競争や自由な業務活動を犠牲にするものにしか見えないという指摘もある[22]。他の外為法違反事件も精査する必要がある[23]。加えて、メディアの第一報は警察側の説明を伝えるだけで、独自に検証しているように見受けられない。生物兵器に転用できる乾燥噴霧器を日本で製造していると聞けば、どのような機械なのか、一体どんな企業が作っているのかという驚きと疑問が生じないだろうか（O社の製品は同社のウェブサイトで簡単にチェック可能）。取材を行って、粉ミルク等を製造する機械だという情報を入手すれば、この事件に対する取り上げ方は違っていたのではないか。

2　人権（憲法・国際人権法・人権法）の観点からの対応
（1）人権再考

　前述したような規制のターゲットをしぼりにくい行為をどうやって制御するのか。総論として「軍事転用しうる機械を輸出すべきではない」のはその通りである。だが、軍事転用が可能かどうかの判断は容易なものとそうではないものがある。判断には正確な科学的知見も欠かせない。実現するためにいかなる手段がよいか、一定の手段を選択した後に、どのような仕組みの下で実践・検証すべきか。O社は、捜査開始後は全てについて許

可を申請するようになった。「羹に懲りて膾を吹く」的な対応が進めば経済活動や研究活動（大学等が自主的に行う輸出管理規制が典型）に及ぼす萎縮効果は高い。O社は輸出先については注意を払っており軍事転用の可能性がないことも確認しているが、輸出先における製品の使用について誰がどこまで責任を負うべきか（過大な義務は中小企業のモノづくり支援には逆効果）。そして、輸出禁止で問題が根本的に解決されるわけではなく、新たな冷戦構造を作り出し、長期的には安全保障／平和の観点から望ましいのか疑問である。

本稿では、人権の観点からひとまず対応を考える。冒頭で、憲法学を「開く」可能性を指摘した。具体的には、国際法・国際人権法との協働である。その際に重要なのは、これまで国際人権法の活用の場として裁判所における適用に目が向けられがちであった（統治機構の中で裁判所に目が向けられがちであったこととパラレル）。しかし、国際人権法上の義務は国家に向けられた義務であるので、裁判所だけでなく国会も狭義の政府（執行府）も、人権を実現する義務を負う。しかも、現在、国家の個人への関わり方が変化している。経済安全保障では、企業による経済活動を制約するだけでなく、ある一定の活動を仕向けている。法律による人権侵害を事後的に司法的も制御する仕組みでは、そもそも裁判所に到達しないケースが存在する上、運よく到達しても救済としては遅すぎる。

そこで、人権侵害の主体についても、人権救済の主体についても、多元的に把握する（いずれの主体としても国家、国際機関および私人を想定できる）。そして、抽象的内容の人権から具体化するのではなく、実際に、問題に直面している個人から出発し、当該個人が救済にアクセスするための仕組みの有無を問題にする（実効的救済にアクセスする権利）[24]。SDGsや「ビジネスと人権に関する指導原則」（指導原則）[25]では一部具体化されている。そこで、非国家主体の可能性を次に検討する。

（2）非国家主体の役割—指導原則、SDGs、環境

指導原則にせよ、SDGsにせよ、環境問題にせよ、その背景にはグローバル化によって人間の経済活動が地球を覆い尽くし、「人新世」における地球規模の課題、経済活動を通じた「分配」の結果としての途方もない不公平さ、そして地球規模の課題に対応するこれまでの国内的・国際的仕組みの脆弱さが露見されたことがある。その対応として「経済活動」におけるグローバルな規範（ソフトロー含む）を形成してきた。また、経済活動が相互に密になることによる、紛争抑制の働きも期待されてきた（その典

型例が EU)。指導原則の成立過程は非国家主体の役割を考える上で重要なヒントがある。そもそも、1960年代以降、多国籍企業による発展途上国への進出を契機に、発展途上国対先進国の対立が深まり、国際的規範形成が模索されたがうまくいかなかった。それが、国連事務総長特別代表ラギーの手腕によって、共通の対話ができるような最低限の共通認識の基礎を作ってステークホルダーによる対話を進め、指導原則の制定に漕ぎつけた(2011年国連人権理事会)。そこでは、人権を保護する国家の義務に加えて、人権を尊重する企業の責任を規定し、同時に救済の実現を重視して救済へのアクセスを強調した。なかでも、企業には、企業活動及びバリューチェーンにおいて人権に関する諸権利を尊重する責任があることを明記し、人権尊重の具体的方法として「人権デュー・ディリジェンス」の実施も規定する。現在、各国が立法化を進めているが、日本は行動計画にとどまり、法律は未制定である。指導原則、企業の人権デュー・ディリジェンスと経済安全保障推進法上の義務との関係はどのように整理されるべきか。他方、SDGs は国際社会に共通する開発目標や解決課題を明示し、期限付き数値目標を設定することによって、NGO や市民社会による利用を促進し、非国家主体を含む多様なステークホルダーを巻き込んでおり、日本でも認知度が高い。

　現状は、ビジネスの観点からも「人権、環境および経済安全保障を巡る通商政策および規制の背景として、主要国の地政学的、外交的、産業政策的な動機、普遍的な価値を標榜する市民社会的関心が大きな影響を及ぼして」おり、「これらの通商規制は、そうした目的を達成するために、企業活動や経済活動を、いわば「梃子(レバレッジ)」として用いる点に共通点がある」と認識されている[26]。こうした動向があるとすれば、非国家主体に課す人権を尊重する責任をさらに強化・精錬することによって、副次的に経済安全保障の目的を実現させるという筋道も考えうる。「兵器転用されない製品・技術だけを輸出する」を完璧に実現することは難しく、やろうとすると O 事件のようなことになる。経済活動は、本来、双方の信頼関係に基づき行われ。人権を尊重し、環境を保護すべき企業はもはや営利一辺倒ではいられない以上、人間の経済活動の基本に立ち返ることができる[27]。指導原則も SDGs も「誰一人取り残さない」ことを掲げており、人権が経済安全保障に劣後するのではなく、人権が経済安全保障を制御すべきである。

おわりに

経済活動の多様性を考慮に入れつつ、ホリスティックに、かつ、地球全体を視野に入れて、経済活動をとらえる必要性がある。安全保障から派生した経済安全保障とこれまでの政策との整合性を維持するのであれば、人権や環境を無視できない。新たな不安や恐怖から経済安全保障へ鞍替えしたり、国際競争力を維持するために覇権国のルールに従うのではなく、多様なステークホルダーの参画する国際的議論に参加し、ルール形成に参画すべきである[28]。その際、自国の利益を語るだけでは誰も共鳴しない。世界の人権・環境・平和の実現につながる方に議論を牽引できる[29]。このような観点から見ると、日本政府の推進する経済安全保障は、現時点では、片面的、自国中心的、近視眼的に見えるが、人間の安全保障、指導原則、SDGsも政策として掲げている以上、今後の動向を注視したい。そして、憲法が経済安全保障に対峙する上で憲法を意味のあるものにするためには、人権の問題について憲法学の枠組を広げることが望ましい[30]。

注

(1) 藤井康次郎他（編著）『人権・環境・経済安全保障』商事法務、2023年、i頁は、「規制を媒介として、企業がいわば「動員」される」と評する。
(2) 横大道聡「立憲主義と経済安全保障」法時96巻1号（2024年）17頁。
(3) ベストプラクティスの推奨という進め方として、経産省大臣官房経済安全保障室『経済安全保障上の課題への対応（民間ベストプラクティス集）』（経産省Website）
(4) 江島晶子「国際的な人権保障システム」横大道聡他（編著）『グローバル化の中で考える憲法』弘文堂、2021年、145頁以下。
(5) 鈴木一人「経済的な安全保障とは何か」地形学研究所（編）『経済安全保障とは何か』東洋経済新報社、2024年、34頁。
(6) 横大道、前掲注2、16頁。
(7) 「経済安全保障の法的制御」法時96巻1号（2024年）参照。
(8) 主要な憲法の教科書の索引に安全保障は登場しない。平和主義の多義性につき、江島晶子「日本国憲法と人間の安全保障」信田智人（編著）『日米同盟と東南アジア』千倉書房、2018年、1頁以下参照。
(9) 芦部信喜『憲法』第8版、岩波書店、2023年、56頁。
(10) 長有紀枝『入門人間の安全保障』中央公論新社、2012年3頁。
(11) A/RES/66/290.
(12) A/RES/70/1.

(13) 外務省『平成15年外交白書』（2003年）参照。
(14) 外務省「人間の安全保障」（外務省 Website）
(15) 国連開発計画『2022年特別報告書』日経BP、2022年、峯陽一「グローバルサウスと人間の安全保障」世界971号（2023年）24頁以下。
(16) 鈴木、前掲注5、32-33頁。
(17) 伊藤一頼「経済安全保障における法の役割」法時96巻1号（2024年）5‐6頁。
(18) 同法の詳細は本叢書の永山論文および大野論文参照。
(19) 江島晶子「安全と自由」大石眞他編『憲法の争点』有斐閣、2008年、82頁以下。
(20) 詳細は、日弁連 Website「大川原化工機事件」参照。
(21) オーストラリア・グループ（AG）は、生物化学兵器拡散防止の国際輸出管理レジーム（日本を含む42か国及びEU）で、2012年に、噴霧乾燥器を規制対象に加え（AG合意）、日本も2013年に噴霧乾燥器を規制対象に追加した。
(22) 髙山佳奈子「経済刑法と経済安全保障」法時96巻1号（2024年）47頁。
(23) 「赤外線カメラ不正輸出、中国人留学生を書類送検　軍事転用が可能、外為法違反容疑」日本経済新聞（2017年11月25日）。機器更新に伴い廃棄されたはずの国土交通省の防災ヘリコプター搭載のカメラがインターネットオークションに出品されたことが発端である。
(24) 多元連立方程式を解き明かすためには、単発的な国際的研究、学際的協働のシステム化が必要であり、規範論だけでなくデータ分析に基づく実証研究も必要である。
(25) 吾郷眞一「ビジネスと人権」法時91巻10号（2019年）、菅原絵美「企業の社会的責任と国際制度」論ジュリ19号（2016年）51頁以下、ジョン・ジェラルド・ラギー（東澤靖訳）『正しいビジネス』岩波書店、2014年、江島晶子「ビジネスと人権」ジュリ1566号（2022年）21頁以下。
(26) 藤井、前掲注1、ⅰ頁。
(27) 社会の存続と発展に寄与する社会的機能分担の活動たる性質（最大判1975（昭50）年4月20日民集29・4・572）をグローバル社会の文脈で考える。
(28) 鈴木、前掲注5、47頁は、CPTPPのような国際ルールに基づいた秩序を作るパワーを持つことが経済安全保障を実現する最も有効な手段だとする。
(29) 青井未帆「『人権＋平和』構想と日本国憲法」ジュリ1566号（2022年）35頁。
(30) 最上敏樹の国際法学に対する指摘（『国際法以後』みすず書房、2024年、298-299頁）は、日本の憲法学についても該当しうる。

〔付記〕本稿は、科研費基盤研究A（23H00035）「憲法と人権条約をつなぐ多元的主体から成る実効的人権保障システム」の成果の一部である。本稿に掲載したwebsiteのアクセス日は、2023年5月19日である。

経済秩序におけるセキュリティ・クリアランスと憲法学

大野　悠介

（東洋大学）

はじめに

2024年5月10日、重要経済安保情報の保護及び活用に関する法律（以下、「本法」という。）が参議院本会議で可決され成立し、5月17日に公布された。同法は、特定秘密保護法の対象とする4項目（防衛、外交、特定有害活動の防止、テロリズムの防止）に含まれていない重要経済安保情報を対象とし、特定秘密保護法と同じくセキュリティ・クリアランス制度を設けている。本法は近時の（経済）安全保障制度に位置づけられるが、他方で、政府保有情報の企業等により利用を促進させるという意味で経済政策としての意義も有している。

本稿では、そのような両面を有する本法のうち特にセキュリティ・クリアランス制度について、「経済秩序と憲法」という観点から検討する。具体的には、本法の概要を説明したのち（1）、セキュリティ・クリアランス制度が国内企業の経済活動において有する機能ないし役割に焦点を当てて憲法学の観点から簡単な検討を加える（2）。

本論に入る前に、いくつかの用語について本稿での意味を確認したうえで、本稿が念頭に置く「経済秩序と国家」観を提示する。

まず、「経済安全保障」である。同語には様々な定義があるが、本稿では「安全保障を目的とした政府による経済的手段の行使」と理解する[1]。

次に、「安全保障」は、本法の表現を借りて「外部からの侵略等の脅威に対して国家及び国民の安全を保障すること」（1条）と理解する。

最後に、「経済」とその派生語についてである。同語も様々な理解がありうるが、本稿では「財やサービスを生産し、分配し、消費する社会システム」[2]であり、「経済学とは、社会がその希少な資源をいかに管理するのかを研究する学問」[3]であると理解する。なお、本稿では国内経済ではなくグローバルな経済を念頭に置いている。

そして、本稿では、「経済秩序」とはそのような意味での経済の効率化（合理化）を内容とする秩序であると理解し、経済秩序の中で国家も含めた

様々な経済主体が活動する「経済秩序と国家」観を念頭に置いている。

1 重要経済安保情報の保護及び活用に関する法律案の概要
（1）概要
①経　緯
　本法の経緯を有識者会議の段階から簡潔にまとめる。

　まず、2023年2月22日に第1回「経済安全保障分野におけるセキュリティ・クリアランス制度等に関する有識者会議」が高市早苗経済安全保障担当大臣の下で開催された。有識者会議は2024年1月17日まで計10回開催され、同年1月19日に「最終とりまとめ」(4)が公表された。

　同年2月27日に本法案が閣議決定され、衆議院（第213回通常国会）に提出されたのち、3月19日、衆議院本会議にて同院内閣委員会に付託された。その後、同委員会にて特定秘密保護法にもあるような国会への報告義務や有識者への意見聴取規定の欠如が指摘され、4月5日にその指摘を反映する形で一部修正された(5)。

　本法案は4月9日に衆議院本会議で議決され、同日に参議院が本法案を受領している。参議院では4月17日に本会議にて同院内閣委員会に本法案を付託し、同委員会は5月9日に採決をした。

　そして5月10日に参議院本会議にて可決され、本法が成立した。

②概　要
　本法は、行政機関の長および警察庁長官による他の行政機関または適正事業者への情報提供等を詳細に定めているが、本稿では行政機関の長を念頭に置き、重要経済安保情報に関するセキュリティ・クリアランス制度に絞って本法の概要を説明する。なお、条文番号は成立法に従う。

　本法の目的は、重要経済安保情報の「指定、我が国の安全保障の確保に資する活動を行う事業者への重要経済安保情報の提供、重要経済安保情報の取扱者の制限その他の必要な事項を定めることにより、その漏えいの防止を図り、もって我が国及び国民の安全の確保に資すること」である（1条（以下、カッコ内は断りのない限り本法の条文番号））。

　重要経済安保情報とは、「行政機関の所掌事務に係る重要経済基盤保護情報であって、公になっていないもののうち、その漏えいが我が国の安全保障に支障(6)を与えるおそれがあるため、特に秘匿することが必要であるもの」として、行政機関の長が指定した情報である（3条）。

　重要経済安保情報とは重要経済基盤情報の一種であるが、重要経済基盤

とは、①国民生活又は経済活動の基盤となる公共的な役務であってその安定的な提供に支障が生じた場合に国及び国民の安全を損なう事態を生ずるおそれがあるものの提供体制と②国民の生存に必要不可欠な又は我が国の国民生活若しくは経済活動が依拠し、若しくは依拠することが見込まれる重要な物資（プログラムも含む）の供給網である（2条3項）。そして、重要経済基盤保護情報とは、そのような重要経済基盤に関する情報であって、①外部から行われる行為から重要経済基盤を保護するための措置又はこれに関する計画若しくは研究、②重要経済基盤の脆弱性、重要経済基盤に関する革新的な技術その他の重要経済基盤に関する重要な情報であって安全保障に関するもの、③①の措置に関し収集した外国の政府又は国際機関からの情報、④②③に掲げる情報の収集整理又はその能力のいずれかの事項に関するものである（2条4項）。このような重要経済基盤保護情報の具体例として政府が挙げているのは①我が国の重要なインフラ事業者の活動を停止又は低下させるようなサイバー攻撃等の外部からの行為が実施される場合を想定した政府としての対応案の詳細に関する情報、②我が国にとって重要な物資の安定供給の障害となる外部からの行為の対象となりかねないサプライチェーンの脆弱性に関する情報、③我が国政府と外国政府とで実施する安全保障に関わる革新的技術の国際共同研究開発において、外国政府から提供され、当該外国において本法案による保護措置に相当する措置が講じられている情報である[7]。

　重要経済安保情報に指定されると、その情報は例えば次のような取り扱いがされる。すなわち、①重要経済安保情報を取扱う職員の範囲を定める等の保護措置がされる（5条）、②一定の要件を満たす場合に、他の行政機関、国会、裁判所等の国内機関のほか外国政府や国際機関に重要経済安保情報を提供できる（6-9条）、③一定の要件を満たす場合に、契約に基づき、適合事業者に重要経済安保情報を提供できる（10条）、④重要経済安保情報を漏洩した場合、5年以下の拘禁刑若しくは500万円以下の罰金又は併科（23条1項、3項）とされ、法人処罰規定もある（28条）。

　ここで、重要経済安保情報を提供できる適合事業者とは、安全保障の確保に資する活動を行う事業者であって重要経済安保情報の保護のために必要な施設設備を設置していること等政令の基準に適合する事業者である（10条1項）。この適合事業者は一定の従業者に取扱いの業務を行わせ（10条4項）、行政機関の長の同意等の要件を満たす場合等のほかは、重要経済安保情報を提供できない（10条5項−7項）。

このような重要経済安保情報を取扱う公務員や適合事業者の従業員等に対して行われるのが適正評価であり、原則としてそれをクリアしなければ重要経済安保情報を取扱う業務をしてはならない（11条1項）。
　適正評価のための調査は、原則として、対象者の同意のうえで（12条3項）、行政機関の長が内閣総理大臣に対して要請する（同条3項）。内閣総理大臣は7項目（①重要経済基盤毀損活動との関係に関する事項（評価対象者の家族及び同居人の氏名、生年月日、国籍及び住所を含む。）／②犯罪及び懲戒の経歴に関する事項／③情報の取扱いに係る非違の経歴に関する事項／④薬物の濫用及び影響に関する事項／⑤精神疾患に関する事項／⑥飲酒についての節度に関する事項／⑦信用状態その他の経済的な状況に関する事項）を調査し（同条2項、4項）、意見を付して調査結果を行政機関の長に通知する（12条5項）。なお、「重要経済基盤毀損活動」とは、重要経済基盤に関する公になっていない情報のうちその漏えいが安全保障に支障を与えるおそれがあるものを取得するための活動等であって、外国の利益を図る目的で行われ、かつ、重要経済基盤に関して国及び国民の安全を著しく害し又は害するおそれのあるもの並びに重要経済基盤に支障を生じさせるための活動であって、政治上その他の主義主張に基づき、国家若しくは他人を当該主義主張に従わせ、又は社会に不安若しくは恐怖を与える目的で行われるものである（12条2項1号）。
　行政機関の長は、調査に基づいて適性評価を実施し、結果を評価対象者・内閣総理大臣・適合事業者に通知する（13条1項、2項）。適正評価をクリアしない場合には、適性評価の円滑な実施の確保を妨げない範囲内において、評価対象者に、理由を併せて通知することが求められる（同条4項）。なお、結果については苦情の申出が可能であり行政機関の長は誠実に処理しその結果を通知することが求められる（14条1項、2項）。

（3）指摘されている諸問題[8]
　本法案に対しては、日弁連から、①国民の知る権利やプライバシー権の保障が不十分である、②重要経済安保情報が不明瞭であり罪刑法定主義や営業の自由との関係で問題が生じうる、③秘密保護法が経済安全保障に関連した情報を対象として明示していないとすれば、本法は特定秘密を実質的に拡大するものであり、罪刑法定主義等の観点から疑問である、④衆参両院の情報監視審査会による監督、国会への報告制度も適用されず、監督措置が秘密保護法の場合に比しても脆弱である、⑤内閣総理大臣の下に設けられる情報機関に適性評価対象者の膨大な個人情報が蓄積される、⑥適性評価に同意しない者への不利益の可能性や適性評価調査の行き過ぎを抑

止するための仕組みが想定されていない等の指摘がされていた。

　もっとも、③について政府は、特定秘密に該当するようなトップシークレット級・シークレット級の情報は重要経済基盤情報であっても特定秘密に該当する可能性が高いと答弁している（彦谷直克政府参考人）。また、④については、法律案が修正され、内閣総理大臣は毎年、重要経済安保情報の指定及びその解除、適性評価の実施並びに適合事業者の認定の状況について一定の有識者に違憲と聴き、さらに政府は毎年、それらの事項について国会へ報告し公表することされた（18条3項、19条）。なお、政府は、重要経済安保情報についての検た、監察を独立公文書管理監が行うことを想定しており、下位法令の整備を行うことを予定していると答弁している（品川高浩政府参考人）。

　内閣委員会において諸議員も種々の指摘をしており、例えば、調査結果通知期限が定められていないが、せめて進捗状況の報告は必要ではないか（浅野哲）、クリアランスホルダーのなりすまし防止等の措置を講ずべきではないか（本庄知史）といった指摘がなされている。

2　経済秩序におけるセキュリティ・クリアランスと憲法学に関する展望

（1）経済秩序とセキュリティ・クリアランス

　本法は安全保障を目的としており、そのセキュリティ・クリアランス制度は経済秩序とは直接の関係はない。しかし、①政府保有情報を経済活動に利用させる側面、②企業からのニーズ（他国との共同開発等への参加のための対外的な「信頼できる証」の必要性）に応える側面もある[9]。

　本稿では、簡潔ながら、これらの（主として②の）側面に着目し、安全保障との関係ではなく経済秩序との関係で「国家による信頼保証＝セキュリティ・クリアランス」の機能を把握し、憲法の観点から検討する。

　企業がセキュリティ・クリアランスを求めていた背景には、信頼保証がないことによって一定の事業に参入できない等の事情があった。信頼保証のないことが経済秩序に与える弊害を考えるに、ここでは信頼ゲーム（プリンシパル＝エージェント・ゲーム、投資ゲーム）[10]を参考にしたい。信頼ゲームは協力すれば両者の状況がよくなる非対称情報下でのゲームであり、ここでは元手を「10」とし投資すれば「30（双方に15）」に増えると仮定する。信頼者は、信頼しなければ元手の「10」を入手する。他方、信頼した場合、被信頼者は「報いる／裏切る」の選択肢があり、報いた場合には

「15」を入手し、裏切れば「30」を入手する（信頼者は「0」）。この場合、信頼者は信頼して「0」となるリスクを負う必要はない。そのため信頼しない方が合理的な選択だということになるはずである（現実には信頼する選択肢をすることもあるようだが、本稿では考えない）。しかし、信頼する選択よりも全体としての効用は下がっている（その意味で経済秩序に対する弊害が生じている）。これが信頼性に関する情報の欠如に起因する弊害とすれば、セキュリティ・クリアランス制度はそれを是正するための政府干渉と考えられる。つまり、セキュリティ・クリアランス制度は経済秩序の弊害を是正する機能を有する。

（2）本法のセキュリティ・クリアランス制度と経済活動の自由

経済活動の自由への政府干渉は、(a) 経済活動の条件（度量衡、貨幣等）の設定と (b)（その条件下での）経済活動への消極的（規制的）ないし積極的（保護的）干渉[11]とに分けられ、日本憲法学は基本的には (b) の議論に集中してきたと思われる。

新しい財・サービス市場を創設する（例えば、商品を販売する主体の条件や販売する相手の条件等を設定（市場画定）する）のであれば (a) の問題となるだろう。しかし、セキュリティ・クリアランス制度は、既存市場に参入している企業に対して信頼保証をすることによって、その営業活動をスムーズにし、先の信頼ゲームで見られたような非効率（経済秩序に対する弊害）を解消する点で、(b) の問題と解することができる[12]。

このような経済市場に対する政府干渉の憲法的評価に関しては、規制目的二分論への態度も含め議論のあるところだろう。しかし、紙幅の関係上、本稿では「自由な経済活動によっては弊害が生じる場合に政府が必要かつ合理的な範囲で介入できる」という大雑把な理解から考えていく。

まず、弊害の有無であるが、実際に信頼ゲームが想定するようなコミュニケーション不全による非効率という弊害が生じているのなら、それは認められるだろう。本法のセキュリティ・クリアランス制度はあくまで重要経済安保情報との関連での資格保証、換言すればそれは「重要経済基盤関連市場における資格保証」である。そのため（市場一般ではなく）当該市場における弊害の有無が問題となるが、「最終とりまとめ」によると、政府としては弊害が生じているとの認識である[13]。その場合、政府が信頼保証しその弊害を排除することは必要であり、少なくともセキュリティ・クリアランス制度以外によりよい手段がなければ（つまり、少なくとも厳しい基準をクリアしているなら）、当該制度は正当化されうる。他方、そのままだと

重要経済基盤関連市場での競争に負ける（競争力が不十分な）企業に助力する制度として当該制度を理解し、そのような助力手段は様々にありうるとして国会の裁量を認め緩やかな基準で正当化するという見解もありうる。本稿では、議論に開かれていることを示すにとどめる。

以上はセキュリティ・クリアランス制度自体の憲法的評価であり、資格条件（対象者の範囲や調査項目等）は別問題である。本法の資格条件を満たすことによって、重要経済基盤関連市場において①政府保有情報という経済手段が新たに利用でき、かつ②信頼保証がなされる。仮にそれらが特定の市場において必須であるならば、それ自体は参入規制ではないもの資格条件は当該市場において厳しい規制であると評価しうる[14]。

そして、仮に厳しい規制であるとすれば、経済的非効率を除去するのに必要十分な条件に限られるべきであり、先の7項目もそのような観点から検討される。資格条件ではなく資格者の行為制限にすればいいのではないか（飲酒等）、資格条件にせず制裁・罰則による実効性確保で充分ではないか、といったことが検討されよう。もっとも、その信頼保証が実効的であるためには他国企業からの視点も必要であり、他国による条件設定と足並みを揃えることが合理的でありうる点にも留意すべきである[15]。

以上に加え、制裁や罰則も別個問題となる。制裁・罰則はルールの実効性を確保するために必要かつ合理的なものとすべきだとすれば、本法においては、①権限の逸脱（例えば、当該情報を販売すること）や②権限の濫用（例えば、インサイダー取引による不当な経済的利益）による情報漏洩を防ぐ実効的なものであるべきである。本稿ではこれ以上の検討はできないが、①や②による経済的利益を追求させないくらいの経済的不利益を課すような制度設計が必要であると思われる。

おわりに

本稿では重要経済安保情報についてのセキュリティ・クリアランス制度について、簡単ながら、その経緯・概要を紹介し、経済秩序の観点から憲法学的な検討を加えた。

しかし、本法のセキュリティ・クリアランス制度は経済安全保障という新しい領域における新法であるため、私の能力を超えるところも多く残された検討課題は多い。

まず、本稿では、執筆時期等により全ての本会議・内閣委員会の議事録を参照できていないという資料上の限界がある。

また、憲法的評価については不十分なものである。その一因は、本法のセキュリティ・クリアランス制度が、特定秘密保護法とは異なり、単に安全保障秩序との関係ではなく経済秩序と結びつけられているため、両価値が混在した制度となっており、明晰な分析が困難であったことにある。そしてその結びつきを可能としているのが「経済安全保障」という概念であるとすれば、同概念は法制度の分析的評価を阻害するものであり、法制度設計に有益な概念なのか疑問の余地がある。私見では、本法のような内容であれば秘密保護法の改正として審議すれば十分であり、重要経済基盤関連市場における信頼保証については経済活動の規制および推進を内容とする別の法律を定めるべきだったのではないかと考える。そうすれば、経済的非効率という弊害の除去を目的として法制度を体系的に構築でき、批判的評価も明瞭にできただろう。本稿は「経済安全保障」の経済的側面を抉出するために敢えて経済秩序から制度を眺め、安全保障の観点からの検討はしていない。それが片手落ちであると理解する向きもあろう。安全保障の観点からどのように検討するかは議論に開かれている。

　さらに、本稿は、資格制や審査基準の設定等、十分に検討できていない憲法学上の論点も多く、それらも今後の検討課題である。

　最後に、本稿では経済学における古典派と制度派[16]を検討外としたが、この経済学の知見の検討と選択は今後の憲法学で必要となるだろう。

※本稿はJSPS科研費JP24K04542の助成を受けたものです。

注
（1）いわゆるステイト・クラフトを含め、種々の概念規定を検討するものとして、長谷川将規『経済安全保障』（日本評論社、2013年）がある。
（2）一橋大学経済学部（編）『教養としての経済』（有斐閣、2013年）92頁。
（3）N・グレゴリー・マンキュー（著）、足立英之ほか（訳）『マンキュー経済学Ⅰ ミクロ編〔第4版〕』（東洋経済新報社、2019年）4-5頁。
（4）有識者会議「最終とりまとめ」、2024年1月19日、https://www.cas.go.jp/jp/seisaku/keizai_anzen_hosyo_sc/pdf/torimatome.pdf、2024年5月31日最終確認（最終確認日は以下同）。
（5）修正は、①重要経済安保情報の指定・解除、適性評価の実施、適合事業者の認定の状況に関する政府による国会への毎年の報告と公表、②それらの状況についての内閣総理大臣による毎年の有識者からの意見聴取の追加などである。
（6）特定秘密は「著しい支障」（特定秘密保護法3条1項）であり、アメリカの

第4部　安全保障の新展開と憲法

Top Secret（機密）、Secret（極秘）までを対象とするが、本法案はもう一段階下のConfidential（秘）を対象とし、両方を合わせてシームレスな秘密保全体制を構築する趣旨だったと思われる（参照、有識者会議「最終とりまとめ」・前掲注4）4頁など。第123回国会衆議院内閣委員会会議録第4号（2024年3月22日）〔品川高浩政府参考人発言〕、https://www.shugiin.go.jp/internet/itdb_kaigiroku.nsf/html/kaigiroku/000221320240322004.htm）。しかし、3月27日の衆議院内閣委員会の質疑で、「重要経済基盤保護情報であってトップシークレット、シークレットのもので特定秘密でないもの」は本法の対象となりうるという回答があり、混乱する（第123回国会衆議院内閣委員会会議録第5号（2024年3月27日）〔飯田陽一政府参考人、高石早苗国務大臣発言〕、https://www.shugiin.go.jp/internet/itdb_kaigiroku.nsf/html/kaigiroku/000221320240327005.htm）。特定秘密保護法改正という形ですべきだったとの指摘もこの点に関連するだろう（同〔前原誠司委員発言〕）。

（7）内閣委員会会議録第4号・前掲注6）〔品川政府参考人発言〕。

（8）日弁連「重要経済安保情報の保護及び活用に関する法律案についての会長声明」、2024年3月13日、https://www.nichibenren.or.jp/document/statement/year/2024/240313_2.html。政府答弁は内閣委員会議事録第4号・第5回・前掲注6）を、議員による指摘については同第5号・前掲注6）を参照している。

（9）最終とりまとめ・前掲注4）3頁、内閣委員会会議録第4号・前掲注6）〔高市早苗国務大臣発言〕。そのため、「政府保有情報は扱いたくないが対外的な信頼が欲しい」という企業に応えるものではない。

（10）ベンジャミン・ホー（著）、庭田よう子＝佐々木宏夫（訳）『信頼の経済学』（慶應義塾大学出版会、2023年）19-22頁。信頼と経済活動について、千葉隆夫「市場と信頼」社会学評論48巻3号（1997年）317頁以下、荒井一博「信頼と経済効率に関する考察」一橋大学研究年報経済学研究46号（2004年）205頁以下も参照。

（11）このような「消極的／積極的」干渉の理解は、拙稿「《自由な経済活動に起因する弊害》と憲法22条1項」慶應法学41号（2018年）53頁以下。

（12）なお、職業の自由に対する古典的規制類型の中では資格制に類するが、資格がなければ市場参入できないというものでもないため、単純な資格制でもないだろう。資格制の本格的な研究は今後の課題である。

（13）もっとも、単に「日本企業が利益を得られない」というだけではなく、厳密には「日本企業が参入しないことで世界経済全体の効率性が下がる」という事実（例えば、日本企業の技術が必要であるといった事実）が必要ではないか。

（14）薬事法判決（最大判昭和50年4月30日民集29巻4号572頁）は、既存市場への参加を禁止する許可制だけでなく許可条件についても検討し、適正配置規制は「実質的には職業選択の自由に対する大きな制約的効果を有す」と評価している。セキュリティ・クリアランス制度は許可制ではなく資格制に類似するだろうが、薬事法判決の分析の仕方は参考になろう。

(15) そのため日本だけのルール設定には限界があり、国際的な枠組みの設定が必要かもしれない。

(16) (新) 古典派経済学とは「資源の最適配分のメカニズムを明らかにすること」を中心的な関心としており、市場ありきで物事を考え、制度 (「諸個人、企業、国家などの経済主体の取引を調整する言語化された／されていないルール」) を副次的なものと理解する学派であり、(新) 制度派経済学とは制度を経済主体と不可分な経済活動の基盤ないし本質的要素と考え、経済を市場と諸制度の複合的な調整によって成り立つものと理解する学派である (藤田真哉ほか編『現代制度経済学講義』(ナカニシヤ出版、2023年) 1‐3頁)。

自由貿易平和主義は維持できるか?
―リバタリアン憲法学とマーケット・デザイン

吉良　貴之

(愛知大学)

はじめに

経済安全保障に関わる(憲)法的課題はきわめて多様である[1]。そこで本稿は問題を限定し、〈経済安全保障を根拠とした保護主義的な立法・政策の憲法的統制はどうあるべきか?〉と問う。そして〈憲法学はリバタリアニズムの自由貿易平和主義の思想資源をもとに、経済的自由にとって、より制約的でない立法・政策を導く理念を提示すべき〉という「答え」を出すことを目指す。

この「答え」は2つの意味で暫定的である。(1)まず、立法・政策を導く理念の提示は控えめな目標である。経済安全保障はその時々の国際状況に依存する問題であり、また周辺諸国の安全保障戦略にも影響を受けるため、それに応じて示すべき理念も変わるかもしれない。むろん、あくまで理論的作業である以上、時々の国際状況に左右されない普遍的な理念を提示すべきという立場もありうる。筆者はいずれの意味においてもリバタリアニズムの自由貿易平和主義が説得的であると考えるが、これは公理的な主張ではなく、経験的なテストに開かれるべきものである。本稿で紹介する新世代のリバタリアニズム思想は、社会科学諸分野との接続によってその主張の妥当性を経験的にテストしようとする傾向に特徴があるが、憲法学において提示される理念も同様にそうした接続とテストが、とりわけ経済安全保障のように当然に学際的な問題においては不可欠である。その結果、仮に本稿のリバタリアン自由貿易平和主義の主張が棄却され、よりよい理念に置き換えられるとしても、それはまったくかまわない。眼目は経験的テストへの接続可能性のほうにある。

(2)「暫定的」とした次の意味は、より挑戦的なものである。経済安全保障関連の立法・政策を導く理念を提示するのみならず、行政裁量をめぐる判断過程審査における合理性基準、さらにはその方法の違憲審査への応用までの可能性を示すことができたならば、公法基礎理論としてより内在的な貢献になりうるだろう。新世代のリバタリアニズム思想の経験的テス

ト志向はその点で、この目標にも相性がよい。むろん、この挑戦的課題については、問題の所在にごく簡単に触れるだけになる。より専門的な論者に問題意識が引き継がれることを願っている。

1　問題状況の確認

　本稿の問い〈経済安全保障を根拠とした保護主義的な立法・政策の憲法的統制はどうあるべきか？〉は第一に、経済政策の国家的裁量が経済安全保障を根拠にして強まること、またその結果として、保護主義的な立法・政策が取られることを懸念している。

（1）憲法理論的な課題

　なぜ保護主義的な立法・政策が懸念されるかというと、①安全保障政策としての合理性が疑わしく（少なくとも検証手段に乏しいままに「安全保障」という反対しにくい言葉が用いられること）、また②保護主義的な立法・政策は個人の経済的自由に対して制約的になりやすいことをあげておく。いずれの点も、特にリバタリアニズム思想をとらずとも広く共有される憲法的課題だろう。

　経済安全保障に関わる立法・政策は、安全保障という高度に政治的な領域であること、また一般に公共の福祉の実現を目的とする経済政策の領域であることから、経済＋安全保障の組み合わせは国家の裁量を二重に大きくしそうである。そこで課題をもう一段、明確にするならば、国家の裁量を不当に大きくしないため、憲法学の立場から、①経済安全保障関連の立法・政策の憲法適合性あるいは合理性、および②個人の経済的自由の保障について、どのような主張が可能か？ということになる。

（2）時事問題としての課題

　経済安全保障を論じるには、時事的な国際状況を無視することはできない。大きな状況としては、アメリカと中国という現在の世界の二大経済大国の軍事・経済戦略があり、それに日本やヨーロッパ諸国がどう関与すべきかという問題がある。むろん、飛躍的な経済成長を続けるインドは新しい極となりつつあるし、中東諸国の動きも重要である。こうした状況では、日本憲法学の蓄積を参照するだけでは不十分であり、世界的な研究動向に接続する形で（あるいは少なくともそれを意識しつつ）理論構築がなされなければならない。といっても本稿が参照しているのは主に英語圏（一部フランス語圏[2]）にとどまっており、この点は不足として認めなければならない。

近年の英語圏（特にアメリカ）で経済安全保障をめぐる理論的な議論を活発化させたきっかけは、経済安全保障を「他の手段での戦争」と明確に位置づけた Blackwill & Harris（2017）といえるだろう。その後、特に国際政治の文脈での膨大な議論がなされているが、アメリカでの議論は切迫性ゆえか、個別的問題に特化したものが多く、その理論的含意を抽出することは必ずしも容易ではない。したがって本稿が目指す種類の規範的な理論構築作業にはいまだ十分な余地がありそうである。

アメリカでの関心は、建国期から近年の中国脅威論まで、アメリカ経済安全保障論の通史として Copeland（2024）が鮮やかに描き出すように、中国の覇権に対してどう対抗するかという課題が、明示的であれ、間接的であれ、つねに意識されている。これはフランスなどヨーロッパ諸国の議論でも目立っている傾向である。そうした議論のなかで日本が登場することはほとんどなく、これは日本の国際政治上のプレゼンスの低さを示す不幸な状況かもしれない。逆に、必ずしも個別的な文脈に左右されずに理論構築を行う幸福な状況にあると強がることもできるかもしれない。

もっとも、日本国内の議論が活発になっているかというと、政策論的にも、理論的にも、いまだ萌芽的な段階にあるといわざるをえないだろう。むしろ、国際政治上のプレゼンスの低さゆえにかえって、左右両側のナショナリズムと結びついた保護主義的な土壌が温存される状況にあるとさえいえる。だとすると、前節（1）で指摘した憲法理論上の課題は相応のアクチュアリティを有している。

（3）立憲的統制に向けての課題

では経済安全保障関連の立法・政策の立憲的統制はいかにして可能か。それには多くの困難な課題がある。前節（1）で「経済＋安全保障」という組み合わせによって国家の裁量が二重に強まる問題を指摘した。ここでの「反対のしにくさ」には、経済安全保障における政治性と専門性が関わってくる。

経済安全保障は、政治的問題に経済的性格を付与するだけでなく、経済的問題に政治的性格を付与する議論でもある。実際、あらゆる経済的問題にデュアル・ユース的性格を見出すことはむしろ容易である。それによって必要以上に政治性が強調され、憲法的議論の枠外に押しやられることも懸念される。そうした政治性を政治性のまま憲法的課題として取り込んでいくことも重要であろうが、本稿の問題関心からすれば、その分けにくさを強調しすぎないことも重要である。たとえば、近年の実験経済学的手法

の発展も踏まえるならば、経済的問題として分けられる部分での費用便益分析による検証を精緻化していく方向も必要である（そうした発想の例として参照、Sunstein（2024））。

また、経済安全保障問題は、その高度の政治性のみならず、高度の専門性によっても憲法的なアプローチが難しくなっている。実際、日々刻々と移り変わる国際的な政治と経済の状況に対応する立法・政策を形成するには関連分野の高度な専門的知見と絶えざる情報収集が不可欠である。それについて、司法の審査は及ぶだろうか。そもそも司法府は立法府や行政府と比べてきわめて貧弱な資源しか制度的に配分されていない以上、アメリカの公法学者エイドリアン・ヴァーミュールがかつて論じたように、専門的問題については能力不足を根拠として立法府や行政府に大幅な敬譲をすべきかもしれない（Vermeule 2006）[3]。仮にある程度の審査を行うにしても、渡井（2023）が日本の制度状況を前提として論じるように、（実体審査ではなく）判断過程審査の合理性チェックポイントを具体的にあげていくほうが生産的な作業といえる。

（4）行政国家状況における行政裁量とその司法的統制

補足的に話をやや広げると、現代の先進諸国に共通する問題として、行政活動の拡大と肥大化という「行政国家」状況がある。たとえばCovid-19パンデミック対策においては、日本でも行政による機動的かつ柔軟な対応が目立った（その当否は論じない）。

経済安全保障領域には、立法的対応を待っていては手遅れになりそうな切迫した状況、あるいは詳細な立法が困難な流動的状況が多くあると予想される。したがって行政国家の立憲的統制をめぐる議論の蓄積はおおいに参考になる。特に日本では2015年の集団的自衛権をめぐる「解釈改憲」論争や、その後の「緊急事態条項」をめぐる改憲論議に顕著に見られるように、安全保障問題をめぐるイデオロギー対立と政治的リソースの浪費が深刻である。そのため、いざ具体的な問題が生じた際の立法のデッドロック化と行政のフリーハンド化という状況は強く懸念される。

アメリカでは近年、連邦議会のイデオロギー的分極化が進み、詳細を定めた立法が困難なこともあって——つまり曖昧な立法をせざるを得なくなった結果として——、行政裁量が拡大する状況が加速している。それに対する反動として、行政機関による規則解釈に対する司法敬譲を広く認めてきたシェブロン法理への攻撃も強まってたが、それが緩和されたとして、では司法に判断できるのか？という問題が再浮上する[4]。

2 リバタリアン自由貿易平和主義

ここまで問題状況をさまざまに確認してきたが、本稿の積極的な主張は、こうした課題に対し、リバタリアニズム（自由至上主義）の自由貿易平和主義の思想資源を生かすことである。リバタリアニズムは他者からの意図的な妨害がない状態としての消極的自由を最大限に保障しようとする思想である。その主張にはある程度の多様性があるが、筆者としては、〈人・モノ・情報の移動の自由〉の最大限の保障が最も重要な眼目であると考えている。このどれかの移動の自由が滞っているときに諸々の社会問題が起こるのであり、したがって国家権力による保護主義的な介入（どの要素に対してもなされうる）はとりわけ懸念の対象となる。

現代リバタリアニズムは、政治哲学的にはロバート・ノージック『アナーキー・国家・ユートピア』（原著1974年）、経済思想的には20世紀初頭以降のオーストリア学派がよく典型とされる。しかし本稿では、そうした「右派リバタリアン」のレッセフェール的な市場観は必ずしも前提としない。リバタリアニズムはその前史と後史においてさらに豊かな流れを有している。前史となるのは19世紀初頭からの左派リバタリアニズムの伝統であり、後史となるのは21世紀のマーケット・デザイン志向の新世代リバタリアン（いわゆる「アリゾナ学派」など）の議論である。それらを包括して、リバタリアニズムの重要な思想資源として念頭に置く。

（1）新世代リバタリアンの動向

市場における自生的秩序形成を重視する右派リバタリアニズムは、経済安全保障のみならず、安全保障問題一般にあまり関心がなかった。少なくともそう受け止められても仕方ない面があった。

21世紀になって台頭してきた新世代のリバタリアンは、そうしたレッセフェール的な経済観を必ずしも共有しない。そうした論者の特徴として、①社会正義（経済的格差の縮小など）を真剣に受け止めてきた左派（19世紀フランス社会主義、イギリスのコブデン主義、アメリカのジョージ主義など）の豊かな伝統を再評価し、また②積極的自由（＝自己支配としての自由）論の一定の許容や、そうした自由の条件をなす市場についての反設計主義の緩和（マーケットデザイン論の導入）により、その思想を慈愛に満ちた（bleeding-heart）ものにしようとする傾向があげられる（Zwolinski & Thomasi 2023）[5]。

（2）反帝国主義としての自由貿易平和主義

新世代のリバタリアンは19世紀ヨーロッパの社会主義、平和主義思想

に現代の左派リバタリアニズムの重要な思想的淵源を見出している[6]。本稿が保護主義に対抗する思想として重視する「自由貿易平和主義（free-trade pacifism）」は、経済の国際的相互依存状態として平和（パックス・エコノミカ）を目指す一群の思想を指している。以下、Palen（2024）による思想史的整理のうち、重要な点を箇条書きで示す。

- イギリスに遅れて経済発展した諸国はそろって保護主義政策をとり、その先頭がアメリカだった。19世紀から20世紀前半のグローバリゼーションは自由放任主義ではなく、帝国主義的ナショナリズムの産物であった。
- イギリスでは、リチャード・コブデン（英1804-1865）らマンチェスター学派の自由貿易平和主義が着々と広がっていった（たとえば1846年の穀物法廃止）。さらなる急進派としてヘンリー・ジョージ（米1839-1897）は地主の政治的影響力を削ぐことを目標に、土地単一税運動を展開した。
- 純粋に経済的な側面だけでなく、反奴隷制・反植民地主義といった道徳的主張も合わせてなされてきた歴史も重要である。現代でいえば、ルールメイキングの段階でソフト面の競争がなされている。「人権とビジネス」をめぐる議論などを想起せよ。また、アメリカのフローレンス・ケリー（米1859-1932）のように、現代でいうエシカル消費論を先取りした反搾取的な自由貿易論があったことも重要である。
- 第一波フェミニストは参政権だけでなく、自由貿易を通じた国際平和に強くコミットしていた。ナイチンゲールもその1人で、インド問題で積極的に発言している。19世紀後半のイギリス左派にとって「自由貿易、フェミニズム、平和」はセットであった。
- 第二次世界大戦後のパックス・アメリカーナは「自由貿易、民主主義、平和主義」を標榜しつつ、その実「新植民地主義、新重商主義、新自由主義」だった。

こうしたリバタリアン（さらにいえばコスモポリタン）自由貿易平和主義の主張は、経済ナショナリズムへのアピールを戦略的に用いる経済安全保障のレトリックに対抗するための思想資源を存分に有している。

（3）自由貿易平和主義はネオリベラリズムの弁明か？

この「自由貿易で平和を」という主張が現代においてなされるとき、結局のところネオリベラリズムの弁明ではないか、と懐疑的に問われることもある。しかし、たとえばYoon（2024）の批判的書評が指摘するように、

第4部　安全保障の新展開と憲法

（トマス・ポッゲの構造的加害論よりも直截的に）アメリカが自身の都合で保護主義的経済ブロックを形成してきたことを再確認する意義は決して小さくない。それは中国の一帯一路構想も同様とされる。経済安全保障をめぐる議論においては一方の批判が他方を利することのジレンマがつねにあるが、それを避ける視点としても自由貿易平和主義は有用である。

（4）自由貿易平和主義の難点とその克服

こうした自由貿易平和主義については、いくつかの難点も指摘できる。まず、経済的相互依存による平和というヴィジョンはわかりやすいものの、いかなる貿易のあり方がいかにして戦争を抑制するかという具体的論点については、経験的エビデンスの弱さが指摘されやすい。しかし、現在では実験経済学的手法の進展により、制度や政策のパフォーマンス評価はある程度可能になっているため、過度に悲観的になる必要もない。新世代のリバタリアンたちの仕事はまさにその方向であるし、公法学的にも、経験的評価への接続は判断過程における合理性審査――どのような要素をチェックポイントとして切り出すか――の活用への道を開くだろう。

より悲観的な難点としては、権威主義体制による暴力的な現状変更には効果がないことがあげられる（近年のロシアによるウクライナ侵攻を想起せよ）。自由貿易平和主義は各アクターの一定の経済合理性を前提にしているが、まさにその経済合理性を超えた意思決定がなされる局面では力を発揮しにくい。また、紛争時の自由貿易は非道徳的になりうるといったことも問題としてあげられる。侵略当事者の国の製品を「平和のために」自由に取引すべきというのはむしろ侵略の手助けになりかねない。こうした問題に対しては、（2）節で触れた、道徳的要素も加味したルールメイキング競争を可能にするマーケット・デザインのあり方が問われる。

まとめ

本稿で紹介したリバタリアン自由貿易保護主義は、（1）経済安全保障立法・政策を（安易な保護主義にならないように）理念的に導き、（2）経験的研究と接続することで合理性審査の材料を提供しうる。

注

（1）『法律時報』96巻1号（2023年）特集「経済安全保障の法的制御」、特に横大道（2023）と渡井（2023）を参照。

（2）フランス語のジャーナルでは、2007年に発刊された *Géoéconomie* が先駆的な論

考を多く掲載してきた（2016年に停止）。中心的な論者は現在でも活発に発言しているが、その多くは（アメリカの同様のジャーナルと同様に）中国やインド経済の脅威に対する政策的主張であり、理論的な議論は多くない。ただ、自国制作映画の保護といった文化政策に関わるソフトな経済安全保障についての論考が見られることは特徴的といえる（58号・特集「映画：アメリカ帝国の衰退？」（2011年））。
（3）ヴァーミュールは「制度論的転回」を主導する司法消極主義（法解釈方法論としてはテクスト主義）をとっていたが、近年は（連邦最高裁の構成の保守化もあってか）「共通善立憲主義」という実体的・積極的な役割を司法に求めるに至っている（吉良 2021; Vermeule 2022）。
（4）多くのリベラルな論者は保守からの司法積極主義を警戒しているが、連邦最高裁の動向は法哲学者ロン・フラーが示した法の内在道徳の維持において一貫しているという楽観的な見解として、Sunstein & Vermeule (2020)。
（5）こうした新世代のリバタリアンたちの妥協的な主張に対しては、「それはリバタリアンなのか？」と批判的に問われやすい。消極的自由の保障という思想的中核を維持している点でリバタリアニズムと呼ぶことに問題はないと思われるものの、こうした論者には「リバタリアニズム」は便宜的な呼称にすぎないと考える傾向もある。いずれにせよ、呼称を問題にしたところで議論の内容に資することはない。
（6）政治哲学上の左派リバタリアニズムは通常、外的資源の所有権の正統性について右派と対立する思想として位置づけられる。ただし本稿ではリバタリアニズムの包括的な性格を示す意図もあり、Vallentyne & Steiner (2001)、Zwolinski & Thomasi (2023)、Palen (2024) などの思想史的整理を参考に、広い特徴付けを行っている。

本稿は憲法理論研究会・研究総会（2024年5月、早稲田大学）での報告をもとにしている。草稿に対し、小川亮（國學院大學）、榊原清玄（東京大学大学院）の両氏から有益なコメントをいただいた。また本稿は JSPS 科研費 JP22K01116、JP24H01597の助成を受けた。

文献

Blackwill, R., & Harris. J. (2017). *War by Other Means: Geoeconomics and Statecraft.* Harvard U. P.

Copeland, D. C. (2024). *A World Safe for Commerce: American Foreign Policy from the Revolution to the Rise of China.* Princeton U. P.

Palen, M-W. (2024). *Pax Economica: Left-Wing Visions of a Free Trade World.* Princeton U. P.

Sunstein, C. R., & Vermeule, A. (2020). *Law and Leviathan.* Harvard U. P.（吉良貴之訳『法とリヴァイアサン』勁草書房、2024年）。

Sunstein, C. R. (2024). The Economic Constitution of the United States. *Journal*

of Economic Perspectives, 38（2）.
Yoon, K.（2024）. Freeing free trade: Is there anything left to anti-imperial visions of global commerce? *Boston Review*.
Vallentyne, P., & Steiner, H.（Eds.）.（2001）. *The Origins of Left-Libertarianism*. Palgrave Macmillan.
Vermeule, A.（2006）. *Judging under Uncertainty*. Harvard U. P.
Vermeule, A.（2022）. *Common Good Constitutionalism*. Polity.
Zwolinski, M., & Thomasi, J.（2023）. *Individualists*. Princeton U. P.
吉良貴之（2021）「行政国家と行政立憲主義の法原理」『法の理論』39号。
横大道聡（2023）「立憲主義と経済安全保障」『法律時報』96（1）。
渡井理佳子（2023）「経済安全保障と行政庁の裁量処分」『法律時報』96（1）。

〔追記〕脱稿後の2024年6月、アメリカ連邦最高裁は、Loper Bright Enterprises v. Raimondo, 603 U.S.＿（2024）において、シェブロン法理を破棄した。行政機関の法解釈の一貫性を審査するスキドモア法理に回帰したという分析もあり、司法敬譲が後退したかどうかについては今後を見る必要がある。

書　評

藤井康博『環境憲法学の基礎』（日本評論社、2023年）

〔評者〕上代　庸平
（武蔵野大学）

　1　環境問題が憲法問題であることは広く理解されているが、憲法が具体的に環境について何を語ることができるのかは、困難な問題である。2011年3月11日の震災及び原子力災害以降は、脱原発・脱炭素、再生可能エネルギーの推進とその社会的負荷、気候変動などの顕在化する環境リスクを目の当たりにして、国家の役割や規制の必要性、環境リスクの利害調整、環境損害の予防と分担などがより切実に、また巨視的な視点から論じられるようになり、それらの論点において、法的議論の結節点として、憲法論が援用されるようにもなっている。

　本書は、このように環境に関わる憲法論が大きく変貌した時期をまたぎ、特に3.11後の環境問題において顕著になってきた法原則を基本に据え、憲法学としての国家論・法源理論・基本権論の再構成に取り組む著者の思考を集大成したものである。本書は、環境（憲）法の過渡期における問題領域の推移と拡がりを反映して、序章のほか「環境法原則の憲法学的基礎づけ」を扱う第1部と「環境問題に対する権利論」を取り扱う第2部から構成され、そこからの検討結果に基づく「環境憲法」の像を提示する終章が付されている。

　2　環境を直截的に権利と捉える従来の憲法論には、「公益自体を個人の権利の直接的な対象とする」パラドクスが含まれていたことには、疑問の余地はなかろう。そこで著者は、環境を保護することに関する法領域として発達してきた環境法における法原則及び環境問題に関する権利についての知見の集積に着目し、憲法学と環境法学との架橋を試み、かつ、その方法論を理論的かつ実践的に根拠付けすることにより、「環境憲法」を構築する方法を選択する。その際、憲法典（基本法）に環境条項があり、またその具体化の過程において環境法原則が実定法秩序として機能しているドイツが比較対象として参照される。とりわけ著者は、ドイツ憲法において国法を正当化する規範要素とされる国家目的に着目し、憲法が「個人の自由」・「人間の安全」・「ヒトの生命」という価値規範を含む場合には、

書　評

それを起点として環境保護という国家目的を把握しうるとする。そして、ドイツの解釈論を参考にすれば、日本国憲法からも、25条2項の文言などの実定規範から、環境保護を国家目標として導出しうるとし、この国家目標が憲法規範としての拘束力を有することから、国家による環境侵害の不作為義務や私人による環境侵害の防護義務といった国家の任務などを含む環境国家原則が、憲法の構成要素として位置づけられるとする。

　上記のような憲法学と環境法学との架橋可能性に依拠して、第1部では、環境法三原則と位置づけられる事前配慮原則、原因者責任原則及び協働原則のそれぞれについて、憲法上の位置づけ及び根拠付けを与えることができるかどうかが検討される。まず、事前配慮原則については、事前可能性の段階に応じ、危険防御に対する事前予防・リスクに対する事前配慮及び残存リスクに対する将来配慮が、それぞれ国家の任務として位置づけられるとする。また、原因者負担原理における負担責任は、自由意思に基づく自己責任に根拠を有するとしつつ、その責任範囲の拡張の根拠を、共同体的な人間像に存する尊厳であると位置づける。一方で、協働原則については批判的な態度をとり、国家が環境保護の任務を果たす上で選択しうる手法であるに留まると位置づけた上で、この手法の是非についての憲法上の評価は、比例原則によることを明らかにしている。

　第2部では、従来の日独の環境権に対する批判が展開された上で、それに代わる「環境問題に対する人格権」が提示される。ここで著者は、民法上の環境損害に関する議論なども広く参照しつつ、自然的環境を介して個人の生命・身体が被る影響に対処するための人格権が保護範囲として措定されるとし、国家に責任が及ぶ行為に基づいてこれが侵害の危険を生じ、またはリスクに直面しうる場合には介入が観念されうるとする。この介入の正当化可能性については、特に比例原則の適用の場面における目的の広汎性やリスク制御の可能性、利益衡量における均衡の保持の困難などの問題を抱えていることが指摘される。その問題を踏まえた上で、著者は、原子力の必要最小限度性に関する問題を例として、適合性・必要性及び利益衡量における均衡性の問題を論じ、原子力発電が不必要となる場合、必要となる場合のいずれも論証しうることを証明している。

　終章では、国家目標としての環境保護、環境法原則の憲法的基礎及び環境問題に対する個人の基本権を特性として備える環境憲法の像が提示される。自由・安全・生命に関わる環境問題が憲法問題として提起される場合においては、個人・人間・ヒトの尊厳ないし（日本国憲法の場合は）13条を

起点として、環境憲法の理論および解釈によって、環境に対する憲法の効力を保持することが、環境憲法学の使命として提示されている。

3　著者が標榜する「環境憲法学」は、ドイツにおいては、憲法の部分秩序ないし部分憲法論の一環として位置づけられる。憲法の部分秩序は、新たに社会に生起した問題領域に対して憲法の規範的効力を及ぼし、国家秩序の下での統制と制御を可能にするための理論として発展してきた。それだけにこの部分秩序の対象については、当該領域が憲法的思考に基づく統制・制御に服し、憲法の規範力を及ぼせるものか、慎重な検討が必要となる。その意味で、著者がドイツ憲法学の方法論的基礎を論じた上で、従来の見解の問題点を摘出しつつ、その足りなかった点を丹念につなぎ合わせながら環境法と憲法との架橋可能性の検討に徹したことは、本書の説得力の基礎をなす重要なポイントである。とりわけ、3.11以前と以後では環境法学における原理・原則の捉え方や事実の評価方法、そして方法論までもが大きく変わったことが明らかであるが、この新たな環境法の展開に対しても、放射線リスクからの安全を含めた憲法法益としての「尊厳」から出発し、その保護を確保すべきとする国家目的・国家目標に対応した国家任務を導き出し、それに対する客観法的統制・主観法的統制が、現行憲法の枠内でなしうることを証明したことは、本書の画期的意味であると言えよう。また、法的概念としてのリスクや責任の意義を広い知見の中から追究して憲法上の議論に適した形で摘出し、それが憲法学における規範的衡量要素として位置づけられることを論証した点は、犯罪やテロ、制度後退などあらゆる憲法上の法益に対するリスクの評価と衡量にも用いられる方法論・論証としても援用されうる汎用性の高いものであり、著者の透徹した思考の結晶と言える。こうして、本書は、環境法と憲法学との間の架橋を見事に成し遂げただけでなく、原子力発電をはじめとする現下の環境をめぐるいくつかの問題に対する処方箋を示してもいる。本書が架けた橋をもとにして、憲法の規範力を環境問題に及ぼして行くべく、環境法領域における憲法学の議論がさらに喚起されることを期待したい。

高橋正明『平等原則解釈論の再構成と展開
——社会構造差別の是正に向けて』（法律文化社、2023年）

〔評者〕山本　健人
（北九州市立大学）

　1　本書は、社会構造差別——「種々の差別行為が社会の広範囲で生じることによって、特定の集団に累積的に被害が及んでいる状態」——の是正に向けた平等原則の解釈論を探求するモノグラフィーである。社会構造差別の問題を憲法学が認識したのは最近のことではない。これまでも、アファーマティブ・アクション（AA）／ポジティブ・アクション、間接差別、合理的配慮などの実践・概念を素材に、社会構造差別に対して様々な角度から分析を行う先行業績が存在する。こうした中、本書の特徴は、アメリカ合衆国の憲法学者カースト（Kenneth L. Karst）らが提唱する「反従属原理」を平等原則解釈論の基礎においたうえで、社会構造差別の問題を3つのフェーズ——「形成」「固定化」「改善」——に区分し、社会構造差別の是正に向けた憲法論を包括的に検討している点にある。本欄では、各章の内容を紹介し、ごく簡単にコメントすることにしたい。

　2　第1章では、総論として、反従属原理に基づく平等原則解釈論が提示される。まず、反従属原理は、国家や社会が「個人を、劣等なあるいは従属的なカースト身分の構成員、あるいは不参加者として扱うこと」を禁止する原理であり、様々な憲法上の要請を観念するための指導原理と位置づけられる。その具体化の一つが差別の是正であり、①「国家によって市民的地位における劣位に置かれない権利」と②「社会構造差別の是正を求める権利」が導出される。間接差別がどちらの権利に含まれるのかは争いある問題とされるが、著者の分析によれば、国家行為と生じている不均衡に因果関係が認められる場合は、前者の権利に含まれる。なお、後者の権利は立法者による具体化を要する抽象的権利であるという。

　反従属原理は、アメリカ合衆国における人種差別を念頭においた議論ではあるが、著者によれば、「集団間の支配・従属関係を生産させる社会構造」という共通性のある構造を扱うため、憲法学の基本的視座に据えることの普遍的可能性があるとされる。そのうえで、著者は、憲法14条1項の前段を従来の判例・通説である別異取扱いに合理的根拠を提示すべきとい

う規範と解釈し、後段の「差別されない」は「平等な市民的地位の実現要請」を意味すると解釈すべきと主張する。よって、後段から上記①・②の権利が導かれる。

3　第2章では、私人の差別行為によって、社会構造差別が「形成」される局面（フェーズ1）の問題が扱われる。ここで著者が注目するのが、私的主体によって運営されるパブリック・アコモデーション（PA）における差別禁止である。PAに関するアメリカの差別禁止法をめぐる学説、日本の裁判例・学説を検討したうえで、著者は、憲法14条1項後段から、「公共空間における差別禁止」という憲法上の要請が導かれると主張する。ただし、ここでいう「公共空間」の範囲が問題となるため、「判例を通じてある程度公共空間として想定される範囲が明確化されてきた段階で、立法府が包括的な差別禁止法を制定するという秩序形成プロセスが描かれるべきであろう」という。

4　第3章では、社会構造差別の「固定化」の局面（フェーズ2）が扱われる。著者が着目するのは、国家行為による間接差別に対する憲法的統制である。本章の分析では、間接差別の積極的統制を行っていないアメリカの判例ではなく、実質的平等を憲法上の平等権の規範内容と解し、間接差別の憲法による統制も行ってきたカナダの判例が主要な比較検討素材とされる。著者によれば、争いはあるものの、カナダの判例は「反従属原理」に基づく間接差別の統制方法の具体化として位置づけられる可能性が高い。本章では、カナダ判例の現在の到達点を明らかにしたうえで、日本の判例理論が分析される。著者は、日本の下級審は「国家行為と不均衡な状況の因果関係が比較的明瞭である場合」には実質的に間接差別を認めており、裁判実務は「極端に形式的な立場」ではないが、因果関係の認定方法や不利益の重大性の考慮の仕方などに課題が残ると指摘する。

5　第4章では、社会構造差別の「改善」の局面（フェーズ3）として、AAの違憲審査のあり方が検討される。反従属原理に依拠する論者は、AAに厳格審査は不要というが、アメリカの判例は厳格審査を採用しているため、AAに厳格審査を採用すべき理由があるかが論点となる。アメリカ判例が厳格審査を採用するのは、違憲の目的の炙り出しのためである。この点著者は、仮に人種的マジョリティが議会多数派であるとすれば、❶人種的マジョリティが人種的マジョリティに敵意を持つと想定することは不自然であり、❷人種的マジョリティが人種的マイノリティに敵意を持つのであれば、そもそもAAを立法化するという選択が採用されな

書　評

いのではないか、と指摘する。よって、AAの動機の観点から厳格審査を採用する理由付けは説得的ではなく、厳格審査を根拠付ける実体規範の分析をすべきであるという。著者は、実体規範として想定される「成果主義」それ自体は否定できないが、成果の評価方法については、国家が実現する目標との関係で一定の裁量が認められると主張する。よって、AAに対する違憲審査基準としては「合理性の審査」が妥当と結論付ける。

　6　評者は、本書の分析視角と構成をとくに評価したい。本書は、反従属原理に依拠し、社会構造差別の問題を3つのフェーズに区分したことで、この問題の全体像の理解を容易にさせ、各フェーズにおける憲法上の主要な論点を明確にした。また、アメリカ・カナダの判例・学説を比較の素材としているが、詳細な日本法の分析も行い、日本国憲法の解釈論へと昇華させている。著者の主張が明確に示されているだけに、その結論への異論もありうるだろうが、社会構造差別の改善に向けた有力な憲法解釈論の視座を提供し、今後の議論の軸を形成する作品となっていると思われる。

　本書は、反従属原理という憲法理論を、日本国憲法の解釈論の基本的視座に据えうることを前提として議論を展開しているため、見方によっては、反従属原理に依拠することの是非によって本書の評価は変わりうるかもしれない。しかし、著者の主張する日本国憲法における平等原則解釈論のうち、PAにおける差別禁止、間接差別の憲法的統制、AAの違憲審査基準などは、反従属原理に依拠しなければ展開できないものではないだろう。日本の裁判例・学説の中にも、私法上の差別禁止や間接差別の統制に関する法理論の萌芽が存在する（主に第2章・第3章を参照）。アメリカ合衆国における人種差別という、日本の文脈とは深刻さが大きく異なる社会的現実が背後にある反従属原理に依拠しなくとも、社会構造差別に関する平等原則解釈論を展開できる可能性は十分ありうる。もっとも、本書が反従属原理に依拠し、一貫した視点から社会構造差別の問題を整理したことで、問題の全体像をクリアに提示している点は上記の通りである。この評価は本書の立場を批判するものではなく、本書の読み方として、反従属原理に依拠せずとも著者の主張を吟味できることを指摘するものである。

　いずれにせよ、本書は、憲法の観点から社会構造差別に取り組む際に必読の書であろう。

憲法理論研究会活動記録（2023年6月～2024年5月）

一　研究活動

⑴　概観

　2023年6月からの年間テーマを、「顧みる憲法学と理論的展望」として研究活動を行った。コロナ禍で開催できなかった対面での総会、月例会及びミニ・シンポジウムを再開し、また、合宿研究会も開催し、コロナ以前のような研究活動と会員間の交流を促進することができた。なお、遠方の会員などからオンライン開催の継続を求める声も根強くあり、可能な限りでのハイブリッド開催を行うようにした。

⑵　7月ミニ・シンポジウム「生活保護訴訟と司法判断の変容──いのちのとりで裁判を題材に」（2023年7月15日、獨協大学（ハイブリッド開催））
【報告者】笹沼弘志会員（静岡大学）「憲法25条とその具体化の規範論的意味──生活扶助基準引き下げにともなう保護費減額処分取消訴訟をめぐって」／松本奈津希会員（広島修道大学）「生活保護基準改定にかかる裁量統制のあり方と憲法25条の役割──日独の比較から」／柴田憲司会員（中央大学）「生存権の実現過程の『不合理』と『違法』と『違憲』の連関──生活保護基準改定をめぐる裁判例を手掛かりに」
【司会・コーディネーター】小山剛会員（慶應義塾大学）／杉山有沙会員（帝京大学）

⑶　夏季研究合宿（2023年8月23日～25日、松山大学樋又キャンパス棟2階H2B教室、幹事・牧本公明会員（松山大学））
【報告者】小久保哲郎氏（ゲストスピーカー：大阪弁護士会／引き下げアカン！大阪訴訟弁護団副団長、生活保護引き下げにNO！全国争訟ネットいのちのとりで裁判全国アクション事務局長）「生活保護引き下げといのちのとりで裁判の経過」／菅陽一氏（ゲストスピーカー：愛媛弁護士会／愛媛・人間らしく生きたい裁判弁護団長）「原告と『いのちのとりで裁判』を支える愛媛の活動」／檜垣宏太会員（広島大学・院）「パブリックフォーラム上での営利的表現活動と表現の自由──Sorrell判決の余波の中で」／小林宇宙会員（一橋大学・院）「ヴァイマル後期の選挙制度改革について──1930年の政府改革案を中心に」／嘉多山宗会員（創価大学）「最高裁判事入江俊郎の憲法論──在任後期の判例を中心に」

⑷　月例研究会
2023年
《9月例会》（9月15日、東北文化学園大学（ハイブリッド開催））

【報告者】佐藤寛稔会員（ノースアジア大学）「『立憲主義の要請』──裁判を受ける権利の拡張に関して」／高橋勇人会員（東北大・院）「初期フランス第五共和制憲法における対抗権力の諸相」

《11月例会》（11月18日、獨協大学（ハイブリッド開催））

【報告者】青木洋英会員（沖縄国際大学）「憲法上の権利としての動物の権利論の構想──Martha C. Nussbaum の議論を手掛かりとして」／田中嘉彦会員（白鷗大学）「公選上院とウェストミンスター・モデルの接合可能性──二院制の日英比較」

《12月例会》（12月16日、法政大学市ヶ谷キャンパス）

【報告者】岩間昭道氏（ゲスト・千葉大学名誉教授）「憲法改正問題について」／山本響子会員（千葉大学）「『外国人の生存権保障』をめぐる論点整理の試み──ドイツを参照しつつ」

2024年

《3月例会》（3月16日、獨協大学（ハイブリッド開催））

【報告者】古木凌会員（明治大学・院）「対抗権力としての発案（initiative）──フランスにおける合同発案レファレンダムの経験から」／門田美貴会員（京都大学）「萎縮効果論は『感情』の保護をもたらすか？──集会のビデオ監視からの一考察」

《4月例会》（4月20日、獨協大学（ハイブリッド開催））

【報告者】柴田正義会員（阪南大学）「プーチン憲法（2020年）下における"世俗国家原則"と"神への信仰"」／佐藤太樹会員（慶應義塾大学・院）「『行政府内における権力分立』論の誕生──アメリカにおける職業公務員制の機能と組織」

(5) 春季研究総会「安全保障の新展開と憲法──経済安全保障と地経学の登場に関して」（2024年5月19日、早稲田大学早稲田キャンパス3号館5階501教室）

【開催校幹事】愛敬浩二会員

【報告者】永山茂樹会員（東海大学）「経済安全保障──日本国憲法のもとのそもそも論」／江島晶子会員（明治大学）「経済安全保障と人権──憲法・国際人権法・人権法の観点からの検討」／大野悠介会員（東洋大学）「セキュリティ・クリアランスと憲法学──経済秩序の観点から」／吉良貴之会員（愛知大学）「自由貿易平和主義は維持できるか？──リバタリアン憲法学とマーケット・デザイン」

【司会】駒村圭吾会員（慶應義塾大学）・土屋仁美会員（金沢星稜大学）

(6) 憲理研創設60周年・鈴木安蔵生誕120年記念ツアー企画「鈴木安蔵生誕地を訪ねて」（2023年9月14日、福島県南相馬市小高地区）

当日は、JR小高駅に集合し、旧鈴木家の保存運動に取り組んでいる「鈴木安蔵を讃える会」の志賀勝明会長のご案内で、旧鈴木家の邸宅を見学し、今後

の改装工事・保存運動の概要などの説明を受けた。また、本年中に設置予定の資料室に展示する予定の鈴木安蔵の著作や所蔵する憲法関連文献リストなどを閲覧させて頂いた。なお、同日は、任意参加で、東日本大震災・原子力災害伝承館（福島県双葉町）及び浮舟文化会館（埴谷・島尾記念文学資料館）の見学会も開催された。

(7) 憲法理論叢書31号『多様化する社会と憲法学』が2023年10月敬文堂より出版された。本号には、2022年6月から2023年5月までの研究報告と活動の記録などが収められている。

二　事務運営

(1) 概観

2023年6月から2024年5月までの事務運営は、2022年10月に発足した運営委員会、志田陽子運営委員長（武蔵野美術大学）及び岡田順太事務局長（獨協大学）によって行われた。

(2) 事務総会

　a　通常事務総会（2024年5月19日、早稲田大学）

　15名の入会申込、2023年度決算及び2024年度予算案について承認された。また、運営委員会により推薦された安原陽平会員（獨協大学）が会計監査として選出された。

　さらに、13名の退会申出、事務局員の異動（2023年11月に古木凌会員（明治大学・院）が就任、2024年5月に秋山肇会員（筑波大学）、山本和弘会員（早稲田大学・院）が退任し、手塚崇聡会員（千葉大学）、春藤優会員（早稲田大学・院）が就任、憲法理論叢書の体裁変更（横書き化、表紙デザイン変更）、今後の活動計画が報告された。

　b　臨時事務総会　開催されなかった。

(3) 運営委員会

　a　構成

　この期の運営委員会は、前期に引き続き2022年10月に発足した以下の運営委員によって構成されていた。

　愛敬浩二（早稲田大学）、青井未帆（学習院大学）、新井誠（広島大学）、植松健一（立命館大学）、江原勝行（早稲田大学）、江島晶子（明治大学）、大河内美紀（名古屋大学）、岡田順太（獨協大学）、小沢隆一（東京慈恵会医科大学）、川口かしみ（宮城学院女子大学）、木下智史（関西大学）、斎藤一久（名古屋大学）、齊藤正彰（北海道大学）、佐々木弘通（東北大学）、宍戸常寿（東京大学）、志田陽子（武蔵野美術大学）、髙佐智美（青山学院大学）、高橋雅人（九州大学）、只野雅人（一橋大学）、建石真公子（法政大学）、内藤光博（専修大学）、巻美矢紀（上智大学）、毛利透（京都大学）、本秀紀

（名古屋大学）、山元一（慶應義塾大学）〔なお、任期は、2024年10月まで。この運営委員会は、2022年6月17日の選挙で選ばれた委員及び7月16日の推薦運営委員候補者選考会議で選考された委員で構成されている。〕

b　2023年度第2回運営委員会（2023年10月15日、Zoomによるオンライン開催）
　　3名の入会申込、事務局員の異動（2023年11月に古木凌会員（明治大学・院）が就任）、憲理研叢書31号の刊行、今後の活動計画における日程及び報告者、インボイス制度への対応をしない旨について承認された。また、憲理研叢書の横書き化について報告され、審議を継続することとした。
　　さらに、3名の退会申出、これまでの活動について報告された。

c　2023年度第3回運営委員会（2023年12月16日、Zoomによるオンライン開催）
　　2名の入会申込、憲理研叢書の横書き化、今後の活動計画における日程及び報告者、5月研究総会・7月ミニシンポのテーマ・報告者案、次期会計監査として安原陽平会員（獨協大学）を選任することが承認された。8月夏合宿については審議を継続することとした。
　　また、運営委員選挙について研究総会とあわせて対面で実施すること、従前と同じく郵便投票を行うこと、及び選挙管理委員として、岩切大地会員（立正大学）・茂木洋平会員（桐蔭横浜大学）・田中美里会員（東京理科大学）を選任することが承認された。なお、互選により、岩切会員が選挙管理委員長に就任した。
　　さらに、1名の退会申出、これまでの活動について報告された。

d　2024年度第1回運営委員会（2024年5月19日研究総会時、早稲田大学）
　　10名の入会申込、事務局員の異動（2024年5月に秋山肇会員（筑波大学））、山本和弘会員（早稲田大学・院）が退任し、手塚崇聡会員（千葉大学）、春藤優会員（早稲田大学・院）が就任、2023年度決算及び2024年度予算案、憲法理論叢書の体裁変更、今後の活動計画（7月ミニシンポ、夏季合宿研究会、10月・11月月例会）について承認された。会員がオンライン研究会を実施するために憲理研のZoomリンクを付与する案については、審議を継続することとした。
　　また、9名の退会申出、これまでの活動について報告された。

(4) 憲法理論叢書編集委員会
　　憲法理論叢書31号の編集は、江藤英樹会員（編集委員長・明治大学）、徳永貴志会員（和光大学）、髙佐智美会員（青山学院大学）、山本健人会員（北九州市立大学）の4名によって行われた。
　　現在、32号の編集はこの4名によって行われており、持ち回りで編集委員会が開催され、タイトル『憲法問題の新展開（仮）』、構成案、執筆要項及び締切が決定された。また、叢書の体裁変更及び査読制度に関する運用について協議を行った。

(5) 執行部及び事務局の構成

　2024年5月現在の執行部は、志田陽子運営委員長と岡田順太事務局長により構成され、事務局は岡田順太事務局長、事務局員として、秋山肇（筑波大学）、新井貴大（新潟県立大学）、極山大樹（一橋大学・院）、山本和弘（早稲田大学・院）、古木凌（明治大学・院）からなる。

三　会員異動

(1) 新入会員（15名）

　藤田蘭丸（日本大学・院）、赤城浩志（福岡大学・院）、太田竜司（慶應義塾大学・院）、佐藤太樹（慶應義塾大学・院）、王恒（法政大学・院）、石原悠大（慶應義塾大学・院）、神野潔（東京理科大学）、袁上苟（慶應義塾大学・院）、山井聡也（一橋大学・院）、鈴木繁元（一橋大学）、帆足優希（九州大学・院）、松澤拓也（早稲田大学・院）、宍戸圭介（岡山大学）、植田将暉（早稲田大学・院）、髙橋史則（早稲田大学・院）（申込順、敬称略）

(2) 退会者（13名）

　小山廣和、内野正幸、鹿嶋瑛、赤坂幸一、水島朝穂、楢﨑洋一郎、中島純子、伊藤悟、中富公一、清野幾久子、有澤知子、諸根貞夫、武居一正（申出順、敬称略）

　※長年にわたる本会へのご協力に心より感謝申し上げます。

　〔所属は原則として当時のもの。敬称略。〕

憲法理論研究会規約

> 一九九二年七月二〇日決定
> 一九九二年八月二〇日施行
> 一九九七年五月一一日改正
> 二〇一〇年五月九日改正
> 二〇一八年五月一三日改正
> 二〇二二年五月一五日改正
> 二〇二二年一〇月一五日改正

（名称）
第一条　本会は、憲法理論研究会（Association for Studies of Constitutional Theory）と称する。
（所在地）
第二条　本会の事務所は、事務局長の研究室に置く。
（目的）
第三条　本会は、次のことを目的とする。
　一　日本国憲法の基本理念の擁護
　二　総合的で科学的な憲法理論の創造
　三　会員間の、世代を超えた自由で学問的な交流と協力の促進
（事業）
第四条　本会は、前条の目的を達成するため、次の各号に定める事業を行う。
　一　学術研究総会の開催
　二　研究会の定期的開催
　三　研究成果の公表
　四　前条第一号及び第二号に掲げる目的を共有する内外の学術機関・団体との交流の促進
　五　その他必要と認められる事業
（会員）
第五条　次に掲げる者は、会員二名の推薦に基づき、事務総会の承認により、本会の会員となることができる。
　一　憲法を研究する者であって、本会の目的に賛同する者
　二　本会の目的に賛同し、本会の事業に協力する者
（会費）
第六条　会員は、別に定めるところにより、会費を納入しなければならない。
（退会）
第七条　会員は、事務局に退会の意思を通知することにより、いつでも退会することができる。退会については、事務局長が運営委員会で報告する。
2　会員が、死亡又は失踪宣告を受けたときは、退会したものとみなす。

（会員登録の抹消）
第八条　会員が次の各号のいずれかに該当するときは、運営委員会の議決を経て、本会会員としての登録を抹消することができる。この場合には、あらかじめ本人に通知するとともに、弁明の機会を与えるものとする。
一　督促にもかかわらず、三年以上会費を滞納したとき
二　本会又は他の会員の名誉を傷つける行為があったとき
三　その他、学術研究会の会員としてふさわしくないと認められる事実があったとき
（休会）
第九条　会員は、休会しようとするときは、その旨を事務局に書面をもって申し出るものとする。
2　休会については、運営委員会がこれを承認する。
3　会員は、次の理由により休会することができる。
一　国外への留学
二　妊娠、出産、育児、介護、病気療養その他休業を要する事情
三　その他、一定期間国内における研究活動ができない事情として運営委員会が承認するもの
4　休会期間は一年間とし、運営委員会において休会が承認された日の次の四月一日から翌年の三月三一日までとする。ただし、運営委員会の承認により、休会期間を延長することができる。
5　休会する会員は、学会誌を受け取る権利を有しないほか、運営委員の選挙など、学会の運営に関する事項に関わることができない。
（事務総会）
第一〇条　本会の運営に関する基本方針を決定する機関として、事務総会をおく。
2　事務総会は、原則として毎年一回、運営委員会委員長（以下「委員長」という。）が招集する。ただし、必要と認められる場合は、随時開催する。
（運営委員会）
第一一条　本会に運営委員会をおく。
2　運営委員会は、事務総会の決定を受け、本会の運営に関する事項を審議する。
3　運営委員の定数及び選出方法は、別に定める。
4　運営委員の任期は二年とし、再任を妨げない。
5　運営委員会に委員長をおく。委員長は、運営委員の互選による。
6　委員長は、運営委員会を招集し、その議長となる。
7　委員長は、本会を代表する。
（事務局）
第一二条　本会の事務を処理するため、事務局をおく。
2　事務局は、事務局長及び事務局員をもって構成する。

3　事務局長は、運営委員会の推薦に基づき、事務総会で選出する。
4　事務局員は、会員のなかから、事務局長が委嘱する。委嘱に際しては、運営委員会の承認を必要とする。
（編集委員会）
第一三条　本会の研究成果を公表するために、編集委員会をおく。
2　編集委員会は、編集委員長及び編集委員をもって構成する。
3　編集委員長及び編集委員は、委員長の推薦に基づいて、運営委員会で選出する。
（会計年度）
第一四条　本会の会計年度は、毎年四月一日から翌年三月三一日までとする。
（会計の承認）
第一五条　会計については、運営委員会の審議を経た上で、事務総会の承認を得なければならない。
（会計監査）
第一六条　本会の会計につき監査を行うため、会計監査をおく。
2　会計監査は、委員長の推薦に基づき、事務総会において選出する。
3　会計監査の任期は二年とし、再任を妨げない。
4　会計監査は、毎会計年度末に監査を行い、その結果を事務総会に報告するものとする。
（改正）
第一七条　本規約は、事務総会において、出席会員の過半数の賛成により改正することができる。
　　　附　則
本規約は、一九九二年八月二〇日より施行する。
〔中略〕
　　　附　則（二〇二二年一〇月一五日改正）
1　本規約は、二〇二二年一〇月一五日より施行する。
2　第二条にいう事務局長の研究室は「埼玉県草加市学園町１―１　獨協大学法学部　岡田順太研究室」とする。

憲法理論叢書査読規程

二〇二三年度第一回運営委員会決定

（目　的）

第一条　憲法理論研究会は、会員の研究水準の向上を支援し、及び、各種の便宜を図るため、憲法理論叢書において査読制度を設ける。

（申請手続）

第二条　本会の主催する研究会において報告を行った会員（招待による報告者を除く。）は、当該報告内容を基に執筆した論文について、本規程に基づく査読を受けることができる。

2　査読を希望する者は、研究会における報告に先立ち、事務局を通じて編集委員会に査読を申請しなければならない。

3　前項の申請手続については、別に編集委員会で定める。

4　編集委員会の定める期日までに査読申請者から論文の提出がない場合、当該査読申請は取り下げられたものとみなす。

（査読委員）

第三条　編集委員長は、編集委員会の議を経て、査読申請者の執筆する論文の内容を勘案し、会員の中から査読委員を二名委嘱する。ただし、査読委員のうち一名は、会員外の学識を有する者に委嘱することができる。

2　当該査読申請者と研究上の指導関係にある者（過去に指導関係にあった者を含む。）、又は、当該査読申請者の論文執筆について密接な協力関係を有する者は、当該申請における査読委員になることができない。

3　査読委員の氏名は非公表とする。

4　会員外の査読委員に対しては、事務局の定めるところにより、謝金を支出することができる。

（評　価）

第四条　査読委員は、編集委員会の定める期日までに査読を完了し、編集委員長に評価を通知する。

2　査読の評価は、A、B、Cの三段階とする。

3　査読委員は、評価に際し、意見を付すことができる。ただし、A以外の評価を行う際には、必ず意見を付さなければならない。

4　編集委員長は、前項の意見とともに、評価結果を査読申請者に通知する。

（再評価申請）

第五条　査読申請者は、前条の査読の評価に意見が付されている場合、一回に限り、当該論文に必要最小限度の加筆及び修正を行った上で、編集委員会が定める所定の期日までに論文を提出し、再評価を求めることができる。ただし、査読委員がともにCの評価を行った場合は、この限りでない。

2　前項の申請がなされた場合、編集委員長は、当該修正後の論文を同一の査読

委員に再送付し、査読を求めるものとする。
3　第一項の申請に対する査読については、前条の規定を準用する。ただし、初回の評価と同一の意見である場合など、特に意見を付す必要がないと思料されるときは、評価のみを通知することができる。
4　査読委員は、特別の事情がない限り、査読申請者の不利益に前条の評価を変更することができない。

（査読論文の扱い）
第六条　編集委員長は、査読委員の評価（前条の再評価を含む。）がともにAである論文について、査読を経た論文として憲法理論叢書に掲載する。
2　前項の規定は、編集委員会が、独自の判断に基づき、憲法理論叢書に相応しくないものとして論文の掲載を拒否することを妨げない。
3　編集委員長は、憲法理論叢書に本規程による査読を経た論文が掲載された場合、当該叢書中に該当する論文名を明記するものとする。

（報　告）
第七条　編集委員長は、少なくとも年一回、運営委員会に対し、本規程に基づく査読制度の実施状況について報告しなければならない。
2　運営委員会は、前項の報告に基づき、事務局又は特に設置する機関に対し、査読制度の見直しを求めることができる。
3　編集委員長は、第一条の報告内容を憲法理論叢書に掲載するものとする。

（改　正）
第八条　本規程の改正は、運営委員会の議決により行う。

Constitutional Theory Review

No.32   October 2024

New Developments in Constitutional Issues

Contents

I

What does the Public Assistance Law, which concretize the constitutional law, means?
.... Hiroshi SASANUMA

Die Ermessenskontrolle bei der Änderung von Sozialleistungen und die Rolle von Artikel 25 des japanischen Verfassungsrechts .... Natsuki MATSUMOTO

Die Zweckmäßigkeit, die Gesetzmäßigkeit und die Verfassungsmäßigkeit staatlicher Handlungen im Bereich des Grundrechts auf Gewährleistung eines menschenwürdigen Existenzminimums .... Kenji SHIBATA

The Public Assistance Act, which embodies Article 25 of the Constitution, and Discretionary Control .... Alisa SUGIYAMA/Gou KOYAMA

Problembeschreibung über die Gewährleistung des Existenzminimums für Ausländer
.... Kyoko YAMAMOTO

The Process of Lowering the Public Assistance Standards and the Case of 'Inochi no Toride' .... Tetsuro KOKUBO

The activities to support the Case of 'Inochi no Toride' in Ehime .... Yoichi KAN

II

Commercial Expression Activities in Public Forums and Freedom of Expression
.... Kota HIGAKI

"A request of constitutionalism" .... Hirotoshi SATO

The Concept of Animal Rights as Constitutional Fundamental Rights
.... Hiroyoshi AOKI

Does the Concept of Chilling Effect Provide the Protection of "Emotion"?
.... Miki KADOTA

"Secular State" and "Faith in God" under the Putin Constitution in 2020
.... Seigi SHIBATA

III

Former Supreme Court Justice Toshio Irie's Constitutional Theory focuses on precedents during his later tenure .... Tsukasa KATAYAMA

The Reform Plan of the Reichstag's Electoral System in 1930
.... Kosumo KOBAYASHI

La réserve de loi et le contre-pouvoir dans la Constitution de la Ve République
.... Yuto TAKAHASHI

Feasibility of Combining an Elected Upper House with the Westminster Model
.... Yoshihiko TANAKA

L'initiative comme contre-pouvoir trouvée dans l'expérience des référendums d'initiative partagée en France .... Ryo FURUKI

Theory of Administrative Separation of Powers .... Taiki SATO

IV

On the Economic Security Theory from the Perspective of the Japanese Constitution
.... Shigeki NAGAYAMA

Economic Security and Human Rights .... Akiko EJIMA

Security Clearance and Constitutional Law in the Economic Order .... Yusuke ONO

Can Free Trade Pacifism Be Sustained? .... Takayuki KIRA

Association for Studies of Constitutional Theory

編集後記

　憲法理論叢書第32号『憲法問題の新展開』には、本会の2023年6月から2024年5月までのミニシンポジウム、夏合宿、月例会および研究総会における各論攷が収録されている。時間的制約のある中でご執筆くださった方々に感謝申し上げます。

　本号からは期せずして2つの新たな取り組みが始まった。1つ目は査読制度である。小林宇宙会員の「1930年のライヒ議会選挙制度改革案」および門田美貴会員の「萎縮効果論は『感情』の保護をもたらすか？―集会のビデオ監視からの一考察」が、本会査読規程に基づく査読を経た論文として掲載されたものである。査読の労を快くお引き受けくださった会員の方々にもこの場を借りてお礼申し上げたい。

　2つ目は本叢書の横組み化である。第1号以来縦書きの体裁を保ってきたが、法律系諸雑誌の横組み化も進んでいること、執筆・編集作業の単純化、そして何よりも昨今の物価上昇に対応する必要性等から本叢書を横組みにし、それに伴い装いも新たに判型を四六判からＡ5判に、上製本から並製本に変更した。実現に当たっては、出版社の理解をはじめ、多くの関係者の協力があったことを申し添える。

　本号の編集は、31号に引き続き髙佐智美（青山学院大学）、徳永貴志（和光大学）、山本健人（北九州市立大学）各会員と、江藤（明治大学）が行った。この2年間、常に的確なアドバイスによって編集委員会を支えてくれた3名の編集委員に対して心よりお礼申し上げる。

　また末筆ながら、昨今の出版状況が苦しい中、本書の刊行を続けてくださる（株）敬文堂の竹内基雄社長に改めて心よりの感謝を申し上げたい。

（文責　江藤英樹）

憲法問題の新展開〈憲法理論叢書32〉		
2024年10月15日　初版発行		
編　著	憲法理論研究会	
発行者	竹　内　基　雄	
発行所	㈱　敬　文　堂	

東京都新宿区早稲田鶴巻町538
電話（03）3203-6161㈹
FAX（03）3204-0161
振替 00130-0-23737
http://www.keibundo.com

印刷・製本／信毎書籍印刷株式会社
ISBN 978-4-7670-0261-3　C3332

憲法理論研究会　憲法理論叢書【①〜㉛】

巻数	書　名	判型／製本／本体価格
①	議会制民主主義と政治改革	46判／上製／2718円
②	人権理論の新展開	46判／上製／2718円
③	人権保障と現代国家	46判／上製／3000円
④	戦後政治の展開と憲法	46判／上製／2718円
⑤	憲法50年の人権と憲法裁判	46判／上製／2800円
⑥	国際化のなかの分権と統合	46判／上製／2800円
⑦	現代行財政と憲法	46判／上製／2800円
⑧	憲法基礎理論の再検討	46判／上製／2800円
⑨	立憲主義とデモクラシー	46判／上製／2800円
⑩	法の支配の現代的課題	46判／上製／2800円
⑪	憲法と自治	46判／上製／2800円
⑫	現代社会と自治―憲法理論研究会40周年記念号―	46判／上製／2800円
⑬	〝危機の時代〟と憲法	46判／上製／2800円
⑭	〝改革の時代〟と憲法	46判／上製／2800円
⑮	憲法の変動と改憲問題	46判／上製／2800円
⑯	憲法変動と改憲論の諸相	46判／上製／2800円
⑰	憲法学の最先端	46判／上製／2800円
⑱	憲法学の未来	46判／上製／2800円
⑲	政治変動と憲法理論	46判／上製／2800円
⑳	危機的状況と憲法	46判／上製／3000円
㉑	変動する社会と憲法	46判／上製／2800円
㉒	憲法と時代	46判／上製／2800円
㉓	対話と憲法理論	46判／上製／2800円
㉔	対話的憲法理論の展開	46判／上製／3500円
㉕	展開する立憲主義	46判／上製／3000円
㉖	岐路に立つ立憲主義	46判／上製／2800円
㉗	憲法の可能性	46判／上製／3200円
㉘	憲法学のさらなる開拓	46判／上製／3000円
㉙	市民社会の現在と憲法	46判／上製／3000円
㉚	次世代の課題と憲法学	46判／上製／3300円
㉛	多様化する社会と憲法学	46判／上製／3300円

※価格は税別